진보의 상상력

기후위기와 불평등의 시대, 정치란 무엇인가

초판 1쇄 발행	2021년 7월 20일
지은이	김병권
편집	김영미
표지디자인	정은경디자인
펴낸곳	이상북스
펴낸이	송성호
출판등록	제313-2009-7호(2009년 1월 13일)
주소	10546 경기도 고양시 덕양구 향기로 30, 106-1004
전화번호	02-6082-2562
팩스	02-3144-2562
이메일	beditor@hanmail.net

ISBN 978-89-93690-81-1   (03300)

진보의 상상력

상상력

기후위기와 불평등의 시대, 정치란 무엇인가

김병권

상상북스

새로운 진보를 꿈꾸는 이들에게

지난달에 전기차를 주문했다. 마음 같아선 오늘부터라도 당장 탄소를 내뿜는 일을 멈추고 싶지만, 올해 전기차 주문 예약이 벌써 다 차서 대기표를 뽑고 기다리는 중이다. 전기차는 이제 특별한 미래가 아닌 보통의 현실이 되었다. 국민의 90퍼센트가 스마트폰을 사용하며 디지털 세상을 살고 있는 것도 이미 익숙한 현실이다. 이처럼 세상은 빠르게 변화하는데, 정치만 옛날 달력을 걸어놓고 있는 것 같다.

'4차 산업혁명'은 벌써 2017년 대선 때부터 미래 경제의 상징으로 우리 주변을 에워싸기 시작했다. 그러나 21세기 플랫폼 자본주의는 혁신을 내세워 임시직, 계약직, 초단시간 일자리를 만들어냈고, 노동권을 알고리즘에 가두었다. 이번에 터져나온 네이버와 카카오의 선별복지와 초법적 초과근무, 직장 상사의 괴롭힘 등을 보면 기술 혁신만으로 미래의 희망을 얘기할 수는 없다는 것이 자명해졌다. 진보정치는 오랜 시간 사문화된 노동법의 심폐 소생을 위해 전력을 쏟아왔는데, 이제는 노동법이 살아나도 다수의 노동자들을 보호할 수 없게 되고 말았다. 노동법 밖으로 뚫고 나온 새로운 노동이 더욱 광범해졌다.

북극곰을 걱정하던 것은 벌써 10년 전 얘기고, 이제는 지구가 불타고 있다는 외침이 곳곳에서 터져나오고 있다. 얼마 전 우리나라에서 개최한 P4G 정상회담의 슬로건도 '더 늦기 전에, 지구를 위한 행동'이었다. 석탄화력발전소부터 문을 닫아야 한다. 또 내연기관 자동차는 전기차 등 친환경 자동차로 바꿔야 한다. 그러면 당장 그곳에서 일하던 노동자들, 그 일을 준비해오던 청년들은 어떻게 하나? 기후위기 극복을 중심에 둔 미래 전략과 '정의로운 전환'을 위해 머리를 싸매도 한 해가 부족할 지경인데, 우리 정치의 관심은 파편화되어 있고 역량은 뒤처져 있다.

지난 20여 년간 불평등과 싸워왔지만 가파른 세상의 변화를 따라잡는 데 허기를 느꼈다. 특히 진보정치의 길을 걸어온 우리에게 기후위기는 일종의 '밀린 숙제'와 같았다. 그 책임을 서두르기 위해 찾아갔던 사람이 바로 김병권이다. 내가 정의당 대표일 때 삼고초려해 정의정책연구소장으로 모셔왔다. 지금 생각해도 대표로서 제일 잘한 인사라고 자부한다. 김병권 소장은 우리가 살고 있는 체제가 만들어내는 불평등과 기후위기 문제에 일찍이 착목하고 이 문제를 해결하기 위해 치열하게 도전해온 사람이다. 정의당이 원내 정당 중 최초로 '그린 뉴딜'을 제안하고 '정의로운 전환'을 주요 의제로 올려놓은 것도 상당 부분 그의 공로다. 김병권 소장 덕분에 정의당이 기후위기 극복을 선도하는 정당으로서 면모를 지켜나갈 수 있었다.

최근 인류는 기후위기와 팬데믹을 겪으며 지구 안의 공동 운명체로서 유대감을 쌓았다. 이 유대감 속에는 기후위기와 감염병 재난은 물론이고 세계적 과제인 불평등 심화와 디지털 시대의 문제들도 함께 포함되어 있다. 빅데이터 알고리즘은 진정 인류를 구원할 수 있을까? 아니면 데이터 정보를 독점한 소수 엘리트에게 모든 부와 권력이 집중되고 대다수 사람은 착취의 대상으로 전락하는 최고의 불평등 사회로 치닫지 않을까? 그래서 분명한 것은 기술 혁신은 사회 혁신과 함께 가야 하고 정치 혁신은 앞서가야 한다는 것이다.

디지털을 위한 그린이 아닌 그린을 위한 디지털, 경제를 위한 그린이 아닌 그린을 위한 경제가 결국 우리가 가야 할 길이다. 복지와 환경이 아닌 녹색복지를 만들어가야 한다. 누구도 배제하지 않는 정의로운 전환을 통해 위기를 불평등 해소를 위한 골든타임으로 바꿔나가야 한다. 그러기 위해서는 김병권 소장이 이 책에서 말하는 것처럼 이제 우리 모두가 '그린뉴딜러'가 되어야 한다.

이 책《진보의 상상력》은 당면한 기후위기와 우리 사회의 오래된 과제인 불평등을 어떻게 함께 해결할 것인지, 그리고 이러한 미래를 실현하기 위한 우리 정치의 과제는 무엇인지 포괄해 진단한다. 이제 정치권에서 '미래'를 이야기하려면 이 책부터 읽고 나서야 할 것 같다. 미래를 생각하는 시민 모두에게 이 책을 권한다. 책장을 덮는 순간부터 '그린뉴딜러' 1일차가 될 것이다.

이 책은 지난 20년간 유럽 사민주의 복지국가 모델의 한국화를 위해 싸워온 진보정치가 무엇을 혁신해야 하는지 그 기준점을 제시한다. 유럽의 복지국가들조차 해결하지 못하고 있는 문제에 도전할 용기, 불평등과 기후위기를 극복한 새로운 사회·경제 체제를 만들어가는 데 필요한 상상력도 제공해준다. 김병권 소장과 가장 많은 대화를 나누었다고 믿었지만, 나는 이 책에서 새로운 영감을 주는 이야기를 수두룩하게 발견할 수 있었다. 미래를 바꾸기 위해 지금 우리가 내려야 할 결단은 무엇일까 숙고하는 이들에게 이 책을 권한다.

정치인으로서 나의 의무는 같은 세대뿐만 아니라 다음 세대가 지나가야 할 장소로서 미래를 준비하는 것이다. 우리 자녀들의 미래 출근길은 어떠하기를 기대하는가. 지금 청년들의 일터 풍경은 어떠하기를 기대하는가. 그 미래를 함께 만들고자 한다면 이 책을 펼쳐 김병권 소장의 이야기를 들어볼 필요가 있다. 그는 우리의 미래를 바꾸기 위해 지금 우리가 내려야 할 결단이 무엇인지, 왜 그런 결단이 필요한지 명확하게 알려줄 것이기 때문이다.

불평등과 기후위기를 절박한 생존의 문제로 느끼며 새로운 진보를 꿈꾸는 청년들과 이 책을 함께 읽고 싶다.

심상정(국회의원)

상상력을 발휘해
구체적 진보의 길 찾기

진보적 대안을 찾는 이들에게 이 책은 과거 유행하던 방식처럼 완성된 '미래 사회의 청사진과 그 길로 가는 뚜렷한 지도'를 보여주지는 않는다. 항공사진처럼 선명한 한 장짜리 미래 청사진은 애초에 내 머릿속에 없었다고 미리 말해둔다. 그렇다고 이 책이 현실의 단면들에 대한 비평만 지루하게 나열한 것도 아니다. 이 책의 글들은 비평보다는 내 나름대로 공유하고 싶었던 '대안 조각들'이라고 할 수 있다.

이 책의 초안을 정의당 청년 국회의원 장혜영에게 건네주었더니 목차와 첫 장을 살펴보았다며 이런 문자가 왔다. "별자리 그리기 같은 책이네요. ㅎㅎ 고대 사람들 같아요. 정말 그렇잖아요? 고대 사람들은 하늘에 흩어진 별들만으로 방향을 찾고 별자리를 그리고 이야기를 만들어내고 의미를 찾아서 살아갔으니까. 그 원동력은 상상력이고요."

장혜영 의원이 직관적으로 느꼈던 것처럼, 대안 조각들을 별자리 삼아서, 그리고 나머지 공간은 우리 모두의 상상력으로 메워가면서 시행착오를 거쳐 한 발자국씩 전진하는 과정이 진보의 경로라고 생각했다. 다시 말해 미래로 인도하는 '한 장으로 압축된 지도도 없고 안내자도 없다'는 전제 아래, 수많은 훌륭한 사람들이 알려준 지혜와 조금씩 깨우친 실마리들을 찾아내 모자이크를 맞추는 것처럼, 또는 별자리를 찾듯 모색해나가는 과정이 내가 다시 정의해본 진보의 길이다. 그래서 진보의 길을 가고자 하는 이들에게 이 책을 통해 어떤 단서를 건네고 싶었다. 상상력을 발휘해 함께 구체적 진보의 길을 찾아가기 위해.

물론 미래의 단서들을 아무 순서나 구조 없이 흩뿌린다고 될 일은 아니다. 작은 혁신들을 그저 쌓아올린다고 세상의 구조가 변하는 것은 절대 아니기 때문이다. 2010년대에 내가 경험한 서울의 혁신정책들이 딱 그 한계에 걸렸다. 여기서 한발 더 나가려면 미래 단서들의 연계를 짜들어가고 변화의 큰 틀을 만들어서 비전과 좌표를 구성해야 한다.

미래를 생각했을 때 제일 먼저 떠오르는 단어는 무엇일까? 우리 사회에서 미래와 연결해 가장 먼저 가장 자주 언급되는 개념은 '디지털 경제' '디지털 사회'일 것이다. 그래서 여기서부터 시작했다. 디지털이 약속해줄 것 같은 낙관적 미래의 이면을 파헤치는 것이 1장의 핵심 주제다. 물론 디지털 혁신과 인터넷 네트워크의 확산, 놀라운 속도로 발전하는 인공지능은 잘 다뤄나갈 경우 사회구성원 모두에게 더 안전하고 편리한 삶을 가져다줄 수 있다. 심지어 산업경쟁력을 높여 경제를 더욱 탄탄히 하는 데 결정적 도움을 줄 것이라고 생각한다. 하지만 이윤을 추구하는 기업들이 선도하는 디지털 기술 혁신과 플랫폼 경제 확대를 그저 박수 치고 환영한다고 디지털이 약속하는 희망의 미래가 오는 것은 아니다. 사회가 기술을 선택하고 조율해야 한다.

과거 보수가 경제 문제에서 '성장지상주의'를 가장 우선시했다면, 최근 보수의 경제관은 '4차 산업혁명'을 앞세워 어렵고 힘든 제도개혁을 회피한 채 기술 혁신으로 문제를 해결할 수 있다고 강변하는 '기술지상주의'라고 생각한다. 그렇게 보수가 숭배하는 미래 경제가 바로 '디지털이 만드는 플랫폼 경제'이고, 이는 이미 현실로 와있기도 하다. 이런 상황에서 진보가 강력한 경제 대안을 제시하려면 무엇보다 '기술지상주의'를 넘어서야 하고, 이를 위해서는 먼저 '디지털 플랫폼 경제'를 제대로 해석해야 한다. 그래서 디지털 플랫폼 경제를 이루고 있는 핵심 특징인 혁신성, 독점, 알고리즘 편향, 노동 실태, 블록체인 기술의 실상까지 조목조목 따져보았다. 그다음 플랫폼 규제와 플랫폼 협동조합 대안을 제시했으며, 동시에 디지털 시대의 복지 대안으로서 기본소득, 소득보험, 참여소득, 일자리보장제 등의 내용과 역할을 조명했다.

미래를 전망하는 키워드로서 디지털이 가진 양면성이 드러났다면, 어떤 대안이 가능할까? 여기서는 '그린'을 미래의 대안 키워드로 제안한다. 2장은 기후위기와 불평등을 동시에 해결할 강력한 진보 경제학이 필요하다는 문제의식 아래, '정의로운 전환'과 같이 불평등 해결을 포괄하는 다양한 사조의 생태경제학에서 미래의 대안을 찾아보자고 제안한다.

3장에서는 진보정치가 가야 할 중요한 몇 가지 정치 전략을 제안한다. 또 우리 사회가 지향할 미래 경제는 '탈탄소경제'이며, 이 방향으로 나아가면서 기후위기는 물론 불평등을 함께 해결하자고 제안했다.

마지막 4장은 경제와 정치, 사회를 관통하는 철학과 관점의 문제로 옮겨간다. 진보가 어떤 눈으로 세상을 볼 수 있는지 종합해보자는 것이다. 일부 진보 기성세대는 자신들이 과거에 의존했던 유물론 세계관 틀이나 몇몇 변증법 도식 또는 자연사적 역사관 등의 흐릿한 흔적으로 세상을 해석하고 있지는 않은지 질문을 던져보았다. 또는 반대로 자신의 독자적 관점을 잃어버린 채 보수적 세계관의 영향 아래 좀 더 나은 기술적 개혁 방안을 찾는 데 에너지를 쏟고 있지 않은지도 반문했다.

비록 우리가 진보의 미래를 인도할 '완성된 항공사진'을 갖고 있지는 못하더라도, 더 나은 세상을 만들어갈 희망은 살아 있다. 모두의 지혜를 조금씩 더하고, 모두의 의지와 힘을 조금씩 보태면 '대안 조각'들을 발판으로 희망적 삶의 전망을 열어갈 수 있을 것이다. 여전히 부족한 것은 대안이 아니라 정치적 의지라고 하지 않던가!

2021년 여름

김병권

2장 기후위기에 대처할 탈탄소경제가 미래다

3장 미래 진보정치는 어떻게 준비되는가

4장 세상을 보는 더 나은 관점을 찾아서

사실이 바뀌면
생각도 바꿀 수 있다

"어려움은 새로운 생각을 하는 데 있는 것이 아니라 낡은 생각에서 벗어나는 데 있다. 우리 대부분이 그렇듯이 전통적인 방식대로 길러진 사람들에게는 낡은 생각이 정신의 구석구석까지 가지를 뻗치고 있기 때문이다."

20세기의 가장 위대한 경제학자 케인스(John Maynard Keynes)가 그의 저서 《고용, 이자, 화폐의 일반이론》(*The General Theory of Employment, Interest and Money*, 필맥) 서문 끝자락에 썼던 내용이다. 그는 기존 경제학의 사고 틀을 뛰어넘어 시장경제에 내재하는 불균형과 불안정성을 통찰하며 국가의 역할을 통해 이를 교정하고자 거시경제학을 개척했다. 스스로 성찰한 대로 정말 '낡은 생각'에서 벗어났던 것 같다.

21세기가 시작된 지도 벌써 20년이 넘었다. 20세기의 첫 20년 동안 세계대전이 일어나고 식민지 병합이 가속되었던 데 비하면 21세기는 비록 9·11테러와 이라크전쟁의 얼룩이 있었지만 그래도 비교적 순조롭게 출발하는 것처럼 보였다. 하지만 2008년 글로벌 금융위기와 2020년 코로나19 팬데믹이 이어지면서 이제는 지난 세기보다 더 미래를 전망하기가 불확실한 상황이다. 인공지능을 포함한 최첨단의 기술을 고려하더라도 인류의 현재와 미래의 삶이 좀처럼 희망적으로 보이지 않는다.

70년대 세계관과 80년대 세계관 사이의 오랜 쟁투

미래가 불확실성 속에 남겨진 데에는 보수보다 진보의 탓이 더 크다. 미래의 희망은 대체로 진보의 몫이기 때문이다. 그런데 지금은 그 어느 때보다 진보의 의미와 경계선이 혼란스럽다. 사회적으로 진보와 보수를 나누는 기준이 총체적으로 흔들리고 있기 때문이다. 이 혼돈의 뿌리를 찾아 올라가면, 지난 수십 년 동안 70년대식 반공주의적 산업화 세계관을 가진 이들과 80년대식 민주화 세계관을 가진 이들이 우리 사회의 핵심 권력과 자원을 분점하고 있는 현실을 마주하게 된다. 이들은 지난 수십 년 동안의 엄청난 시대 변화를 외면한 채 우리 사회를 끊임없이 70-80년대식으로 재해석하며 그 시대의 관성에 묶어두려는 시대 역진적 집착을 보였다. 그러나 시대의 변화가 현저하면 할수록, 그리고 그들의 관성이 고집스러울수록 현재의 혼란과 미래의 불확실성은 더 깊어졌다.

예를 들어보자. 한국의 보수는 지금까지 반공주의라는 사상적 기반 아래 경제성장지상주의를 추구해왔는데, 이를 70년대식 산업화 세계관이라고 부를 수 있겠다. 냉전 시대에 길러진 반공주의, 분배를 외면한 성장지상주의, 노동자를 배제한 기업우선주의, 국민 행복에 앞서는 국가경쟁력우선주의 등 60-70년대 산업화 시기에 굳어진 가치와 관점을 계속 각색하고 변형시키면서 보수는 한국 사회의 확고한 지배 세력으로 군림해왔다. 심지어 70년대 독재자의 딸을 대통령으로 소환하며 절정에 달했던 보수 세력은 결국 박근혜 전 대통령 탄핵으로 총체적 붕괴를 맞았다. 그리고 이제 자신들의 완전한 정체성 붕괴와 함께 견고했던 과거의 지배력을 잃은 채 현상 유지도 힘겨워하며 방황하는 중이다. 물론 한국의 보수가 '반공 수구'의 낡은 족쇄를 벗고 현대적 보수로 탈바꿈하려는 시도가 이전에도 없지 않았지만 번번이 좌절되었다. 그 점에서 2021년 6월, 36세의 이준석 대표 체제가 보수 혁신의 계기가 될지 주목된다.

한편 독재와 보수의 견고한 지배에 저항하며 자신의 존재가치를 이어온 범민주화 세력은 1987년의 6월항쟁과 노동자 대투쟁, 그리고 직선제 개헌을 통해 합법적이고 제도적인 공간에서 보수 세력과 권력을 분점하거나 교체할 기회를 얻었다. 이 세력 안에는 미국의 민주당식 자유주의 추종자들에서부터 20세기 사회주의의 다양한 갈래, 또 여성과 환경 등 신사회운동과 협동조합운동까지 실로 다양한 움직임이 대개 '민주대연합'이라는 틀 속에 느슨하게 섞여 있었다. 이중 대학생운동과 노동운동을 중심으로 1980년대 형성된 이른바 NL(National Liberation, 민족자주)과 PD(People's Democracy, 민중민주)의 사상적 조류가 80년대 세계관을 대표하면서 서로 경쟁과 갈등, 균열의 궤적을 따라 당시 사회운동 참여자들의 사고에 지울 수 없는 강한 흔적을 남겼다. 이후 20세기 사회주의의 몰락 등의 영향으로 대체적 경향이 북유럽식 사민주의로 쏠리며 복지국가 모델로 희석되었지만, 그럼에도 불구하고 80년대 세계관은 지금까지 여러 곳에 여전히 그림자를 드리우고 있다.

분단국가라는 특수한 긴장 상황에서 반공주의 수구 세력이 지배적 힘을 행사하는 한, 상대적으로 중도보수 세력으로 뭉쳐진 민주당이 민주대연합의 중심을 자처하는 태도가 어느 정도는 정당화되는 것 같았다. 비록 민주노동당-정의당으로 이어지는 진보정당이 독립적인 정체성을 확보하며 생존에 성공하고 목소리를 높여왔지만, 여러 요인이 겹치면서 오늘날까지 제3세력으로 입지를 굳히는 데는 아직 성공하지 못했다고 나는 생각한다.

이런 상황에서 2016-2017년의 촛불집회와 대통령 탄핵, 그리고 문재인 정부 초기의 '적폐 청산'에 이르는 일련의 과정은 70년대 산업화 세력과 80년대 민주화 세력 사이에 벌어진 마지막 고전적 쟁투였다. 잘 알려진 대로 이 쟁투는 70년대 세력의 회복할 수 없는 와해와 80년대 세력의 주류 세력화로 결론이 났다. 더불어민주당이라는 주류 정당으로 집결한 80년대 민주화 세력은 보수 세력의 최악의 실정 속에서 집권에 성공했을 뿐만 아니라 중앙정부와 지방정부, 교육감, 그리고 국회까지 완전히 장악하며 이제 한국 사회의 확고한 지배 세력으로 변신했다. 명실상부하게 한국 사회에서 지배세력이 교체된 것이다. 하지만 모든 선출 권력을 독식한 더불어민주당은 개혁과 진보의 진면모를 드러낸 것이 아니라 부동산 기득권과 관료 기득권, 학벌과 지위 기득권 세력과 실질적으로 한 몸처럼 움직였다. 또 시종일관 '친기업적' 행보를 보였다. 더불어민주당이 개혁의 상징으로 힘을 쏟아부은 '검찰 개혁'은 압도적 국민의 삶을 바꾸는 것보다는 '기득권 내부의 쟁투'로 변질되었다.

그 이유는 주류 지배집단이 된 민주당의 주요 리더들이 여전히 80년대식 세계관을 버리지 않은 가운데, 그 위에 복지국가 정책 메뉴와 4차 산업혁명 기술주의를 양념으로 얹음으로써 진보 경제학자 토마 피케티(Thomas Piketty)가 말한 '브라만 좌파'식 엘리트 기득권 쪽으로 이동해갔기 때문이다. 그들은 이미 우리 사회의 경제와 언론, 학계, 심지어 일부 시민사회까지 기존 시스템 유지에 이해관계를 함께하는 세력과 더욱 단단한 기득권 네트워크를 확장해가고 있다고 짐작된다.

물론 브라만 좌파라는 울타리가 여전히 유동적인 상황을 감안할 때, 이들 안에서 진보의 방향으로 외연을 넓힐 가능성이 완전히 닫혔다고 예단할 필요는 없을 것이다. 하지만 적어도 현재 시점에서는 비관적이다. 더불어민주당은 2021년 현재 진보가 아니다. 80년대 세계관에 갇혀 민주·개혁·진보 세력임을 자처하지만 '기득권 집권 세력'이 액면으로 평가되는 실체다. 그들의 민주는 '직선제에서 멈춘' 민주고, 그들의 개혁은 '사실상 신자유주의적' 개혁이며, 그들의 진보는 '기득권을 위장하기 위한' 레토릭 진보다.

진보가 필요한 시간

기반이 붕괴된 70년대 산업화 세력과 신진 주류 세력으로 부상한 80년대 민주화 세력이 '상인 우파'와 '브라만 좌파'로 양대 기득권 엘리트 체제를 구축하고 있는 지금의 한국 사회야말로 액면 그대로의 가장 과감한 사회 변화의 전망을 제시하고 의지를 만들어나갈

'진보'가 필요한 시점이 아닐까? 그동안 중도보수 세력과의 흐릿한 공조를 털어버리고 이제 진보가 상상하고 이루려 했던 희망을 있는 그대로 시민들에게 드러내 공감을 얻고 정치적 힘으로 전환할 때가 아닐까? 지금이야말로 진보를 위한, 진보가 필요한 시간이라고 나는 생각한다.

물론 진보정당은 일찍부터 과감한 복지개혁안은 물론 차별금지법이나 생태문제 의제화 등 시대의 변화에 부응하는 정치적 비전을 끊임없이 제시해왔고 낯선 의제들을 부단히 정치 공간으로 끌고 들어왔다. 하지만 진보정당 역시 80년대 세계관의 틀에서 완전히 빠져나왔는지 성찰해야 할 책임에서 자유롭지 않다. 2000년대 이후 새롭게 사회민주주의 등을 일부 수용했지만 과거의 틀을 지우기는 부족했다. 이는 진보정당 스스로 기득권 정치 세력들과 명백히 구분되는 정치 공간을 만들지 못한 데에서도 드러난다. 왜 그럴까? 이 공간에서도 80년대 세계관에 익숙한 세대가 여전히 압도적 리더십을 구성하고 있는 탓도 있을 것이다. 하지만 어떤 특정 문제 탓으로만 돌리기보다는 총체적으로 진보 역시 80년대의 세계관에 갇혀 있는 것은 아닌지 성찰해봐야 한다고 생각한다. 몇 가지 참신한 정책과 주제 들을 진보의 기존 틀 안에서 섞는다고 될 일이 아니다. 이제 틀 자체를 새롭게 짜야 한다. 그리고 진보의 가치와 진보의 정치 방식, 진보정치를 이끄는 구성원, 진보정치가 의지하는 기반들 전부를 재검토해야 한다.

이런 상황에서 늘 새삼스럽게 등장하는 구절이 있다. 자주 견해를 바꾼다는 비판을 받은 케인스가 절묘하게 반문했다고 알려진 다음의 말이다. "사실이 바뀌면 나는 생각을 바꿉니다. 당신들은 어떻게 하시나요?" 고집스럽게 과거의 진보 프레임을 쥐고 지금의 현실을 인위적으로 재단하는 '회고적 진보'에서 이제 빠져나올 때가 되었다.

역사관, 노동관, 능력주의에 대한 성찰

진보의 관점부터 재검토해보자. 80년대 유행했던 20세기 사회주의 스타일의 필연주의적 역사관은 더 이상 기후위기 등을 해석하는 데 적절하지 않다. 이제 '진화론'의 진정한 의미를 다시 성찰해보면 좋겠다. 세상에 미리 정해진 방향은 없으며 우리가 무엇을 하느냐에 따라 달라질 수 있다고 하는 '가능성의 역사관'에 더 주목할 필요가 있다. 20세기 사회주의식의 단조로운 변증법 원리들로 세상의 역동적 변화를 억지로 꿰어맞추려는 관성도 버리면 어떨까? 대신 자연과학이나 사회과학에서 널리 응용되는 '체계이론'(system theory, 하나의 체계를 구성하는 요소들이 체계의 공동 목적을 달성하기 위해 유기적으로 작동한다는 견해)에 기반한 '복잡성의 원리'들을 충분히 탐구해볼 필요가 있다. 디지털 분야나 기후위기 영역에서는 선형적 변화나 이른바 '양질 변화' 같은 단순한 질적 변화가 아니라 다층적 차원의 인과관계가 작용하면서 복리적 변화, 지수적 변화, 양의 되먹임 효과, 창발 현상 같은 역동성이 펼쳐진다고 알려졌다.

관행적으로 진보의 핵심 가치로 유지해온 전통적 '노동관' 역시 그 의미를 재해석해볼 여지가 많다. 20세기에 형성된 '산업주의적 노동관'은 거듭된 기술 혁신과 사회관계의 빠른 변화 속에서 노동과 소득의 관계, 노동과 여가의 관계, 노동-일-활동의 변화를 더 이상 풍부하게 소화해내지 못하고 있다. 그 결과 디지털 경제에서의 노동의 변화에 선제적으로 대처하는 데 어려움을 겪고 있으며, 이 맥락에서 나온 소득보장이냐 고용보장이냐 하는 논쟁에도 적극적으로 반응하지 못했다. 또한 기후위기 시대에 노동과 자원이 어떻게 배분되어야 하는지에 대해서도 명확한 답을 주지 못하고 있다.

특히 과거 80년대 세계관에 익숙한 세대들이 기회의 평등을 보장해주리라고 믿었던 '능력주의'가 최근 정반대로 엘리트 세습의 기제로 작동하고 있음이 확인되면서 과거의 세계관이 일대 혼돈에 빠졌다. 이미 1958년에 마이클 영(Michael Young)이 간파했던 문제인데, 80년대 세계관에 갇힌 민주화 세력은 여전히 개인주의적 능력주의를 진보의 관점으로 확고히 믿는 경향이 있다. 이 점에서 70년대 산업화 세력이나 80년대 민주화 세력은 동일한 세계관을 가졌다. 그러다 보니 70-80년대식 능력주의가 지금도 여전히 잘 작동할 것이라 전제하고 설계되는 교육정책이나 청년정책, 분배정책 등이 모조리 무력해지는 경향마저 있다는 것이 나의 진단이다.

세상을 보는 관점의 변화가 더디니 경제나 사회, 정치에 대한 선제적이고 적극적인 해석 역시 뒤처지는 문제가 있다. 특히 진보는 경제개혁에 관한 이니셔티브(initiative, 주장이 되는 위치에서 이끌거나 지도할 수 있는 권리)를 완전히 잃어버린 것이 아닐까 싶을 정도로 외환위기 이후 경제적 비전과 개혁과제를 선도하는 데 힘을 쓰지 못했다. 물론 더욱 열악해진 비정규직 노동 현장과 플랫폼 노동의 현장에 늘 진보가 함께하며 부당한 노동조건에 맞서 분투했다는 사실을 의심하는 사람은 없을 것이다. 하지만 악화하는 현실 곁을 지키는 것만으로 진보의 역할이 끝나는 것은 아니지 않나? '문제의 공감'이 시작이라면 그다음 단계에서 반드시 '문제의 해결'로 나가야 한다. 그러자면 시대 변화를 조금 앞서 선취함으로써 모두를 위한 변화에 앞장서야 한다.

새로운 화두, 디지털 경제와 기후위기의 경제

진보가 재검토해야 할 경제·사회적 대안들은 어떤가? 주목할 것은 2008년 글로벌 금융위기 이후 경제사회가 '4차 산업혁명'이라는 명분 아래 엄청나게 빠르게 '디지털 플랫폼 경제'로 전환하는 중이고, 이 와중에 기존 노동 구조가 뿌리부터 흔들리고 있다는 사실이다. 그런데 가관인 것은 이러한 기업 주도 기술변화에 무비판적으로 편승한 70년대 산업화 세력은 물론 80년대 민주화 세력도 그에 못지않게 '기술낙관주의'를 자신의 세계관이자 철학으로, 그리고 미래 비전으로 확고히 내재화하고 있다는 것이다. 특히 지금 우리나라에서 4차 산업혁명에 우리의 미래를 내맡긴 중심 세력은 집권 세력인 더불어민주당인 것 같다. 그들은 특별한 혁신적 제도 변화 없이도, 그들의 기득권을 놓지 않아도, 일련의 디지털 기술이 미래 희망을 꿈꾸게 해줄 수 있다고 믿는 일종의 '기술보수주의' 환상에 빠진 것 같다. 이런 상황에서 '디지털 플랫폼 경제'에 대한 독립적 해석과 개혁 전망을 갖추는 것은 진보의 필수 과제다.

기업 중심의 디지털 플랫폼 경제 찬양론자들에게 맞서 시민 중심적 기술 혁신 방향을 제시하는 것으로 진보의 역할이 끝나는 것은 아니다. 더욱 심각한 과제가 남아 있다. 더불어민주당 등 집권 세력이 디지털에 미래의 명줄을 걸고 있는 동안 경제의 지형을 근원에서부터 흔들 수 있는 기후위기에 대한 대처는 여전히 주변화된 이슈로 외면받고 있다. 진보는 시민 중심의 플랫폼 경제 개혁과 더불어 기후위기를 경제정책은 물론 국가정책의 중심으로 끌어들여야 한다. 20세기 경제의 실질적 근간인 화석연료를 우리 경제에서 제거하는 거대한 작업을 시작해야 한다. 이는 산업구조 자체의 변동, 도시 풍경의 완전한 변화, 수익만 추구하는 기업의 행동방식 변화, 그리고 화석연료에 기반한 양적 성장을 무한히 추구했던 국가의 경제정책 변화를 총체적으로 수반한다. 이런 궤도로 접어들자는 위로부터의 거대한 전환 프로그램이 '그린 뉴딜'이며 그 종착점이 바로 '탈탄소 경제'다.

과거 진보는 생산수단의 소유관계라는 차원에만 집중한 나머지 경제개혁을 '자본주의냐 사회주의냐' 하는 경계선에서 좁게 상상했다. 물론 현실 경제에서 생산수단 소유관계 차원은 여전히 중요하다. 하지만 소유관계만 하더라도 이제 사기업과 국유기업만으로 구분되지 않고 수많은 소유방식이 이미 존재하거나 만들어지고 있다. 그뿐만 아니라 디지털 플랫폼 경제에서는 데이터와 지식을 포함해 이른바 잠재력 있는 '공유자원'이 확장되고 있다. 기후위기를 고려하면 화석연료 제거라는 완전히 다른 차원의 문제도 등장한다. 성장주의에서 벗어나 '지구의 한계 안에서의 경제활동'이라는 매우 도전적인 과제도 새롭게 등장했다. 이들을 모두 소유관계라는 하나의 차원으로 환원시켜 대안을 구상하는 것은 더 이상 가능하지도 않고 바람직하지도 않다.

'불평등–차별–기후위기' 문제 해결이라는 미래 과제를 향해

새롭게 구성해야 할 진보 정책 프레임과 진보 사회 비전으로 옮겨가보자. 80년대 세계관에서 출발한 '경제민주화' '노동 존중' '한반도 평화' '사회복지' 등과 같은 일련의 진보 의제들은 지금의 조건에서 얼마나 강력할 수 있을까? 검찰 관료집단에 대한 민주적 통제 같은 목표가 최상위의 사회적 개혁 과제일까? 최근의 한·일 갈등을 국가주의적으로 해석하고 '토착 왜구'와 같은 애국주의적(?) 언어를 동원하는 것은 얼마나 적절한가? 모두 아니라고 생각한다. 완전히 새롭게 재구성해야 한다. 최근 부상하는 불평등 심화, 정체성 갈등, 기후위기, 나아가 기술 변화나 인구 감소 등 이전에 경험하지 못한 굵직한 미래 변수들에 주목해보는 것이 어떨까? 이 의제들은 과거로부터 지혜를 빌릴 것이 많지 않다.

구체적으로 살펴보자. 불평등은 그저 자본주의 시대 이후 진보가 늘 주장해온 '오래된 구호'인가? 그렇지 않다. 지금 불평등이 새삼 문제가 되는 것은 거의 100년 만에 심각한 수준으로 불평등이 치솟아 사회 통합을 무너뜨리는 것은 물론 경제성장 자체를 가로막고 있으며 심지어 정치적 포퓰리즘까지 불러내는 상황에 이르렀기 때문이다. 그러나 80년대 세계관에 젖은 이들은 불평등에 대해 지독하게도 관성적인 태도로 일관한다. 80년대 민주화운동 안에서 젠더 문제와 소수자들의 동등한 인정 등 '모든 차별'을 없애고자 하는 주제는 결코 노동과 동급으로 중요한 과제가 아니었다. 하지만 이제 '동등한 인정'은 하위 의제로 밀려날 수 있는 사안이 아니다. 벌써 십수 년째 대학 진학에서도 남성보다 여성의 수가 많고, 여성이 가정

안에만 갇혀 있을 수 없는 시대가 오래전에 왔는데, '관성적 남성 우위'가 더 이상 유지될 수 있을까?

"진보라는 이 단어를 다시금 우리가 책임집시다. 진보는 인간에게 천년의 꿈이지요. 사람들은 종교를 믿듯 진보를 믿고 진보가 영원하리라 생각했습니다. 그러나 진보는 투기의 재단에 끌려갔고 고갈된 세계, 참담한 세계, 노략질당한 세계, 전쟁 중인 세계만 남았습니다. 각국 정부가 이미 오래전에 잊어버린 일반이익을 구현합시다."

이 가장 전투적인 주장은 특별히 과격한 정치조직이나 노동단체의 것이 아니다. 프랑스 기후위기 대응단체 '우리모두의일'의 주장이다. 이제 세상 변화의 최전선에서 기후위기 운동단체들이 목소리를 내고 있는 것이다. 이렇게 세상의 의제가 '불평등-차별-기후위기'라고 하는 새로운 난제들을 중심으로 편재된 것이 오늘의 현실이다. 세기적 불평등과 차별, 기후위기라는 새로운 위협 앞에서 우리 사회가 심각한 내파의 위험을 안고 있음에도 불구하고 기득권 엘리트 집단들은 시민들의 삶에 갈수록 둔감해지고 있다. 그동안 진보를 자처해온 더불어민주당도 세상의 변화에 대한 포착 능력과 시민들의 아픔에 대한 감수성을 잃어버린 채 유감스럽게도 기득권 엘리트 집단으로 변해왔다. 그 결과 피케티의 표현대로 70년대의 보수는 '상인 우파'로, 80년대의 민주화 세력은 '브라만 좌파'로 변질되어 80퍼센트의 시민들과는 동떨어진 채 상위 20퍼센트들의 성 안에서 쟁투하는 모습이 현재 정치의 현실이다.

70년대 세계관과 80년대 세계관이 지루하게 쟁투하는 모습이 미디어에서, 학문 논쟁에서, 정치권에서 반복되고 있는데, 이제 그것을 끝내야 하지 않을까? 세상의 경험과 지식이 글로벌 수준에서 빠르게 유통되고 있는 지금, 새로운 미래 관점을 세울 수 있는 단초들은 이미 여기저기 널려 있다. 많은 2030세대들은 그들 자신의 삶에서 이미 이를 직관적으로 체득하고 있기도 하다. 우선 변화를 인정하고 새롭게 부상하는 다양한 지혜들에 대해 개방적 태도를 갖는 것부터 시작하자. 그리고 시대의 변화에 조금 더 민감하게 반응해 나가자.

1장

디지털 플랫폼 경제, 정해진 미래인가

우리 사회에서 미래와 가장 먼저 가장 자주 연결되는 개념은 '디지털 경제' '디지털 사회'일 것이다. 물론 디지털 혁신과 인터넷 네트워크 확산, 놀라운 속도로 발전하는 인공지능은 잘 다뤄나갈 경우 사회구성원 모두에게 더 안전하고 편리한 삶을 가져다줄 것이다. 심지어 산업경쟁력을 높여서 경제를 더욱 탄탄히 하는 데 결정적인 도움을 줄 것이다. 하지만 이윤을 추구하는 기업들이 선도하는 디지털 기술 혁신과 플랫폼 경제 확대를 그저 박수 치며 환영한다고 디지털이 약속하는 희망의 미래가 오는 것은 아니다. 더욱이 시민들의 생활에서 직면하는 사회적 문제들은 기술로만 풀 수 없다. 오히려 사회가 기술을 선택하고 조율해 사회에 이롭게 활용되도록 해야 한다.

과거 보수가 경제 문제에서 성장지상주의를 가장 우선시했다면, 최근 보수의 경제관은 어렵고 힘든 제도개혁을 회피한 채 '4차 산업혁명'을 앞세워 기술 혁신으로 문제를 해결할 수 있다고 강변하는 '기술지상주의'라고 생각한다. 그렇게 보수가 숭배하는 미래 경제가 바로 '디지털이 만드는 플랫폼 경제'이고, 이는 이미 현실로 와 있다. 이런 상황에서 진보가 강력한 경제 대안을 제시하려면 무엇보다 기술지상주의를 넘어서야 하고, 먼저 '디지털 플랫폼 경제'를 제대로 해석해야 한다.

그래서 디지털 플랫폼 경제를 이루는 핵심 논쟁 주제인 혁신성, 독점과 경제력 집중, 규제 해체와 자율규제 신화, 알고리즘 편향, 불안정 노동 현실, 흔들리는 사회보장 시스템, 과장된 블록체인 기술의 실상까지 조목조목 따져보았다. 그런 조건 아래에서 더 나은 디지털 세상을 향한 대안으로서 플랫폼 규제와 플랫폼 협동조합을 제시했다. 동시에 디지털 시대의 복지 대안으로 기본소득, 소득보험, 참여소득, 일자리보장제 등의 내용과 가능성을 조명했다. 디지털이 약속하는 희망의 미래를 정말로 기대하는가? 그렇다면 기술이 사회를 지배하게 내버려두어서는 안 된다. 사회가 기술을 지배해야 한다.

1 미래의 삶을 결정하는 것들

진보의 힘은 '미래를 선취'하려는 부단한 노력으로부터 나온다. 그러므로 진보는 그 어떤 세력보다 '미래에 대한 준비'에 강해야 한다. 보수와 진보를 과거 세력 대 미래 세력의 경합이라고 표현하는 것도 그 때문일 것이다. 하지만 최근 진보가 미래를 탐구하기보다 '회고적' 경향을 보인다는 생각도 든다. 진보는 지금 그 어느 때보다 '더 나은 미래'를 만들기 위해 힘을 모아 시민들이 더 나은 삶을 전망하도록 도와주어야 하지 않을까?

애초에 미래를 '예측'하는 과학 따위는 있을 수 없지만, 특히나 2020년대는 변동성과 불확실성이 매우 심한 시기가 될 것이라는 데 이견이 없는 것 같다. 그만큼 현재 사회가 안정성이 없고 사람들은 각자 삶의 전망을 세우기가 쉽지 않아 불안해하고 있다. 그럼에도 불구하고 미래를 불확실하게 만드는 굵직한 공통 요인들은 어느 정도 가늠할 수 있다. 예를 들어 과거의 경험이 없어 마땅히 참조할 만한 대처 방안이 없고 지금도 안정적으로 대처하지 못해 여전히 애를 먹고 있는 요인들 말이다. 갈수록 심화되는 사회·경제적 불평등, 예상을 뛰어넘은 속도로 가속화되는 인구 감소, 인공지능 기술로 대표되는 기술 변화, 그리고 거의 임계점까지 도달한 기후위기.

갈수록 심화하는 불평등 문제

2008년 글로벌 금융위기 이후 전 세계에 공감대를 얻은 불평등 심화 문제는 사회가 해결해야 할 가장 중요한 과제로 받아들여져 한때 월가 점령 운동 등 사회운동의 새로운 에너지가 되기도 했다. 그러나 여전히 불평등 문제가 해결되고 있다는 어떤 징후도 없다. 2008년 금융위기 수습이 양적 완화와 같은 통화정책 중심으로 전개된 결과, 실물시장이 계속 부진한 가운데 자산시장 거품만 커져 오히려 자산 불평등이 더욱 커진 상황이다.

경제위기로 늘어난 실업과 고용불안정에 대해 적극적 보호가 부진한 상태에서 '공유경제'라는 그럴듯한 가치로 포장된 플랫폼 기업들이 번성했다. 이에 따라 플랫폼 노동으로 대표되는 불안정한 노동 형태만 급격히 확대되었고, 그 결과 소득 불평등 역시 악화되는 중이다.

기존 복지국가 방식의 부분적 처방으로는 불평등 해소 효과가 없다는 인식이 커지면서 '보편적 기본소득'이라는 대안이 빠르게 공감대를 늘려가고 있다. 하지만 아직 실험적 검토 이상을 넘어서지 못했다(그런 점에서 일종의 희망고문을 하고 있는 것은 아닐까 하는 의문도 든다).

경제정책뿐 아니라 국가정책의 모든 꼭지마다 '포용적'이라는 수식어가 붙어 다닐 정도임에도 불구하고 왜 불평등은 좀처럼 해소되는 방향으로 전환되지 못할까? 심지어 왜 불평등이 세대를 넘어 '세습'되기까지 이르렀을까? 지금 시대의 가장 어려운 질문이다. 어쨌든 불평등을 완화하는 정책 시도들이 큰 효과를 내지 못한 채 시간이 길어지자 불평등은 경제·사회적 지평을 넘어 정치적 지형까지 바꾸고 있으며 앞으로 더욱 그렇게 될 것 같다. 대표적 사례로서 도널드 트럼프(Donald Trump)와 같은 우익 포퓰리즘이 불평등에 좌절한 대중의 분노를 특정 상대를 향한 혐오와 배제로 폭발시키고 있고, 이는 이미 세계적으로 만연한 현상이다. 불평등 문제는 앞으로도 경제적 불안정, 사회적 갈등, 정치 지형의 변화에 아주 큰 영향을 끼칠 것이다.

급격한 인구 감소 추세

한국 사회는 2020년 처음으로 전체 인구 감소라는 충격적인 소식을 접했다. 지난 15년 동안 약 200조 원의 예산을 쏟아부었는데도 출생률을 끌어올리지 못했으니 좌절감이 드는 것은 당연하다. 다시 출생률을 높이기 위해 전폭적인 육아지원을 하겠다는 정책들이 나오는 한편 아예 인구 감소 추세를 받아들이고 여기에 적응하자는 제안도 나오기 시작했다. 급격한 인구 감소는 국가적 차원에서 분명 간단한 문제가 아니다. 우선 경제활동 인구에 영향을 주기 때문에 기존과 같은 경제성장정책을 지속하기가 쉽지 않을 수 있다.

[그림 1] 한국 사회의 미래를 결정하는 주요 위기

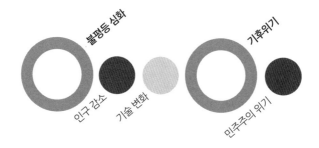

경제활동을 하는 인구의 감소로 인해 현재의 사회보험 체계를 유지하기 어렵다는 우려도 많다. 특히 인구 감소와 수도권 인구 집중이 겹치면서 '지방 소멸'의 우려 역시 광범위하게 확산되었다. 그러다 보니 다양한 국가정책을 동원해 출생률을 끌어올리려고 시도하는 것이다.

반면 국가적 차원의 접근을 넘어 보다 근본적인 문제를 제기하기도 한다. 출산 문제를 국가정책이 아니라 당사자인 '여성의 결정권' 차원에서 다뤄야 한다는 것이다. 여성의 입장에서 생각했을 때, 출산에 대해 어떤 식으로든 국가가 직접 개입하려는 것이 확실히 기이해 보인다. 인구 감소가 경제·사회적으로 정말 문제가 된다면 유럽처럼 '이민정책'이나 '비경제활동 인구의 경제활동 인구 유도' 등을 통해 해결하는 방안도 있으므로 출생률에 집착할 이유가 없다는 비평도 있다. 문제는 0.8 수준의 기록적 출생률이 정말 '여성의 자발적 결정'에 의한 것인지, 아니면 미래에 대한 불확실성 때문에 '포기'되는 것인지도 불확실하다는 사실이다. 여하튼 엄청난 규모와 속도로 하락하는 출생률과 그 결과 초래된 인구 감소는 난제 중에 난제다.

디지털 기술에 대한 과도한 집착

한국 사회에서 4차 산업혁명으로 대표되는 디지털 기술 지원 정책 논의는 '너무 과한' 상황이 아닌지 우려될 정도다. 국가정책의 곳곳에서 디지털 기술이 미래를 어떻게 바꿀 것인지에 대한 전망이 넘쳐난다. 그것도 대체로 매우 희망적인 방향으로. 그러다 보니 코로나19 팬데믹 상황에서 경제를 회복시키겠다는 한국판 뉴딜의 중심에도 '디지털 뉴딜'이 있다. 중소기업정책도 디지털 분야의 '유니콘 기업'(기업가치가 10억 달러 이상인 비상장 스타트업 기업)을 얼마나 많이 만들 것인지에 초점을 둔다. 문재인 정부의 경제정책도 처음에는 소득주도성장이나 공정경제 등이 나열되다가 이제는 사기업의 디지털 기술 투자 중심의 '혁신경제'로 거의 일원화되었다.

디지털 기술이 가져다줄 희망적 혜택 중심으로 미래 사회의 비전을 설계하려는 경향이 정보통신기술 기반의 우리 경제 구조상 이해되지 않는 것은 아니지만, 심각하게 불균형적인 것은 상당한 문제라고 본다. 디지털 기술은 절대로 장밋빛 미래만 가져다주지 않는다. 지금까지만 보더라도 디지털 혁신은 노동과 고용의 불안정성을 증가시켰고 앞으로도 그럴 가능성이 높다. 또한 디지털 경제는 일부 플랫폼 독점 횡포에서부터 개인정보 침해, 알고리즘 편향 등 지금까지 알려진 것만도 매우 많은 난제를 동시에 제기하고 있는데, 이에 대한 적절한 정책은 상당히 부족한 상황이다.

전방위적 접근이 필요한 기후위기 문제

기후위기가 미래의 우리 삶을 결정하는 무엇보다 가장 시급하고 중요한 요인이 될 수 있다는 공감대가 형성된 것은 적어도 한국 사회에서는 최근의 일이다. 기후위기에 대처하면서 경제를 회복하자는 '그린뉴딜정책'을 2020년 정부가 채택했고, 이어서 '2050년 탄소 중립'을 선언하고 실천 계획을 준비하는 데까지 왔으니 짧은 기간 많은 진전이 있었던 것 또한 사실이다. 하지만 정부가 수용한 그린뉴딜정책은 기후변화에 대한 위기의식에서 출발했다기보다 '자본투자 기회'라는 정도의 인식 아래 설계되었다. '2050년 탄소 중립' 역시 30년 뒤의 야심 찬 계획만 있지 당장의 계획이 부실해 그저 레토릭으로 멈춰 있는 것은 그 진정성을 의심하게 만든다.

기후위기는 환경정책만이 아니라 경제정책부터 복지정책, 심지어 국가 안보와 인권정책에 이르는 모든 국가정책과 사회정책 전반에 걸쳐 고려해야 할 요인이다. 급변하는 기후위기의 위협을 정책이 제대로 따라가지 못할 경우, 엄청난 재난 수습 비용에 시달리며 사회의 미래가 크게 굴절될 수도 있다. 특히 미래를 디지털 편향으로 전망할 뿐 기후위기에 대한 고려가 부차적인 한국 사회의 정책적 불균형은 빠르게 고쳐야 할 문제다.

불평등 심화, 인구 감소, 기술 변화, 기후위기라는 굵직한 미래 변수들은 앞선 세대는 물론 현재 세대들도 경험하지 못한 것이다.

그만큼 과거로부터 지혜를 빌릴 것이 많지 않다. 이들 위기에 제대로 대처하지 못하면 정치적 위기, 민주주의의 위기가 도래할 수 있다. 서구의 우익 포퓰리즘 등장이 그 전조다. 한국이라고 예외일 수 없다. 현실에서 드러난 문제점들을 냉정하게 판별하고, 미래에 벌어질 다양한 경로와 가능성을 탐색하고, 그 가운데 더 나은 경로를 만들기 위한 모색이 필요한 시기다.

2 디지털인가, 그린인가

한국의 기득권 엘리트들이 상상하며 제시하는 미래는 한마디로 '디지털 세상이 만들어줄 유토피아' 같아 보인다. 2013년 집권한 박근혜 정부의 '창조경제'에서부터 국가 전망은 디지털 미래로 분칠되기 시작했고, 문재인 정부 역시 초창기에 잠깐 소득주도 성장과 공정성장을 말하다가 이내 혁신 성장이라는 이름으로 디지털 혁신이 그리는 장밋빛 미래에 집착하고 있다. 심지어 인공지능과 로봇공학, 메타버스[metaverse, 가상·초월(meta)과 우주(universe)의 합성어로 3차원 가상세계를 의미한다]를 넘어 사설 우주탐험과 생명연장기술에 이르기까지 온갖 트랜스 휴먼의 상상력이 얹어지기도 한다. 이렇게 한국의 엘리트는 '디지털 미래'에 명운을 걸고 있다고 해도 과언이 아니다. 기업들이 일방적으로 밀어붙이는 디지털 경제, 플랫폼 경제 확산 때문에 기존의 복지 시스템이 잠식되어가고 있음에도 불구하고 그것이 기득권 엘리트들에게는 잘 보이지 않는 모양이다.

그런데 디지털 미래를 희망의 모자이크로 설계하고 있는 이들이 과연 기득권 엘리트 또는 보수 세력만일까? 외형적으로는 진보 진영의 분위기도 크게 다르지 않은 것 같다. 진보 역시 디지털 사회 전망에 대해 다른 상상력이나 비전을 갖고 있지 못한 것 아닐까? 그러다 보니 보수가 모든 경제·사회·복지정책을 '디지털 혁신'으로 포장하는 동안 진보는 그 대응이나 대안적 혁신정책 제시에 속수무책 무력해지고 있는 것 아닐까?

이 문제를 살펴보기 위해 우선 기존 엘리트들이 약속하는 디지털 미래에 대해 좀 더 확인해보자. 그리고 이에 대응해 새롭게 등장하는, 진보가 초점을 둬야 할 새로운 그린의 미래를 간략히 짚어보자.

지상 명령이 된 디지털 혁명

독일 경제학자이자 세계경제포럼(일명 다보스포럼) 창시자 클라우스 슈밥(Klause Schwab)이 2016년 세계경제포럼에서 던졌던 화두인 '4차 산업혁명'이란 단어를 정부의 모든 공식 문서에서 사용하는 유일한 나라가 아마도 한국이 아닐까 싶다. 그만큼 기득권 엘리트들은 디지털이 만드는 미래의 장밋빛 청사진에 집착하고 있다. 정부와 식자들 모두 거들고 있으며, 막상 이 분야에 전문성을 가진 기업들은 그 과장됨을 알면서도 영업 기회가 확대되니 나쁠 것 없다는 태도 같다. 그러다 보니 관료, 지식인, 기업가 들은 정말로 새로운 수준의 산업혁명이 지금 여기에서 일어나고 있다고 굳게 믿으며, 디지털 경제의 선도 경쟁에서 한 치라도 뒤처지면 안 된다는 결기까지 보인다.

심지어 정부는 '4차산업혁명위원회'라는 조직까지 신설하는가 하면 'D. N. A'(Digital, Network, AI)라는 신조어까지 만들어서 전폭적으로 디지털 산업을 지원하고 있다. 그 최고 정점이 코로나19 재난으로부터의 회복정책 중심에 디지털 뉴딜을 편재한 것 아닐까? 디지털 뉴딜을 공식 정책 프레임으로 설정한 나라는 한국이 유일한 것 같다. 삼성과 엘지, SK 등 전통적인 디지털 제조업계에서도 이런 분위기가 나쁠 리 없다. 자율주행차 분위기를 업고 현대자동차까지 동참해 한국의 최대 기업들이 모두 여기에 편승했으며, 금융 회사 역시 빠질 수 없다. 그들은 인터넷 전문 은행 설립, 핀테크[금융(finance)과 기술(technology)의 합성어로 기존 디지털 기술 혁신을 통해 금융 서비스를 획기적으로 효율화하거나 새 금융 서비스를 출시하는 것을 뜻한다]를 비롯해 금융의 디지털화, 디지털 산업에 투자하는 경향을 가속화한다. 또 언제부터인지 모든 지방정부와 도시들이 '스마트 시티'를 도시정책의 중심과제로 내걸기 시작했다. 코로나19 재난은 이러한 추세에 기름을 부은 것처럼 디지털 전환을 한층 부추기고 있다.

한편 이미 자산총액 10조 원을 넘어 재벌 반열에 들어간 네이버와 카카오는 물론 쿠팡과 배민 등 거대 플랫폼 기업들이 동참한다. 그리고 이들 뒤를 따라 벤처 기업들이 시가총액 1조 원의 유니콘 기업이 되어야 한다는 중소벤처기업부의 독려 아래 여기에 가세한다. 코로나19 재난 와중에서도 증권시장이 플랫폼 벤처 기업들에 대해 한껏 분위기를 고조하는 모양새가 마치 20년 전 ICT(Information & Communication Technology) 거품을 닮았다고 〈뉴욕타임스〉가 지적할 정도다. 그런데 과연 디지털 혁신, 스마트 혁신이 만들어주는 미래는 우리에게 무얼 약속할까?

디지털이 그리는 개인의 미래 일상은 스마트폰과 메타버스라는 가상세계로 상징된다. 기업의 미래는 플랫폼 기업이나 스마트 공장으로, 미래의 노동은 로봇의 노동과 알고리즘의 작업 지시로 상상되며, 이를 불가피한 것으로 여긴다. 진보든 보수든 디지털 미래의 토대 위에서 상상하기는 마찬가지다. 그런데 디지털이 만들어내는 '소비자 편의성'이라는 장점은 너나없이 손뼉을 치며 상찬하지만, 디지털이 만들어내는 '노동의 불안정' 같은 문제는 희한하게도 소비자 편의를 위해 '불가피하게 감수해야 할' 사안쯤으로 치부된다. 미래의 디지털 세상이 만들어내는 단점은 '어쩔 수 없는 것'이고 장점은 '환영해야 마땅한 것'이므로 무조건 '남보다 먼저' 디지털 세상을 앞당기는 것이 지상 명령으로 확립된다.

두 번째 엥겔스 휴지기

이 대목에서 스웨덴 경제사학자 칼 베네딕트 프레이(Carl Benedikt Frey)가 최근의 기술 혁신을 가리켜 '엥겔스 휴지기'(Engels Pause)가 다시 돌아왔다고 한 지적을 새겨봐야 한다. 1800년대 초 영국에서 처음으로 산업혁명이 시작되었을 당시 생산량은 전례 없는 팽창을 이루었지만 성장의 이득은 대중에게 흘러가지 않았다. 오히려 중간 소득의 장인 일자리가 사라지면서 산업혁명의 결실이 고스란히 기업가들에게 돌아갔다. 그 결과 1840년대 영국으로 간 엥겔스(Friedrich Engels)가 관찰한 바대로, 영국의 노동계급은 한 세대가 넘게 비참한 생활을 하게 된 것이다. 생산이 폭발적으로 늘어났는데도 노동자들의 생활 수준이 장기간 정체해 있었던 이 시기를 경제사학자 로버트 알렌(Robert C. Allen)은 '엥겔스 휴지기'라고 명명했다.

그런데 19세기 말 시작된 2차 산업혁명의 경우에는 다른 양상이 전개되었다. "자동차, 항공기, 트랙터, 전력기계, 전화, 가전제품 등을 생산하는 거대한 신산업이 등장했고, 이것들은 풍부한 신규 일자리를 창출했다. 테크놀로지의 마술이 진행되면서 구인은 늘어나고 실업은 줄어들게"[1] 된 것이다. 최근까지 많은 식자들이 기술 혁신은 일자리를 없애기도 하지만 오히려 과거에 없던 새로운 일자리를 더 많이 만들 수도 있다고 주장한 근거는 주로 2차 산업혁명의 경험에 뿌리를 두고 있다.

문제는 21세기의 디지털 혁신이 엥겔스가 관찰했던 19세기 초 산업혁명 당시와 다시 양상이 비슷해지고 있다는 것이다. 기술 혁신이 거듭되고 기업의 수익성이 올라감에도 불구하고 두 번째 엥겔스 휴지기가 오고 있다는 우려가 커지고 있다. 칼 베네딕트 프레이는 "컴퓨터 기술이 중산층의 규모를 축소했고, 미숙련 노동자의 임금에 하향 압력을 가했고, 소득에서 노동의 비중을 감소"시켰다고 지적했다. 바로 지금 우리 앞에 만연한 플랫폼 노동에서도 이를 확인할 수 있다. 우리는 디지털 경제의 미래에 대한 온갖 찬양만이 난무한 세상에서 "테크놀로지가 소수의 희생 아래 다수에게 이익을 줄 게 틀림없다고 가정할 철칙은 없다"고 단언한 프레이의 경고를 새겨들을 필요가 있다. 정말 진지하게 디지털 기술의 변화가 우리 삶을 어떻게 바꾸고 있는지 성찰할 때다.

디지털 미래가 아닌 '그린'의 미래

한편, 다가올 세상은 결코 '디지털로만 상상되지 않는다.' 할리우드 영화들이 미래를 디지털 기술로 범벅을 하든 안 하든 미래를 결정할 더욱 강력한 요인은 따로 있다. 바로 기후위기다. 한국은 디지털 뉴딜의 주변 메뉴로 그린 뉴딜을 붙여 친환경 사업 아이템을 몇 개 포함시키는 데 그쳤지만, 원래 그린 뉴딜로 만들어가려는 미래는 전혀 그런 것이 아니었다.

이미 세상의 많은 사람들이 인류를 위협하는 가장 큰 위험은 금융위기 이상의 충격을 줄 기후위기라고 인식하고 있으며, 지금의 코로나19 재난조차 기후위기가 낳은 파생적 결과로 이해한다. 미래는 기후위기에 어떻게 대처해나가는가에 따라 결정적으로 달라질 것이다. 다시 말해 우리가 기후위기를 어떻게 인식하는지에 따라서 완전히 다른 '두 개의 세상'이 기다리고 있다는 것이다.[2]

기후위기에 대처하기 위해서는 지구 시스템 과학에 기반해 지구 시스템의 순환을 깨지 않는 범위에서 인류의 사회·경제 활동을 완전히 재조정해야 한다. 지금까지 우리의 생활방식과 패턴을 모두 바꿀 것을 요구한다. 기후위기를 벗어나는 '그린의 미래'는 석탄·석유·가스 등 땅속에 묻힌 고밀도 에너지를 태워 성장해온 지난 200년 동안의 인류 문명의 발전 방식에서 벗어난 '탈탄소경제 사회'라는 새로운 비전을 제시한다. 디지털 기술이 이끄는 산업혁명을 4차 산업혁명이라고 하지만, '그린의 미래'에 따르면, 진정한 의미의 산업혁명은 화석연료 기반의 인류사회에서 탈출해 탈탄소 사회로 전환하는 것이다.

따라서 '그린'의 관점에서 보면, 19세기 말 석유와 전기로 대규모 에너지 전환을 했던 2차 산업혁명 이후 4차 산업혁명은 고사하고 3차 산업혁명도 아직 오지 않았다. 석탄은 물론 석유로부터도 벗어나 완전히 재생에너지로 교체되는 시점이 진짜 3차 산업혁명의 시작점일 것이다. '그린'이 그리는 미래의 새로운 일상을 크리스티아나 피게레스(Christiana Figueres)는 이렇게 예시한다.

인류는 전반적으로 삶의 재생, 재조직, 재구조화를 통해 생활방식을 더 지역적인 형태로 바꾸는 데 성공했다. 에너지 단가는 크게 떨어졌지만, 장거리 통근 대신 지역 생활을 택하는 경향이 우세하다. 통신 연결성이 개선되어 집에서 일하는 사람이 많아지면서 생활이 유연해지고 여가 시간이 늘어났다. 지역사회의 힘이 강해지고 있다. 어릴 적에는 이웃 사람을 길에서 마주치는 일이 전부였던 사람이 많다. 그러나 이제 모든 것을 더 값싸고 깨끗이 지속가능하게 만들려고 하다 보니, 사람들은 삶의 모든 측면에서 더 지역적인 것을 지향하게 됐다.[3]

진보가 주요하게 상상해야 할 미래 전망의 중심선은 바로 '그린의 미래'여야 한다. 이 점에서 그린의 미래는 녹색당과 같은 특정 정당만의 이슈가 아니다. 모든 정당이 그들이 펼쳐 보일 그린의 미래를 국민 앞에 내놓아야 할 시기가 된 것이다. 진보는 디지털의 미래로 질질 끌려가듯이 편승하지 말고, 가장 전망 있는 그린의 미래로 확실하게 방향 전환을 해야 한다. 그리고 그 길에서 디지털이 어떻게 기술적으로 유용하게 활용될 수 있을지 숙고해야 하지 않을까?

진보가 꿈꾸어야 할 그린의 미래

박근혜 정부의 창조경제에서 문재인 정부 4차 산업혁명에 이르기까지 8년이 넘는 시간 동안 한국의 모든 정부 정책 담당자와 지식인 들은 오직 디지털 세상을 미래의 비전으로 꿈꿔왔다. 한국에서 디지털 혁신은 지독하게 과장되어온 반면 그린 혁신은 심하게 과소평가되었다. 디지털 미래는 그 단점이 무엇이든 간에 '불가피한 미래'로 인지되어온 반면 그린의 미래는 실현되면 좋지만 예견되는 불편함과 장애를 굳이 감수해야 하는지에 대해 계속 의문을 품는 분위기가 지배적이다.

그러나 얼마 전까지 일부 환경운동가들만 미래의 비전으로 상상하던 '그린의 세상'이 이제 막 한국에서도 사회의 중심의제로 옮겨지고 있다. 물론 아직 '그린의 미래'는 레토릭 수준에 그치는 경우가 대부분이다. 기존 보수 엘리트들은 여기에 힘을 실어야 할 동기가 없다. 진보만이 그린의 미래에 자신의 미래를 걸 수 있을 것이다. 진보는 국민들이 더 나은 미래를 그린의 미래로 꿈꿀 수 있도록 지금부터 상상의 지평을 넓히고 정책의 지평 또한 넓혀야 할 것이다. 이를 자산으로 디지털의 장점을 흡수하고, 그 위험을 적절히 제어할 능동적인 정책을 설계해보자.

3 디지털 혁신가들이
사회도 혁신할 수 있을까?

디지털이 바꾸고 있는 경제사회를 어떻게 부를지에 대한 다양한 논의는 일단 접어두고, 여기서는 그것을 '플랫폼 경제'라고 잠정적으로 이름 붙이고 상세히 짚어보려 한다. 그 이유는 FAANG (Facebook, Apple, Amazon, Netflix, Google)으로 대표되는 현재 글로벌 대표 기업들이 단순히 디지털 기술에 의존할 뿐만 아니라 온라인 플랫폼을 매개로 수익을 창출하고 노무관리 방식도 만들어가고 있기 때문이다. (잘못된 이름 붙이기로 판명되었지만) 공유경제(sharing economy)라고 이름 붙었던 우버나 에어비엔비와 같은 유형의 기업들도 당연히 여기에 포함된다. 여기서 디지털 플랫폼은 로빈 멘셀 (Robin Mansell)이 《플랫폼 경제의 고급 입문》(*Advanced Introduction to Platform Economics*, 2020)에서 요약한 대로, "사용자, 소비자, 기업, 그리고 심지어 공공기관 들 사이의 상호작용을 조직하기 위해 설계된 디지털 아키텍쳐"로 정의될 수 있다.

　미래 디지털 혁신은 플랫폼 기업들이 주도할 것이고, 플랫폼 기업들의 지향과 의지에 따라 미래 경제사회 구조의 상당한 영역이 바뀔 개연성이 높다. 또한 적절한 대응적 힘이 없다면 플랫폼 기업의 팽창은 우리 경제와 사회에 새로운 이윤추구 방식, 새로운 독점 지배, 기존 시장규칙의 해체, 알고리즘 편향, 불안정한 노동시장으로의 재편, 필수적인 규제 시스템의 해체 등 어마어마한 변화를 몰고 올 것이다.

이에 대해 진보는 그 내부를 깊이 들여다보고 노동자와 시민들의 삶에 미치는 영향을 제대로 분석해야 한다. 그런데 아직 플랫폼 노동의 변화 양상을 따라가기도 벅찰 만큼 그 인식이 뒤처져 있는 것은 아닐까? 이 대목에서 다시 '미래의 선취'가 진보의 핵심이어야 함을 되새기게 된다.

지수적 폭발을 거듭하는 디지털 경제

디지털 경제가 습관적으로 떠올리는 서사는 1960년대 인텔사의 공동 창립자 고든 무어(Gordon Moore)가 얘기했다고 하는, "18개월마다 반도체의 집적도가 두 배로 늘어날 것"이라는 예언이다. 반도체 기술 혁신이 해마다 지수적 혁신을 할 것이라는 믿을 수 없는 예언의 진정한 충격은 그것이 지금까지 거의 맞았다는 것이다. 최근에는 실리콘 칩의 한계를 근원적으로 뛰어넘는 '양자 컴퓨터'까지 실험되고 있으니, 벤처 기업가들이 온갖 놀라운 미래를 예언하며 자신들이 세상을 바꾸는 혁신가라고 자임하는 것이 이상해 보이지 않을 정도다. 비선형적·지수적 폭발 또는 양의 되먹임 운동 등은 통상적 상상을 뛰어넘는 변화의 키워드다. 처음에는 소소하게 변하는 것처럼 보이다가 어느 시점을 넘어서면 변화의 폭이 비약적으로 늘어나는 현상이다.

지수적 폭발을 직관적으로 보여주는 고대 인도의 수학자 이야기가 있다. 고대 인도의 한 왕이 수학자에게 상을 주려고 뭐든 원하는 것을 말해보라고 했다. 그러자 수학자는 겸손하게도 "왕이시여, 저는 수수한 사람이기 때문에 약간의 쌀을 주시면 만족하겠습니다"라고 말했다. 그리고 나서 체스판을 내밀며 "첫 번째 칸에 쌀 한 톨, 두 번째에 두 톨, 세 번째에 네 톨, 네 번째에 여덟 톨, 이런 식으로 마지막 칸에 이를 때까지 두 배씩 올려주시면 저는 만족하겠습니다"라고 말했다. 왕은 다소 괴이하게 생각했지만 과도한 요청을 하지 않은 것을 다행으로 생각하며 동의했다. 그런데 첫 번째 줄이 끝날 때쯤 밥 한 끼를 해먹을 정도도 안 되는 쌀알이 올라갔는데 중간쯤인 서른두 번째 칸에 이르자 무려 20억 알을 올려놓아야 할 정도로 양이 '폭발'해 결국 왕이 파산했다는 이야기다. 만약 예순네 번째 마지막 칸까지 갔다면 쌀로 인도 전체를 덮을 만큼을 수학자에게 내주어야 했을 것이다. 이것이 지수적 증가의 파괴력이다.[4]

반도체의 성능이 지수적 폭발 양상으로 끊임없이 개선되면 좋은 것 아니냐고 반문할지도 모르겠다. 문제는 이걸 사회 변화에 적용했을 때 전혀 예상하지도 통제하지도 못하는 국면이 올 수 있다는 것이다. 특히 하드웨어 부품이 아니라 인공지능 같은 것에 적용하면 얘기가 달라진다. 레이 커즈와일(Ray Kurzweil)은 《특이점이 온다》(The Singularity is Near, 김영사)라는 책에서 2045년경이면 디지털 기술이 지수적으로 폭발해 인공지능이 인간을 추월하는 '초지능'

으로 점프할 것이라고 다음과 같이 전망했다.

2045년을 특이점의 시기로 예상한다. 인간 역량이 심오하게, 돌이킬 수 없는 변환을 맞는 때일 것이다. 2040년 중반이 되면 비생물학적 지능이 세상을 지배하고 있겠지만 그래도 그건 여전히 인류 문명일 것이다. 인간이 생물학을 초월하는 것이지 인간성을 초월하는 것이 아니다.

1948년생인 그는 2040년대 초지능이 나올 때까지 생명을 유지하기 위해 하루에 100알의 약을 먹는다고 한다. 믿을 수 없겠지만 사실이다. "그는 전 세계에서 가장 중요한 회사임에 틀림없는 구글 엔지니어링 담당 이사다. 인공지능 개발팀의 책임자이기도 하다. 이런 그가 매일 알약을 무려 100알씩 먹으면서 수명을 연장하려 하고 있다. 그 이유는 2030년경까지만 살 수만 있다면 결코 죽지 않을 것이라는 굳은 믿음 때문이란다. 또한 인류의 모든 것을 바꿔놓을 만큼 어마어마한 기술력으로 향해 가는 속도가 놀라운 수준으로 가속화하고 있다고 믿기 때문이다. 다시 말하자면 그는 괴짜가 아니다. 설사 그렇더라도 역대 최고의 시가총액을 자랑하는 회사에서 엔지니어들의 작업을 진두지휘하고 있는 괴짜다."[5]

실리콘밸리에서 생명 연장을 진지하게 믿는 이는 레이 커즈와일 한 사람에 그치지 않는다. 페이팔의 창립자이자 초기 페이스북 투자자 피터 틸(Peter Thiel)도 그중 한 사람이다.

기술 혁신이 사회 혁신을 보장하지 않는다

그런데 이들은 '혁신'의 아이콘을 자처하며 스스로 미지의 분야를 개척하고 있다고 생각하기 때문에 기존의 정부 규제나 법을 낡은 것으로 치부하고 과감히 무시해도 된다고 생각한다. 이들은 자신의 사업에 대해 '자율규제' 능력이 있다고 믿는다. 가장 극단적인 사례가 우버의 공동 창립자 트래비스 캘러닉(Travis Kalanik)이다. 하늘 높은 줄 모르던 그의 오만과 탈선은 결국 2019년 우버 최고경영자에서 쫓겨나는 것으로 일단락되었다.[6]

자신들이 법을 초월해 존재한다는 믿음은 사실상 구글이나 페이스북 등 첨단 플랫폼 기업 창업자들에게 널리 퍼진 사고방식이다. 쇼샤나 주보프(Shoshana Zuboff)는 《감시자본주의 시대》(*The Age of Surveillance Capitalism*, 문학사상)에서 구글의 창업자들인 세르게이 브린(Sergey Brin)이나 래리 페이지(Larry Page) 등이 자신들을 어떻게 보고 있는지를 다음과 같이 요약한다. "구글 같은 테크놀로지 기업은 빠르게 움직이므로 국가가 곧바로 이해하거나 따라갈 수 없다. 따라서 국가가 개입하거나 제한하려는 그 어떠한 시도도 옳지 않거나 어리석을 수밖에 없다. 규제는 언제나 혁신과 진보를 지연시키는 부정적인 힘이다. 기술 혁신을 이루려면 법이 닿지 않는 환경이 필요하다." 일반인들은 상상하기 어려운 논법이다.

그러니 한국에서도 플랫폼 기업들이 공론장에서 공공연하게 정부나 정치인을 가리켜 낡은 규제나 붙잡고 있는 시대에 뒤떨어진 세력이라고 경멸하는 것이다. 이들은 노동자도 과거식 노동 인식에 얽매여 혁신을 방해하는 세력으로 몰아간다. 자신들이 미래를 만들어가고 세상을 바꿔가고 있으니 자신들의 생각과 행동이 기존의 법과 제도를 초월해 '옳다'고 믿는다. 이 대목에서 분명히 할 것이 있다. 설사 특정 하드웨어 기술이 지수적 증가 속도로 발전한다고 해도 복잡한 사회와 세상이 모두 거기에 순응해 바뀌는 것은 아니라는 점이다. 기술은 사회 변화의 작은 인과 고리에 불과하다. 기술 혁신이 다양한 방향으로 사회 혁신을 촉발시킬 수는 있지만 자동으로 '옳은 사회 혁신'으로 연결되지는 않는다.

예를 들어보자. 가장 최신의 플랫폼 기업이라고 하는 우버나 에어비엔비 같은 공유기업(?)들의 수익모델을 뜯어보면 사실상 혁신적인 것은 하나도 없다. 이들은 흔히 말하는 규제의 사각지대에서 '규제차익'(regulatory arbitrage, 규제가 없는 영역을 이용해 더 많은 수익을 얻는 기업의 행위)으로 엄청난 수익을 올리다가 규제가 들어오면 혁신을 방해하지 말라며 저항한다. 사회보험을 포함해 노동 과정에서 기업이 마땅히 책임져야 할 부대비용을 노동자 개인이나 사회로 떠넘기고 자신은 비용 부담을 털어버리는 반사회적 방식으로 이윤을 추구하기도 한다. 많은 경우 '위험을 무릅쓰고' 혁신을 해서 수익을 올리는 것이 아니라 사회구성원이나 사회 전체에 위험을 떠넘기는 식으로 '위험을 회피함으로써' 수익을 확보하는 것이다. 배달 노동자를 노동자가 아니라 자유계약자로 간주함으로써 기업이 지불해야 할 각종 사회보험을 배달 노동자에게 떠넘기는 것이 대표 사례다.[7]

과거에 기업은 위험을 무릅쓰고 수익을 추구하는 조직으로 알려졌다. 하지만 이제는 노동자들이 위험을 무릅쓰고 생계를 유지한다. 라이더유니온 박정훈 위원장은 "위험을 무릅쓰는 것이 자본가

의 미덕에서 노동자의 미덕으로 전환"되었다고 꼬집는다. **8**

또 플랫폼 기업들은 첨단을 자처하고 있는 만큼 부패나 편법 등을 사용하지 않고 페어플레이를 할 것처럼 여겨진다. 그러나 "2017년과 2018년에 가장 많은 돈을 로비에 지출한 기업이 바로 구글"이라고 지적하는 저널리스트 라나 포루하(Rana Foroohar)는 그의 책 《돈비 이블, 사악해진 빅테크 그 이후》(*Don't Be Evil*, 세종서적)에서 디지털 플랫폼 기업들의 문제를 조목조목 지적한다. 그는 플랫폼 기업들이야말로 세계적으로 가장 많은 자금을 조세 회피 지역으로 빼돌리고 세금을 안 내려고 기를 쓰며, 막대한 로비 집단을 구성해 정치권에 로비를 하고, 가장 비열한 차별적 행위를 일삼으며 노동권 감수성에 대해 거의 무지에 가까운 행태를 보인다고 비판한다. 그리고 이렇게 꼬집는다. "자동화가 확대되는 데다 빅테크 기업들이 다른 경제 분야로 투자를 확대하는 만큼, 실리콘밸리의 비도덕적인 부작용을 억제하는 것이 향후 5년 동안 입법자들이 해결해야 할 대표적인 경제 문제가 될 것이라고 믿는다." 그리고 이런 현상은 한국의 대표 플랫폼 기업들인 네이버, 카카오, 넥슨 등도 마찬가지다. 이들 기업에서 상사의 괴롭힘, 노동법규 위반, 수당 체불 등이 다수 고발되기도 했다.

물론 기술 혁신이 인간에게 가져다줄 편리함은 그것대로 정당하게 평가해야 한다. 하지만 기술 혁신의 화려한 외양을 담보로 기업가들이 마음대로 사회규칙을 무시하거나 시민들의 삶을 임의로 재편하려는 것은 절대 정당화될 수 없다. 진보는 다음의 원칙을 확실히 해야 한다. 기술과 기업에서 혁신을 이뤘다고 노동이나 사회에서도 혁신적일 것이라는 어떤 개연성도 없다. 기업이 진정 혁신가로 남고 싶다면 노동규칙을 지켜야 한다. 진보는 이런 맥락에서 새롭게 부상하는 기술들의 쓰임새를 제대로 공론화하고, 기술 혁신에 어울리는 바람직한 '사회 혁신'의 방향을 민주적으로 논의하는 길을 열어야 할 것이다.

4 플랫폼 기업은 과거의 기업과
어떻게 다른가

산업혁명 이후 200년이 넘는 자본주의 역사에서 기업의 모습은 고정되어 있지 않았다. 기업은 계속 변신해왔으며, 기업의 변화에 따라 노동과 사회의 모습도 출렁였다. 지금 플랫폼 기업과 플랫폼 노동이라는 낯선 현상에 진보 역시 당황하고 있지만, 역사를 돌이켜보면 기업과 노동 현장은 항상 변해왔다. 특히 기업 조직의 변화에 주목해야 한다. 기업 조직이 변하면 노동 조직도 따라서 변하는 경향이 있고, 사회의 다른 조직 변화도 촉발시킬 수 있기 때문이다. 특히 최근 플랫폼 기업 조직의 변화는 놀라운 면이 있다. 플랫폼 기업들의 등장을 목격한 광고회사 하바스미디어의 전략 담당 수석 부사장 톰 굿윈(Tom Goodwin)의 다음 말은 유명하다.

"세계 최대의 택시회사 우버는 한 대의 자동차도 보유하지 않고, 세계 최대의 미디어 회사 페이스북은 콘텐츠를 생산하지 않으며, 최대의 기업 가치를 지닌 소매 기업 알리바바는 재고가 없다. 또 세계 최대 숙박업체 에어비엔비는 부동산을 보유하고 있지 않다. 뭔

가 흥미 있는 일이 일어나고 있다.">9

보이는 손 & 보이지 않는 손

통상 자본주의에서 사회적 생산과 자원 배분은 '시장의 가격 메커니즘'이 정한다고 알려졌다. 적어도 외형적으로는 독립된 주체들 사이의 자유로운 시장 거래와 계약을 통해 경제적 관계가 형성된다. 이때 기업도 개인 소비자와 다름없는 하나의 경제 행위자로 시장 거래에 참여한다. 그런데 시장에서의 동등하고 자유로운 거래와 구분되는, 기업 내부에서의 거래와 자원 분배 메커니즘에 주목한 이가 있는데, 바로 로널드 코스(Ronald H. Coase)다. 그는 1937년 논문 "기업의 본질"(The Nature of the Firm)에서 '거래비용이론'을 처음 제안했고, 이를 토대로 기업의 존재 이유를 설명했다.

그는 논문에서 "기업을 설립하는 것이 이익이 되는 주된 이유는, 가격 메커니즘을 사용할 때 소요되는 비용 때문인 것 같다"고 평가한다. 만약 기업을 만들지 않고 고용주가 개별 노동자들과 각각 시장가격에 따라 협상하고 계약을 맺어 생산과 판매 과정을 추진한다면, 관련된 가격을 알아내는 비용이 들 뿐만 아니라 막대한 가격 협상 비용과 각 계약을 체결하는 비용이 반복해 들어가게 된다. 그런데 시장의 거래 관계자들을 기업 안으로 조직해 노동자로 고용하면 바로 이 거래비용을 크게 줄일 수 있고, 그래서 기업이 만들어진다는 것이다.

올리버 윌리엄슨(Oliver E. Williamson)도 상품의 생산과 유통을 시장 거래로 할 것이냐 아니면 기업 조직 내부의 조율로 할 것이냐는 일종의 대체 관계에 놓일 것이라고 말했다. [10] 앨프리드 챈들러(Alfred D. Chandler)는 이를 기업이라는 '보이는 손'(visible hand)이 시장이라는 '보이지 않는 손'(invisible hand)과 함께 경제를 움직여왔다고 표현한다. [11]

거대 복합 기업의 탄생

우리는 기업이라고 하면 대체로 산업지대에 집단으로 포진한 거대한 공장이나 도심의 빌딩 사무실 등을 떠올린다. 하지만 200년 전 산업혁명 초창기만 해도 기업의 모습은 사뭇 달랐다. 소규모 가족 기업과 중개상들의 다단계 시장 거래가 주된 형태였다. 앨프리드 챈들러에 따르면 "1840년 이전에 상근 노동자를 50명 이상 고용하는 공장을 일반화한 것은 직물 분야뿐이었다." 19세기 중반 이전까지만 해도 "미국 산업의 윤곽은 50명 이하를 고용하면서 수력, 풍력, 축력, 인력 같은 전통적인 동력원에 의존하는 다수의 작은 기업들에 의해 수행되는 양상이었다." [12]

그런데 19세기 중반 이후 석유와 전기 에너지의 상용화에 따른 에너지 혁신, 철도와 우편, 전신, 전화라는 운송과 통신 혁신이 연속해 일어나면서 시장에서의 거래를 기업 조직으로 내부화시키는 거대한 조직 혁명이 진행된다. "대량 생산과 대량 유통을 통합함으로써, 일련의 제품 생산과 판매에 관련된 많은 거래와 과정 들을 하나의 기업이 수행하게 되었다. 원료와 중간재 공급자들로부터 소매상과 최종 소비자에 이르는 상품 흐름의 조율에서, 경영을 통한 지휘라는 '보이는 손'이 시장이라는 '보이지 않는 손'을 대체했다. 이러한 활동과 거래를 내부화하는 것은 거래비용과 정보비용을 감소시켰다."[13]

이렇게 만들어진 거대 복합 기업이 20세기 100년을 풍미하면서 대규모 노동 조직과 20-60세까지 안정적인 평생직장 구조를 유지하는 기초가 되었다. 지금까지 미국 기업의 전통을 대표해온 엑슨모빌(록펠러의 스탠더드오일 후신), US스틸(카네기의 철강 기업 후신), AT&T(그레이엄 벨이 설립), GE(에디슨의 전기 회사 후신), 포드자동차, JP모건체이스 등이 전부 이 시기에 거대 복합 기업으로 탄생했다. 1960년대 이후 산업화 과정에서 만들어진 한국의 기업들도 대체로 비슷하다. 그래서 아직도 우리가 떠올리는 '기업'의 이미지가 20세기형 기업으로 고착되어 있을 정도다.

기업 조직의 근본적 변화

하지만 한 세기를 풍미했던 거대 기업과 그 기업이 포괄했던 평생고용 체계와 탄탄한 기업복지 체계는 1980년대부터 서서히 무너졌고, 그 자리를 하청, 외주화, 프랜차이즈화라는 새로운 흐름이 대체했다. 이른바 시장거래를 '기업 내부화'했던 방향이 다시 역진해 기업 내부 조직을 거꾸로 '기업 외부화'하기 시작한 것이다. 그 결과 기업과 일터가 쪼개지고 분열되기 시작했는데, 데이비드 와일(David Weil)은 이를 '균열일터'(fissured workplace)라고 표현한다.

와일은 "균열일터는 자본시장의 거센 압력에 대한 대응이자, 정보통신 기술을 통한 비즈니스 거래 조정비용 하락의 산물"이라고 보았는데, 그 전형적인 모습으로 호텔 체인을 들었다.

"1962년 미국 호텔, 모텔의 오직 2퍼센트에 머물던 프랜차이즈는 1987년에 이르자 64퍼센트로 크게 성장했다. 오늘날 미국 호텔의 80퍼센트 이상이 프랜차이즈로, 2011년 당시 힐튼은 미국 내 258개 힐튼 건물 중 22채를, 메리어트 호텔 앤 리조트는 같은 브랜드 하에서 운영되는 356개 건물 중에서 오로지 한 채만 소유·관리하고 있는 것으로 나타났다."[14]

20세기 말 무렵 미국을 필두로 신자유주의 노동 유연화라는 간판 아래 추진된 기업 조직의 이와 같은 변화는 사실 "한때 중심적이라고 여겼던 경제활동을 다른 조직에 이전함으로써 고용-피고용 관계를 상호 독립적인 시장거래로 전환시키는 것"이었다. 그렇게 "고용을 외부에 이전시킴으로써 고용주는 사회적 지불의무(가령 실업이나 산재 보험 또는 급여세)를 피할 수 있었으며, 노동자들을 독립 계약자로 분류함으로써 산업재해 책임도 덜 수 있"[15]었다. 한국에서 1997년 외환위기 이후 기업들의 슬림화와 노동 유연화 및 외주화가 급격히 진행되면서 지금까지 노동 불안정과 거대한 비정규직군을 양산한 배후에는 이처럼 기업 조직의 근본적 변화가 자리하고 있다.

현대 기업 진화의 마지막 버전, 플랫폼 기업

이렇게 기업은 세 번에 걸쳐 큰 변신을 했고, 노동을 조직하고 사회보험을 구성하는 방식도 이와 함께 변화했다. 그런데 한국의 노동제도와 사회안전망이 세 번째 단계에 미처 적응하기도 전에 기업들은 글로벌 차원에서 네 번째 단계로 급격한 변화를 겪고 있는 것으로 보인다. 이른바 '네트워크로 원자화된 플랫폼 기업 단계'로 진입하는 것 같다. 21세기로 넘어오며 시작된 모바일 스마트 기기의 확산과 빅데이터 구축, 인공지능의 빠른 진보 등은 시장거래에서 정보비용을 엄청나게 감소시키며 기업 조직의 새로운 변화를 자극했다. 지금까지 보았던 하청, 외주화, 프랜차이즈화와는 또 다른 플랫폼 기업과 스마트 공장이 등장한 것이다.

그 결과 구글, 페이스북, 아마존에서부터 우버, 에어비엔비까지 포괄하는 플랫폼 기업들은 다시 한번 혁신이라는 이름 아래 기업의 모습과 노동의 모습을 바꿔나가고 있다. 이들은 전통 기업들이 직장 내 위계적 명령이라는 '보이는 손'을 통해 공급자부터 소비자에 이르는 과정을 직접 통제했던 것처럼 하지 않는다. 대신 공급자와 소비자 사이의 완전경쟁을 통해 '보이지 않는 손'이 가치를 창출하게 '중개'하고, 그 중개시장을 작동시켜주는 대가로 이익을 취한다고 주장한다. 우버가 탑승객과 운전자를 중개해주고 수수료를 챙기는 것처럼.

이런 외형 때문에 18년 전 경제학자 장 티롤(Jean Tirole) 등은 "양면시장에서의 플랫폼 경쟁"(Platform Competition in Two-side Markets)이라는 논문을 통해, 플랫폼 기업들은 기존의 수요-공급 메커니즘과 달리 둘 이상의 플랫폼 참여자들이 직접 상호작용할 수 있도록 도와주는 '매치메이커'(matchmaker) 역할을 하는 새로운 유형의 시장을 창출한다고 주장했다. 이들은 그 공로로 2014년 노벨

경제학상을 받았다. 사실 100년 넘게 비즈니스를 해온 전화 통신이나 1950년 다이너스클럽이 처음 시작한 신용카드도 내용을 따져보면 양면시장의 특성을 지닌 플랫폼이었다. 최근의 플랫폼 기업은 온라인 기반에서 과거의 모델을 재현했다고 볼 수도 있다. 어쨌든 이렇게 플랫폼 기업들은 기존의 시장 양상과 다른 양면시장 또는 다면시장을 새롭게 확장한 중개자 또는 매치메이커로서, 플랫폼에 참여하는 행위자들을 제3자 입장에서 중개하는 것처럼 경제학적으로 묘사되기도 했다.[16]

그런데 이들이 19세기 초반의 소기업들처럼 완전히 보이지 않는 손에 의존하는 기업으로 돌아간 것은 절대 아니다. 겉으로는 소비자와 공급자를 시장 메커니즘에서 중립적으로 중개하는 것처럼 보이지만, 실제로는 플랫폼 네트워크에 대한 우월적 지위가 관철되기도 하고 알고리즘이라는 '또 하나의 보이지 않는 손'이 작동해 과거의 '위계적 명령'을 능가하는 지배와 통제를 하기도 한다. 때문에 어떤 이들은 플랫폼 기업이 19세기 초의 소기업 연결 네트워크로 돌아간 것이 아니라 18세기 이전의 봉건시대를 '디지털 봉건주의'로 복원시켰다고 주장하기도 한다.

이 대목에서 한 가지 확인할 것이 있다. 기업이 이렇게 변신을 거듭했다고 하지만 여전히 그 기업들은 대체로 주식회사이며 주주들이 버티고 있는 조직이라는 사실이다. 그렇다면 형태가 어떻게 변했든지 간에 그들에게 '노무를 제공하는 사람'들 역시 노동자이며, 노동 방식을 어떻게 변화시켰든지 간에 그들이 '온라인 플랫폼에서 일감을 얻어 노동으로 생계를 이어야 하는 시민'들이라는 사실 역시 변할 수 없는 것 아닐까? 더욱이 플랫폼 기업의 진화도 아직 완결되지 않았다. 플랫폼 기업들이 자신들의 주도로 자신들의 편의에 맞춰 기존의 기업과 노동의 모습, 사회의 모습을 공격적으로 바꾸려고 압박하고 있지만, 노동과 사회의 대응은 이제 막 시작되었기 때문이다. 플랫폼 기업의 최종 모습은 이제 시작된 노동과 사회의 정당한 대응력이 반영된 후 결정될 것이다. 지금처럼 노동이 무시되고 불안정 노동이 일상화된 토대에서 작동하는 플랫폼 기업이 아니라 노동권이 충분히 보장되는 미래의 플랫폼 기업을 상상할 때다.

5 골목상권까지 침입한
플랫폼 기업

집에서 편안하게 넷플릭스를 보면서 치맥을 하고, 마켓컬리와 쿠팡에서 상품을 받아보는 삶, 즉 '편의성'에 대한 선호가 증가했다. 우리는 더 빨리, 더 많이, 그리고 더 편리함을 요구하는 소비자가 된 것이다. 이처럼 여러 면에서 변화하고 있던 차에 코로나19가 기폭제가 되어 언택트와 편의성으로 집약되는 소비 트렌드로의 이동이 급격히 빨라진 셈이다.[17]

위 기사는 코로나19 재난으로 '소비자'로서의 시민의 삶이 어떻게 바뀌었는지 소개하고 있다. 코로나19 재난으로 '집콕'의 불편을 겪고 있는 와중에도 '첨단 플랫폼 기업' 덕분에 소비자의 '편의성'이 더욱 높아졌다는 얘기다. 많은 기업이 '첨단 기술+소비자 편의성'을 조합해 파괴적 혁신을 만들었다고 주장한다. 심지어 우버 등 공유 기업들은 원하는 시간에 자유롭게 일할 수 있고 저사용 자원의 공유를 통해 환경에도 도움이 된다고 홍보했다.

액면 그대로만 보면 더 이상 진보적일 수가 없다. 진보가 마땅히 가장 먼저 환영하고 앞장서서 지원해줘야 할 판이다. 코로나19 재난 상황에서도 첨단 플랫폼 기술을 응용해 소비자의 편의를 증진시킨 모든 주문 앱, 배달 앱 기업들에게도 박수로 지원해야 할 것 같다. 그런데 이 대목에서 뭔가 놓치고 있는 것은 없을까?

사실 우리 모두는 소비자로만 존재하지 않는다. 소비자인 동시에 일하는 사람이기도 하고, 주민이며, 사회구성원이기도 하다. 과연 플랫폼 기업이 노동자에게도 동일한 편의를 제공하고 지역의 주민들 및 사회에도 동일한 편의를 제공할까? 플랫폼 기업이 제공하는 소비자 편의가 혹 노동자의 부담과 사회적 부담을 담보로 한 것은 아닐까?

다양한 모습의 플랫폼 기업

플랫폼 기업이 경제의 광범위한 영역에 두드러지게 영향을 미친 시점은 2008년 글로벌 금융위기 이후라고 볼 수 있다. 생각보다 꽤 다양한 분야의 기업들이 있는데, 광고 플랫폼(구글, 페이스북), 클라우드 플랫폼(아마존 웹서비스, 세일즈포스), 산업 플랫폼(GE의 프레딕스, 지멘스의 마인드스페어), 제품 플랫폼(롤스로이스, 스포티파이), 린 플랫폼(우버, 에어비엔비) 등으로 구분하기도 한다.[18]

2010년대를 '공유경제'라는 이름으로 플랫폼 기업의 전성 시대로 만든 것은 에어비엔비(2008년 창립)와 우버(2009년 창립)로 대표되는 린 플랫폼이다. 이들은 어떻게 2010년대 세계 경제를 주름잡으며 자신과 닮은 엄청나게 많은 플랫폼 기업들을 퍼뜨렸을 까? 그 동력과 조건은 무엇이었을까? 당연히 사람들은 스마트폰, LTE·5G·6G 초고속 인터넷, 사물 인터넷, 핀테크, 인공지능 같은 혁신 기술의 등장을 떠올릴 것이다. 그러나 이는 절반만의 진실을 담고 있을 뿐이다.

여기서 정작 중요한 것이 빠졌다. 자본주의에서 기업은 수익이 나야 생존한다. 그저 첨단 기술을 도입한다고 수익모델이 성립하는 것은 아니다. 2008년 글로벌 금융위기와 그후 이어진 대침체는 극 단적 저금리와 실물경제의 부진을 장기화시켰고, 이런 상황에서는 기술 혁신이 자동으로 수익모델을 만들어내기가 쉽지 않다. 그러면 그들의 '수익성' 비결은 과연 무엇이었을까?

공유 플랫폼 기업과 암호화 화폐의 부상 배경

글로벌 금융위기 이후 2020년 코로나19 재난이 터질 때까지 10 여 년 동안 시장경제에서 최고 히트한 상품은 아마도 '공유 플랫폼 기업'과 '암호화 화폐'(비트코인 등)일 것이다. 이 둘은 신기하게도 뚜 렷한 공통점이 있다. 우선 둘 다 아주 '비시장적' 내러티브로 비즈니 스를 시작했다. 비트코인은 분산형 P2P(사용자 간 직접 접속) 결제를 통해 분산 민주주의를 이루자는, 지금도 일부에서 반복해 써먹고 있는 멋진 구호를 내걸었다. 공유 플랫폼 기업 역시 시장에서 상품 들의 등가교환 방식이 아니라 매우 비시장적인 저사용 개인 소유물 (자동차나 집)을 '공유'하자고 나섰다.

두 번째 공통점은 이들이 내건 레토릭과 상관없이 실제로 걸었던 길은, 2008년 대침체 이후 자본주의의 아주 취약한 약점(과잉된 금융자본과 붕괴된 노동시장)에 아주 극적으로 편승한 수익모델을 추구했다는 것이다. 비트코인의 경우 초기에 피자 구매 등 교환수단이 되는 척 하다가 곧바로 '화폐임을 포기하고 가상의 자산'으로 변신해 제3의 자산시장을 창조했다. 그리고 거대한 양적 완화로 팽창한 금융시장이 실물시장이 아니라 '증권시장과 부동산시장에 이어' 가상화폐시장까지 팽창하도록 길을 열어주었다.

공유 플랫폼 기업은 어떤가? 사실 공유 플랫폼 기업의 수익 기반이 된 것은 공유 가치도 첨단 기술도 아니고 2008년 대침체로 '붕괴된 노동시장'이라고 하면 과장일까? 만약 지난 10년 동안 탄탄한 노동시장과 노동자들의 강한 협상력이 건재했다면, 부업으로라면 모를까 지금과 같이 수많은 구직자가 열악한 노동조건을 감수하고 플랫폼 노동에 뛰어드는 일은 없었을 것이다. 그 결과 공유기업들은 결코 지금처럼 번성하지 못했을 것이다.

한마디로 금융위기로 처참히 무너진 노동시장의 험한 풍경을 자양분 삼아, 과거처럼 노동시장 유연화 같은 애매한 수준이 아니라 이제는 아예 '노동시장이 아니라고 포장된', 그리고 '자유롭다고 포장된' 우버형 노동자를 대량으로 양산해낸 것이다. 팀 던럽(Tim Dunlop)은 《노동 없는 미래》(Why the Future is Workless, 비즈니스맵)에서 이렇게 말한다. "이처럼 제대로 보수를 못 받고 있거나 능력 이하의 일을 하고 있거나 취업을 하지 못한 노동자들이 없다면, 대부분의 공유경제는 대규모로 운영될 수 없다. 결국 공유경제는 노동시장의 다른 부분들에서 일어난 실패들의 부산물인 셈이다."

요약하면, 2010년대의 최고 히트 상품이자 기술 혁신의 상징으로 칭찬받는 비트코인과 공유경제는 사실 그 '혁신적 기술' 때문이 아니라, 아주 철저히 경제의 취약한 자산시장과 노동시장의 흠결 위에서 번성한 기생경제가 아닐까? 성급한 결론인지 모르겠지만 나는 암호화 화폐가 일으킨 자산시장은 완전히 폐쇄되어야 한다고 생각한다. 또한 공유경제는 지난 200년 동안 전진해온 노동권을 제대로 수용하는 것을 전제로, 취약한 노동시장에 기생하지 않고도 수익모델을 입증할 때에만 생존해야 한다고 생각한다. 더 이상 '허구적 자산시장'과 '피폐한 노동시장'에 기생하는 경제를 용인하면 안 된다.

플랫폼 기업 그늘 아래 들어간 골목상권

2020년 한 해를 뒤바꾸어놓은 예기치 않은 코로나19 팬데믹은 경제의 풍경을 크게 흔들었고, 이 재난 위에서 플랫폼 기업들은 다시 한번 팽창의 기회를 맞은 것처럼 보인다. 특히 한국은 세계에서 가장 빠르게 '플랫폼 의존형 일상'으로 바뀌어가고 있는 중이다. 그런데 소비자로서 일상의 변화에 놀라 따라가기 바쁘다 보니 우리도 모르는 사이 플랫폼 기업들이 동네를 점령해가고 있는 중대한 현상을 쉽게 넘겨버리고 있는 것은 아닐까? 과거에는 대형 할인점과 체인점, 기업형 슈퍼마켓(SSM, Super SuperMarket)이 동네를 뒤바꿨다면, 이제는 지역과 동네가 플랫폼 기업들에 의해 재편되고 있다.

이미 한국에서 연간 15조 원 규모(2020년 기준)로 커진 한국의 온라인 주문·배달시장은 전통적인 배달 음식뿐 아니라 '맛집' 음식 배달로, 새우깡과 아이스크림부터 샴푸 등 동네 마트에서 판매하는 대부분의 상품 배달로 끊임없이 확장하고 있다. 여기에서 배달 일을 하는 사람들도 전업 배달 노동자뿐만 아니라 은퇴한 노년층과 주부, 퇴근길 직장인까지 동원되어 지역 일자리 풍경을 싹 바꾸는 중이다. 뭐가 문제냐고? 주문하는 소비자 입장이 아니라 동네 음식점이나 가게 입장이 되어보자.

거대 플랫폼 앱에 의존해 주문을 받고 배달을 해야 하는 동네 가게들은 주문 수수료와 배달 수수료 등을 지불하고도 수익을 남길 방안을 찾아야 한다. 결코 간단한 일이 아니다. 주문 앱도 배달 앱도 한두 개에 의존하는 것이 아니며, 수수료도 불안정하게 변동한다. 정부가 비대면, 원격 운운하며 화려한 이야기를 늘어놓는 동안 이렇게 온갖 주문 앱을 포함한 플랫폼 기업들이 동네 가게를 장악했다. 이제 크고 작은 동네 음식점과 상품 가게들은 이들 플랫폼 기업의 수하에 들어가 수수료를 지불하고 온라인 주문을 받는다. 코로나19 재난 상황에서 골목을 바꾸는 것은 지방정부도 지역 공동체도 아닌 플랫폼 기업들이 되어버렸다.

동네 가게들뿐 아니라 일자리도 마찬가지다. 일자리를 잃거나 일감이 끊겨 집에 머무는 사람들, 작은 일자리라도 찾아야 하는 동네 주민들이 쏟아져 나오고 있다. 이들은 '배민'과 '쿠팡이츠'는 물론 지역 배달 중개 앱에 이르기까지 온라인 배달 앱의 그늘 아래 들어가 위험한 배달 일을 마다하지 않는다. 코로나19로 인한 플랫폼 기업들의 동네 점령이 앞으로 어떤 모습으로 귀결될지는 아직 알 수 없다. 다만 틀림없는 것은 대형 할인점과 각종 체인점이 바꾼 동네 풍경이 이제 플랫폼 기업에 의해 다시 크게 바뀔 것이라는 사실이다. 과연 지역 공동체의 삶을 더 나은 방향으로 바꿀지는 장담하기 어렵다.

또다시 흔들리고 있는 골목상권의 공정한 거래 생태계를 위해 이번에는 너무 늦지 않게 공적 개입이 있어야 할 것이다. 2021년 봄 현재 논의되는 '온라인 플랫폼 공정화법'은 지방상권을 빠르게 잠식하고 있는 플랫폼 기업들이 시장에서의 지배력과 힘의 우위를 이용해 독점가격 형성, 불공정 계약과 일방적 계약 변경, 자의적 배제와 차별, 보이지 않는 알고리즘 방식의 우회적 통제 등을 행할 때, 이를 엄격하게 제재할 수 있도록 제대로 설계되어 입법되어야 한다. 진보는 보이지 않는 거대한 플랫폼 기업들이 동네 상권과 지역 노동시장을 마음대로 휘젓기 전에 엄격하고 공정한 시장규칙을 세우기 위한 정책과 입법에 나서야 한다.

6 독점 지배를 다시 불러들인
플랫폼 기업

진보가 추구하는 대표적 경제 개혁은 뭘까? 한국에서는 40년쯤 된
'재벌 개혁과 경제민주화' 정책들을 여전히 자동으로 떠올리지 않을
까? 총수 1인 지배, 지분 범위를 벗어난 대주주의 횡포, 계열사 일감
몰아주기, 소수 주주 권리 침해 등 흔히 '전근대적 경영 관행'으로 알
려진 메뉴들에 대한 개혁 말이다. 그러면 당장 의문이 떠오른다. 플
랫폼 기업인 카카오와 네이버도 재벌이고 개혁 대상일까? 카카오
는 시가총액 기준으로 10위 안에 들며, 2021년 기준 자산 규모로는
18위(20조 원), 그리고 계열사는 118개로 SK 다음으로 많다. 네이버
도 시가총액 10위 안에 들고 자산총액 13.6조 원으로 재계 순위 27
위다. 이들은 전통적인 재벌 기업과 얼마나 다를까?

　　지금 글로벌 차원에서 기업에 관한 새로운 이야기들이 조명받고
있다. 거대 기술 기업의 독점화에 대한 이야기다. 매트 스톨러(Matt
Stoller)의 《골리앗》(*Goliath*, 2019), 팀 우(Tim Wu)의 《거대함의 저주》
(*The Curse of Bigness*, 2018), 에이미 클로버샤(Amy Klobuchar)의 《반

독점》(*Antitrust*, 2021) 같은 최근 출간된 책들도 같은 이야기를 담고 있다(팀 우 교수는 2021년 3월 현재, 바이든 정부의 '기술 및 경쟁정책 담당 대통령 보좌관'으로 임명되었다). 첨단 플랫폼 기업들이 경쟁을 없애고 독점화되어 영향력을 발휘하고 있다고? 이들은 연결된 관계자가 점점 더 많아져야 이익을 보는 '네트워크 효과' 때문에 자연스럽게 독점이 된 것 아닐까? 그렇지 않다. 페이팔의 창립자이자 지금도 벤처캐피털에서 가장 영향력이 큰 피터 틸 같은 이는 대놓고 "성공하려면 경쟁을 피하고 독점하라"고 조언하지 않는가? 플랫폼 기업들은 애초에 원하지도 않았는데 그 기술적 특성으로 인해 엉겁결에 거대 기술 독점 기업이 된 것이 결코 아니다. 스스로 독점을 추구했다.

진보는 이제 낡은 버전의 재벌 개혁을 넘어 그 이상으로 경제 개혁의 비전을 진화시킬 필요가 있다. 그러면 무엇이 경제 개혁의 핵심 화두여야 할까? 경제력 집중, 경제권력의 정치·사회적 확장, 즉 독점의 문제가 세계적으로 주요 쟁점이 된 최근 추이에 주목해보는 것은 어떨까? 이 대목에서 100년이 넘은 독점과 반독점의 싸움을 아주 짧게 살펴보자.

반독점법의 기원

역사적으로 볼 때 거대 기업이 만들어지기 시작한 19세기 말부터 거대 독점 기업과 정치의 싸움은 몇 번의 큰 고비를 넘기며 전개되었다. '도금 시대'(Gilded Age)라는 이름이 붙었던 19세기 말 밴더빌트(Cornelius Vanderbilt), 록펠러(John D. Rockefeller), 카네기

(Andrew Carnegie), 모건(John Pierpont Morgan) 등의 인물로 상징되는 트러스트(trust, 동일 산업 부문에서의 자본의 결합을 축으로 한 독점적 기업 결합)가 미국 경제를 쥐락펴락하자, 1890년 셔먼법(Sherman Act)이라는 반독점법이 최초로 만들어졌다. "거래 내지 통상의 여하한 부분이라도 독점화하거나, 독점화를 기도하거나, 혹은 독점화하기 위하여 타인과 결합이나 공모를 하는 자는 중죄"[19]로 본다는 것이다. 셔먼법은 세기가 바뀌어 1914년 클레이튼법(Clayton Act)으로 보강되었는데, 흔히 이들 법을 미국식 반독점법 혹은 경쟁법이라고 한다.

셔먼법은 1911년 "원유 생산부터 송유, 정유 및 판매를 포괄하면서 미국 정유의 90퍼센트를 공급"[20]해온 록펠러의 스탠더드오일을 34개 회사로 해체함으로써 그 위력을 발휘했다. 이후 독점의 해체와 거대 기업의 횡포에 대한 정치적 경고는 20세기 초 미국 경제의 활력을 복원했다. 미국 말고 다른 나라는 어땠을까? 제2차 세계대전의 중심 국가였던 독일에서는 콘체른(Konzern)이라는 이름의 거대 독점체들이, 일본에서는 자이바쯔(재벌)라는 거대 독점체들이 파시즘의 경제적 원조자였다는 판단 아래, 연합국은 제2차 세계대전 이후 독일과 일본에서 이들 독점체들을 전격적으로 해체시켜나갔다. 이후 독일과 일본 경제의 고도 성장은 독점체의 해체를 기반으로 이뤄진 것으로 볼 수도 있다.[21]

IT 기업에 대한 세 번의 반독점 소송 결과

제2차 세계대전 이후 지금까지의 반독점 공세는 미국에서 ICT 기업에 대한 독점 해체 시도를 중심으로 크게 세 번의 역사적 분기점이 있었다. 첫째로, 1969년 당시 25만 명이 넘는 직원을 고용한 세계 최대 컴퓨터 회사 IBM이 "일반용 디지털 컴퓨터 업계에서 지배적 위치를 유지하기 위해 배타적이고 약탈적인 행위를 지속"했다는 이유로 반독점 소송에 걸렸다. 6년 동안의 논쟁 끝에 결국 소송은 취하되었지만, 이후 IBM은 무모한 독점 횡포를 조심하게 되었고, 그 결과 인텔(1968년 창립)이나 마이크로소프트(1975년 창립) 같은 당시의 신생 회사들이 커나갈 환경을 만들어주었다.[22]

두 번째로, 1974년 당시 글로벌 최대 기업으로 100만 명 이상을 고용하고 있던 어마어마한 통신기술 기업 AT&T가 반독점 대상이 되었다. AT&T는 당시 지역 전화, 장거리 전화, 송수화기 산업, 연관 부가장치, 비즈니스 전화, 그리고 온라인 서비스를 포함해 기존과 신규 가릴 것 없이 통신 관련 서비스를 모조리 독점한 거대 공룡이었다. 10년 동안의 장기 소송이 이어진 끝에 이번에는 기업 쪼개기로 결론이 난다. AT&T를 여덟 개의 기업으로 분할하라는 명령이 내려진 것이다. 기업 분할이 된 이후 "AT&T가 지배하는 동안에는 상상할 수 없었고, 아무도 상상하지 않은 완전히 새로운 형태의 산업이 AT&T의 사체를 딛고 일어났다." 통신과 네트워크 시장의 독점이 깨지고 자유로운 시장 상황이 조성된 분위기에서 1990년대부터 인터넷이라는 새롭고 개방적인 글로벌 네트워크 시대가 활짝 열린 것이다.

그리고 마지막은 1998년, 윈도우와 오피스는 물론 익스플로러, MS-메신저, 미디어 플레이어, 핫메일 등 운영체제 기반으로 다양한 소프트웨어를 총동원해 인터넷이 만들 새로운 미래까지 싹쓸이할 태세의 마이크로소프트를 미국 정부가 반독점 제소했다. 물론 부시(George W. Bush) 대통령이 당선되면서 "마이크로소프트를 해체하지 않고 합의를 통해 소송을" 봉합해버렸지만, 이 일로 마이크로소프트는 무자비한 사업 확장을 조심하게 되었다. 그 결과 지금 우리가 보고 있는 구글, 애플, 페이스북 등 플랫폼 기업들의 전성시대가 열렸다. 이렇게 민간 기업을 대상으로 국가가 개입한 세 번의 반독점 소송은 미국 정보통신 산업을 붕괴시키기는커녕 오히려 더 풍부한 기업 생태계를 열어주는 데 기여했다는 것이 컬럼비아 대학교 법학 교수 팀 우의 총평이다.

21세기의 실리콘밸리 공룡들

그런데 마이크로소프트 반독점 소송 이후 지난 20년 동안 미국의 기업 세계는 규제로부터 해방되었고, 바야흐로 독점화를 향한 '인수합병의 자유시대'가 찾아왔다. 정치로부터도, 노동조합이나 시민사회로부터도 통제받지 않는 기업들은 특히 기술 기업을 중심으로 독점 규제를 염려할 필요 없이 엄청난 인수합병과 몸집 불리기로 거대해지기 시작했다. 그 결과 구글, 애플, 페이스북, 아마존으로 상징되는 실리콘밸리 공룡들은 19세기 말 록펠러의 스탠더드오일 독점 시대 이후 최고의 지배력을 누리고 있다. 구글은 검색광고 시장의 90퍼센트를 장악했고, 페이스북은 모바일 소셜 트래픽의 80퍼센트를 점유했다. 두 회사는 2017년 온라인 광고 성장률의 90퍼센트를 점유했고, 아마존은 전자책 시장의 75퍼센트, 전체 전자 상거래 시장의 43퍼센트를 차지하고 있다.[23]

그래서 지금 우리가 구글 검색, SNS 이용, 스마트폰 활용을 편하게 하고 있는 것 아닌가? 뭐가 문제란 말인가? 관점을 바꿔 상황을 바라보자. 먼저 우리가 앞에서 소비자 편의를 누리고 있는 것처럼 보일 때 기업 뒤편에서 어떤 일이 일어나는지 확인해보자. 첫째, 실리콘밸리 공룡들은 이제 경제학자들이 좋아하는 가격 수용자가 아니라 가격을 세팅하고 더 나아가 시장을 세팅하는 플레이어가 되었다. 이들에게 시장의 공정한 경쟁 따위는 더 이상 없다.

둘째, 심지어 이들은 자신의 플랫폼에 들어오는 기업과 소비자, 사용자 들을 통제하고 필요하다면 배척할 수 있는 사적 정부(private government)가 되었다. 구글과 경쟁이 될 만한 서비스를 하면 구글은 이를 검색 대상에서 배제하며, 애플 앱과 구글 앱스토어에서는 플랫폼에 올라오는 제품들을 검열한다. 페이스북은 광고에 우호적이지 않은 뉴스피드를 배제한다. 조나단 테퍼(Jonathan Tepper)는 그의 책(*The Myth of Capitalism*, 2018)에서 Yelp, Getty Image, CelebrityNetWorth 같은 온라인 기업들이 어떻게 구글에 의해 망가졌고, 구글이 이들의 아이디어와 콘텐츠를 어떻게 가로챘는지 상세히 설명했다.

셋째, 이들은 'Double Irish with a Dutch Sandwich' 등으로 알려진, 아일랜드-네덜란드-브뤼셀-케이먼군도 등 조세 피난처들을 오가며 세금을 회피해왔는데, 그 금액이 대략 한 해에 60조 원

정도가 될 것이라고 한다. 납세의 의무는 회피하면서 플랫폼 기업이 가진 이점으로 다른 기업들을 통제하며 독점적 지대 추구를 해왔다는 얘기다.

넷째, 이들은 정치권에 엄청난 로비를 하는 대표적 업체들로 꼽히는데, 2017년 기준으로 대략 네 개 기술 공룡 기업이 지출한 로비 자금이 약 500억 원이라고 한다.

다섯째, 심지어 적지 않은 아카데미 쪽의 연구들도 구글기금지원(funded by Google), 구글후원(supported by Google), 구글의뢰(commissioned by Google) 등의 딱지가 붙는 식으로 이들 거대 기업의 후원을 받기 때문에 이들에게 비판적인 보고서나 기사가 나오기는 쉽지 않다.

거대 기술 기업의 독점화 폐해에 맞서야

이 정도가 멋진 소비자 서비스 뒤에서 거대 기술 독점 기업들이 행한 일들의 일부분이다. 그래서 온갖 선한 것들로 치장된 것처럼 보였던 실리콘밸리 거대 기업들도 이제 미국에서 정치적 쟁점이 되고 있다. 이들 기업이 공정 경쟁이나 충분한 납세 의무, 불평등 완화, 안정된 일자리 제공 등 다수 시민이 희망하는 것들에서 점점 더 멀어지는 행위들에 깊숙이 발 담그고 있기 때문이다. 상원의원 엘리자베스 워런(Elizabeth Warren)을 포함한 미국 민주당 정치인들이 2019년부터 본격적으로 거대 기술 기업의 독점화 폐해를 공론화하기 시작한 이유가 여기에 있다.

한편 거대 플랫폼 기업인 아마존의 독점과 시장지배력에 이론과 법률적 칼날을 예리하게 들이댄 용감한 청년 법률학자가 세상의 주목을 받고 있다. 글로벌 최대 전자상거래 기업 아마존에게 존재론적 위협을 주는 인물로 알려진 1989년생 콜롬비아 대학 법학교수 리나 칸(Lina Khan)이다(그는 2021년 6월 현재 우리나라 공정거래위원회에 해당하는 미국 연방거래위원회 위원장에 사상 최연소로 선임되어 세계적인 화제가 되었다). 그를 유명하게 만든 것은 그가 스물일곱 살이던 2016년에 쓴 "아마존의 반독점 역설"(Amazon's antitrust paradox)이라는 95쪽짜리 논문이다. 구글에서 학술논문을 검색해보면 이 논문은 이미 700회 이상 인용되었다. 리나 칸은 이 논문에서 미국의 기존 반독점 규제가 아마존과 같이 인터넷 기반으로 새롭게 등장하는 온라인 플랫폼 기업을 규제하는 데 극히 무력하다고 지적하면서 그 원인과 대처방안을 상당히 공격적으로 제시한다.

리나 칸은 아마존과 같은 온라인 플랫폼 기업들은 특히 두 가지 문제, '약탈적 가격'(predatory price)과 '수직적 통합'(vertical integration)을 눈여겨봐야 한다고 주장한다. 예를 들어 아마존은 수익을 희생시키면서까지 저가 공세를 하면서(약탈적 가격) 기꺼이 손실을 유지하며 경쟁 기업을 물리치기 위해 공격적 투자를 강행해왔다. 또 전자상거래뿐 아니라 배송 서비스와 클라우드 서비스 등 연계 사업 영역을 통합(수직적 통합)하면서 시장에서 지배적 지위를 구축해왔다.

그렇다면 온라인 플랫폼 기업을 어떤 기준으로 규제할 것인가? 리나 칸은 대담하게도 두 가지 방안, 즉 기업의 규모가 커지지 못하게 예방적으로 대처하거나 아니면 독점화되는 경향을 일단 인정한

다음 규제하자고 제안한다. 예를 들어 마켓플레이스 같은 중개 플랫폼을 운영하는 아마존은 이해관계 충돌이 일어날 수 있는 특정 사업을 겸업해서는 안 된다고 못 박는다. 아마존이 마켓플레이스를 주업으로 하면, 마켓플레이스에 올라가는 소매업은 하지 못하도록 겸업을 금지해야 한다는 것이다. 리나 칸은 이를 금산분리원칙의 전통에 비추어 정당화한다. 전통적으로 은행은 다른 상업적 비즈니스를 하지 못하도록 했는데, 이는 은행이 겸업을 하면 그 은행이 소유한 기업에게 신용 특혜를 줄 수 있고, 그 기업의 경쟁 기업에게는 불리하게 신용을 제공할 수 있기 때문이다. 비슷한 문제가 온라인 플랫폼에서도 재현될 수 있기 때문에 온라인 플랫폼 독점 기업에게도 금산분리원칙과 비슷하게 겸업을 금지해야 한다는 것이다.

한편 온라인 플랫폼 등이 참여자가 많아질수록 이익이 되는 네트워크 효과로 인해 자연독점(상품의 특성 때문에 시장에서 자연스럽게 생겨난 독점)화되는 경향을 막을 수 없다면, 일종의 '공공이익'을 위반하지 않는 범위에서 가격통제 등을 실시해야 한다고 주장한다. 전통적으로도 이런 유형의 '사회 인프라 기업들'이 있는데, 수도·전기·가스 회사나 철도·해상·통신 기업들이 그 사례다. 상당수 인터넷 플랫폼도 기존의 사회 인프라와 유사하게 공공 성격이 있으므로 가격과 서비스에서의 차별 금지, 가격상승률 상한 규정, 투자 요건 제한 등을 부과하자는 것이다. 더 나아가 칸은 이들 인프라를 필수시설(essential facilities)로 규정해 다른 기업들이 일종의 공유(sharing)를 할 수 있도록 강제해야 한다는 제안도 덧붙인다. 필수시설의 예로는 아마존의 물리적 배송 서비스, 마켓플레이스 플랫폼, (클라우드) 웹서비스가 해당될 수 있다.

온라인 디지털 플랫폼 기업들의 독점을 비판하는 목소리가 점점 더 고조되자 드디어 20년 만인 2020년 10월 20일, 미국 법무부는 구글의 모회사인 알파벳을 반독점 위반 혐의로 제소했다. 구글이 스마트폰 제조사와 통신사에 수십억 달러를 제공하며 자사 앱을 스마트폰에 사전 장착하도록 해 경쟁사의 시장 진입을 막았다는 것이다. 이어서 미국연방거래위원회(FTC)는 2020년 12월 9일, 페이스북의 시장 독점을 완화하기 위해 2012년과 2014년에 인수한 인스타그램과 왓츠앱을 매각하라고 요구했다.

심지어 중국 정부도 국가시장감독총국의 건의에 따라 '반(反)부정경쟁부처연석회의'를 설치하는가 하면, 알리바바와 앤트그룹에 대한 반독점 조사에 본격적으로 들어갔다고 알려졌다.

우리나라는 어떨까? 물론 우리나라의 공정거래위원회도 지난 2020년 10월 국내 1위 검색포털 네이버가 검색 알고리즘을 인위적으로 조정해 자사 제품을 검색창 상단에 노출하는 등 시장지배적 지위를 남용했다는 혐의로 260억 원의 과징금을 부과하는 결정을 내렸다. 하지만 상대적으로 약한 조치에 불과했다.

이제 제대로 따져볼 때가 되었다. 한국도 1997년 외환위기 이후 20년 넘게 기업들이 경제력 집중, 각종 인수합병, 불공정 행위, 거대 기업의 정치·사회적 영향력 확대 시도 등에 대해 제대로 견제받아본 적이 없다. 지나치게 비대해진 거대 기업 계열의 분리 또는 기업 분할을 명령하는 것이 마치 경제를 망치는 조치인 것처럼 화들짝할 필요는 없다. 오히려 시장경제를 살리는 경우가 많았음을 앞의 반독점 소송 사례들이 보여주고 있지 않은가? 이제 특정 재벌 오너 일가만으로 좁혀 독점 기업을 비판하는 데에서 벗어나 기업생태계 전체에서 독점 지배가 경제에 어떤 부정적 영향을 끼치는지 제대로 분석해야 한다.

과거와 달리 진보가 시장경제를 능동적으로 수용하겠다면, 먼저 시장이 제대로 공정하게 작동하고 있는지 정도는 철저하게 짚어봐야 하기 때문이다. 과거 버전의 재벌 개혁만 반복할 것이 아니라 지난 20년 동안 경제생태계가 어떻게 변동해왔는지 비판적으로 평가하고, 더 진보적인 시장경제의 방향을 탐구해야 할 시점이 아닐까? 특히 대부분의 플랫폼 기업들은 특유의 '네트워크 효과' 때문에 자연독점으로 흐르는 경향이 있다. 따라서 공정거래위원회는 별도의 자원을 투입해 기술 기업들의 시장지배력이나 독점화를 철저히 조사해야 한다.

한국도 거대 기술 기업의 독점 지배 실태를 제대로 조사할 때가 왔다. 기존 재벌들처럼 너무 커져서 사적 기업을 민주적 제도로 제어할 수 없는 상태가 오기 전에.

7 인공지능은 차별주의자일까, 공정한 관리자일까?

2020년 12월에 등장한 '이루다 AI 챗봇'이 서비스 시작과 동시에 성희롱 논란에 휩싸였다. 그리고 결국 한 달도 안 되어 스캐터랩이라는 개발 회사는 '이루다'의 데이터베이스 전량과 딥러닝 대화 모델을 폐기하겠다고 발표했다. 미국에서 마이크로소프트가 2016년에 선보였던 챗봇 테이(Tay)가 차별적 혐오 발언으로 열여섯 시간 만에 서비스를 중단한 사례를 상기시키는 모습이었다. 이루다 AI의 학습용으로 확보한 데이터는 주로 카카오톡에서 추출한 100억 건의 실제 연인들 대화였는데, 이것이 개인정보보호법에 부합하는지도 논란이었고, '이루다'의 대화가 차별과 혐오 내용이라는 논란도 있었다.

이제 인공지능이 검색 서비스나 상품 추천 서비스를 넘어 사람들의 대화 상대가 되어주고, 신용도를 평가해주며, 일부에서는 우리를 감시하고, 심지어 회사에서 노동자에게 작업 지시를 하는 단계까지 와 있다. 우리 일상에 인공지능이 와 있는 것이다. 딥러닝에 기반한 패턴인식(pattern recognition) 방식의 최신 인공지능이 과거와 같은 인공지능 겨울(정체기)을 겪지 않고 앞으로도 계속 발전해서 꿈의 인공일반지능(AGI, Artificial General Intelligence) 단계까지 도약할지는 아직 미지수다. 지금 인공지능을 떠받치고 있는 딥러닝 방식의 기술이 이미 정체 조짐을 보이는 것을 감안하면, 개인적으로는 다시 인공지능 겨울이 올 수 있다고 예상한다. 엘렌인공지능연구소 대표 오렌 엣치오니(Oren Etzioni)는 최근 인공지능을 이렇게 평가했다.

"딥러닝은 과도하게 부풀려져 있다고 생각해요. 이대로 발전하면 조만간 인공지능, 어쩌면 일반인공지능, 심지어 초지능까지도 가능할 것이라고 생각하는 사람도 있죠. 나무 꼭대기에 올라간 아이가 달을 가리키면서 달에 가는 중이라고 말하는 느낌입니다."[24]

일상에 파고든 인공지능

하지만 지금 수준만으로도 인공지능은 이미 전산실 문턱을 넘어 우리 사회 안에 들어와 있다. 최신 디지털 기술의 핵심이자 플랫폼 경제의 중심에 걸터앉은 인공지능이 이미 '사회적 행위자'가 되어버린 지금, 진보는 인공지능이라는 사회적 행위자와 인간의 상호작용에 주목하고, 인공지능이 더 나은 방향으로 사회에 기여할 수 있도록 비상한 관심을 기울여야 한다. 특히 '시장의 가격'이라는 보이지 않는 손과 함께 수많은 기업의 클라우드 시스템에 장착된 인공지능이라는 또 하나의 '보이지 않는 손'을 상대해야 하는 새롭고 힘든 숙제가 생겼다는 것을 염두에 둬야 한다.

인공지능은 ①GPU(Graphic Process Unit)와 같은 고성능 하드웨어가 집적된 클라우드 시스템의 도움 아래, ②이미 이전에 개발된 딥러닝 알고리즘 등을 업그레이드한 후, ③무수한 곳에 설치된 센서들에서 어마어마한 양으로 들어오는 빅데이터를 자양분으로, ④지도학습·비지도학습·강화학습을 거쳐 똑똑해진 소프트웨어 프로그램이다. 프로그램이므로 입력값을 주면 당연히 프로그래밍된 절차에 따라 출력을 제공한다. 나의 신용 관련 정보를 넣으면 신용평가 프로그램이 신용점수를 산출하는 것처럼. 다만 기존 프로그램은 프로그래머가 사전에 확정한 절차에 따라서만 입력된 데이터를 받아 결과를 내놓지만, 인공지능의 알고리즘은 학습 데이터로 훈련한 결과를 프로세스에 반영한 후, 내 정보를 받아서 '아마도 더 나은' 신용평가 결과값을 내놓을 것이다.

이런 식으로 학습 과정에서 지속적으로 더 '똑똑하게' 분류(classification), 의사결정(decision), 예측(prediction) 등의 과제를 수행하는 프로그램을 인공지능이라도 부를 수 있겠다. 그런데 대량의 학습 데이터와 처리 알고리즘의 결합으로 '더 똑똑해지는' 이 과정에서, 정해진 프로세스만 기계적으로 처리하는 과거 프로그램과는 여러 면에서 새로운 눈여겨보아야 할 특징들을 보여준다.

인공지능은 인간의 편향을 반복한다

가장 먼저 던져야 할 질문이 있다. 인공지능이 더 '효율적'이라고 치자. 그런데 더 '공정'하기도 할까? 아마도 기업들이 인공지능을 계속 혁신시키며 업무에 적용하려는 이유는 그것이 인간보다 더 효율적으로 일하기 때문이라고 생각한다. 사람이 직접 수행할 때보다 생산성이 더 높기 때문일 텐데, 그러니 축구장의 열여덟 배나 되는 거대한 BMW 공장이 온통 로봇으로 채워져 있고 인간은 겨우 50명밖에 안 되었던 것이 아닐까?

그런데 인공지능이 사람보다 더 효율적이라는 사실을 인정한다고 해도, 과연 사람보다 더 '불편부당하고 공정하게' 일을 처리할까? 혹시 이렇게 생각할지도 모르겠다. 사람은 온갖 편견에 시달리고, 사람마다 편차도 심해서 일관성도 없으며, 각종 로비나 매수에 유혹당할 수도 있지만, 인공지능은 일관된 알고리즘에 따라 차별 없이 일처리를 하니 훨씬 불편부당하고 공정할 것이라고.

예를 들어, 예전 같으면 은행에 대출을 받으러 온 고객을 지점장이 직접 대면해 흑인인지 백인인지 보고, 옷차림을 보고, 자신이 주관적으로 들어온 그 사람에 대한 평판을 살핀 후 편파적이고 주관적으로 신용점수를 부여해 대출을 해주었을지 모른다. 하지만 요즘에는 매우 '객관적인 데이터'를 토대로 인공지능이 일관된 알고리즘에 따라 차별 없이 평가 점수를 매겨주지 않을까? 하지만 다음과 같은 사례는 어떤가? 만약 AI 알고리즘이 페이스북 친구와 같은 SNS 정보를 수집해 '유유상종'의 논리에 따라 사람들의 신용등급을 매긴다면?

어떤 사람이 대학을 졸업한 후 5년간 아프리카의 빈곤 지역에서 봉사 활동을 하다가 5년 후 귀국하고 보니 그는 신용등급 자체가 없다. 하지만 만약 페이스북에서 친구 사이인 대학 동기들이 어느새 투자 은행가, 박사, 소프트웨어 디자이너가 되어 있다면 그 정보를 인식해서 유유상종에 따라 신용평가를 하는 AI는 그를 안전한 대출자로 분류할 수도 있다. 하지만 도시에서 청소부로 성실하게 살아가면서 연체도 없고 저축도 있지만, 그의 친구들 대다수가 흑인이고, 심지어 그들 중 몇몇이 복역을 하고 있다면 똑같은 유유상종에 따라 그에게는 대출 부적격자로 분류할 수도 있다.[25]

더 문제는 그렇게 해서 위의 봉사활동 경험자는 대출을 받는 행운을 얻고 경제적 기회가 더 많아지면서 신용등급이 올라가게 되지만, 도시 청소부는 대출을 받지 못해 경제적 어려움을 겪게 되면 신용등급이 나빠질 개연성이 있다는 것이다. 이처럼 인공지능은 비록 과거의 데이터가 잘못되고 차별적이고 편파적이더라도 과거의 경향을 '더욱 강화시켜나가는' 경향, 흔히 엔지니어들이 말하는 '과적합'(overfitting) 문제를 안고 있다. 이는 인공지능이 '피드백을 통한 부단한 학습으로 오류를 교정'하는 시스템을 갖췄다는 강점이 무력화되는 지점이기도 하다. 그래서 수학박사이자 금융 분석가이며 데이터 분석가인 캐시 오닐(Cathy O'Neil)은 이렇게 주장한다.

그 모든 놀라운 능력에도 불구하고 기계들은 공정성을 제고하기 위해 그 무엇도 조정할 수 없다. 최소한 기계 스스로는 그렇게 할 수 없다. 데이터를 샅샅이 조사하고 무엇이 공정한지 판단하는 것은 기계로선 절대적으로 불가능한 영역이며, 지독히도 복잡한 일이다. 오직 인간만이 시스템에 공정성을 주입할 수 있다.[26]

차별과 불평등을 강화하는 인공지능

결국 인공지능이나 기술 혁신을 불가피한 것으로 간주하고 생산성을 위해 기업들이 도입하는 기술을 그저 따라가기만 해서는 안 되며, 사회적 기준을 가지고 조정해나가야 함을 알 수 있다. 만약 사기업들이 아무 고려 없이 기존 데이터로 인공지능을 학습시켜 사용할 경우, 인공지능은 체계적으로 '차별'을 재생산해 결국 사회의 '불평등'을 강화시킨다는 것이 오랜 연구 결과 드러났다. 이루다 AI 사례도 그 하나라고 할 수 있다.

이 대목에서 인공지능과 불평등이라는 어찌 보면 잘 어울리지 않는 주제로 들어가보자. 오랫동안 공유 플랫폼 기업을 연구해온 줄리엣 쇼어(Juliet Schor)는 그의 책 《긱 이후》(*After the Gig*, 2020)에서 플랫폼 기업들이 활용하는 인공지능/알고리즘이 인종·성별·사회계급 면에서 "현존하는 불평등을 제거하기보다는 재생산해주는" 쪽으로 작동하고 있다고 짚는다. 특히 "플랫폼은 개인들의 진입을 편리하게 해주지만 사회경제적인 약자들에게도 반드시 그렇게 만들어주는 것은 아니"라고 단정한다.

앞서 확인한 것처럼 인공지능 기반 "온라인 환경은 실세계에서 벌어지는 차별을 재생산"하고 있는데, 예를 들어 지금은 이케아에 인수된 초단기 일거리 매칭 사이트 '태스크래빗'이라는 플랫폼 기업이 있다. 여기서 사용하는 "플랫폼 알고리즘은 흑인 테스커를 덜 추천"한다고 한다. 또한 유색인종 동네에서 에어비엔비를 하면 체계적으로 불이익을 받는데, 그 결과 임대 가격도 낮고 예약도 적고 매출도 적은 쪽으로 심화된다고 쇼어는 분석한다. 심지어 사회적 특권이 플랫폼에서 재생산되고 있다며 그는 다음과 같은 결론을 내린다.

공유경제 첫 10년은 1퍼센트에게 부를 집중시키는 패턴을 그대로 따라왔는데, 창업자들에게 환상적인 부의 축적을 가능하게 해주어 그들 중 일부를 억만장자로 만들어주었다. 2019년 초 기준으로 우버 경영자 캘러닉은 60억 달러, 에어비엔비의 공동 창업자들은 35억 달러 이상의 자산을 축적했다.[27]

이처럼 인공지능은 그 자체로 세상의 차별을 없애지도 못하고 불평등을 줄이지도 못한다. 오히려 과거에 인간이 저지른 차별과 불평등을 체계적으로 재생산할 가능성이 높다. 이런 문제를 교정하려면 학습 데이터 교정부터 시작해 알고리즘 조정까지 상당한 노력과 비용이 들어간다. 당연히 수익을 추구하는 기업 입장에서는 굳이 막대한 '조정비용'을 지불하고 싶지 않다. 수익이 우선이기 때문이다. '이루다'의 실패는 그래서 실수가 아니다. 비용을 줄이려는 기업 논리에서 비롯된 당연한 결과인 것이다.

그러므로 시민들과 사회가, 공공이 개입해 효율적일 뿐 아니라 '공정한' 알고리즘이 되도록 힘써야 한다. 기업이 효율성을 추구하느라 공정성을 갖추기 위한 비용을 사회에 떠넘길 때, 이를 막는 것이 앞으로 진보가 경제·사회정책에서 해내야 할 가장 힘든 일일지 모른다.

기업의 인공지능 알고리즘은 영업비밀인가

알고리즘이 내장된 인공지능 시스템은 물론 기업의 소유다. 하지만 그렇다고 해서 알고리즘은 기업 비밀이니 무조건 공개할 수 없다고 하는 것은 난센스다. 그 알고리즘이 소비자에 대한 차별적 평가의 기준을 담고 있거나, 직원들에 대한 관리 규칙을 담고 있거나, 협력사들과의 계약관계 조정을 담고 있다면, 이는 일종의 대고객 서비스 규칙이고, 노무관리 규칙이며, 공정거래 규칙에 해당하는 내용들이다. 이런 내용은 인공지능 알고리즘에 탑재되었든 아니면 과거처럼 문서로 작성되었든 이해관계자들에게 상당한 정도로 투명하게 공개해야 한다. 비록 인공지능의 알고리즘이 일종의 블랙박스처럼 내부 과정을 설명하기 어렵다고 하더라도 기업이 시장에서 사용할 때에는 이 문제를 해결해야 한다.

아울러 알고리즘과 달리 수많은 데이터, 특히 이루다 AI가 학습용으로 동원한 카카오톡 대화 데이터 같은 고객 데이터나 시민들의 개인정보 데이터는 대개 기업의 소유가 아니라 시민들 자신의 것이다. 하지만 현실적으로 소수 거대 기업이 사용자 데이터를 소유하고 있고, 수천만 시민들에게 제대로 고지되지 않은 채 이용되는 문제를 풀기 위해 정부는 엄격한 사용자 데이터 보호 체계를 세워야 할 것이다.

무엇보다 플랫폼 기업이 노동자 통제와 고객 서비스에 대한 '공정성'을 제도적으로 투명하게 입증하고 설명하도록 해야 한다. 또한 플랫폼 기업이 시민들의 데이터를 인공지능 학습 데이터로 사용하는 경우 개인정보 보호와 편향 문제의 조정이 이루어졌는지에 대해

[표 1] 알고리즘의 잘못으로 인한 개인적 손해와 사회적 손해의 교차표(츠바이크 2021)

		개인적 손해	
		작은	큰
개인적 손해를 초월하는 전 사회적 손해	작은	온라인 플랫폼의 패션 스타일 평가 오류	입사 지원에 대한 평가 오류
	큰	소셜미디어에서의 음모론 확산	공공장소에서의 감시 소프트웨어

서도 제도적 개입 방안이 강구되어야 한다.

독일 정보학자 카타리나 츠바이크(Katharina Zweig)는 《무자비한 알고리즘》(*Ein Algorithmus hat kein Taktgefuehl*, 니케북스)에서, 알고리즘이 잘못 판단하여 개인과 사회에 미칠 부정적 영향을 '손해잠재력'이라는 개념으로 포착했다. 여기서 손해잠재력은 "기계의 잘못된 판단으로 인한 개인적 손해와, 기계를 의사결정 시스템에 투입함으로써 사회에 초래할 수 있는 손해"를 교차시켜 손해위험성 정도를 평가한다. 예를 들어 넷플릭스의 영화 추천 오류는 사회적으로나 개인적으로 큰 악영향을 주는 정도는 아니라고 평가할 수 있다. 하지만 공공장소의 감시 소프트웨어나 군사작전에서 드론을 이용한 자동공격 시스템은 오류 발생시 사회적으로나 개인적으로 매우 위험할 수 있다. 이런 경우 2021년 4월 현재 유럽연합에서 준비하고 있는 "인공지능에 대한 조화로운 규칙 수립 및 개정 입법안"에서는 '용납할 수 없는 위험'(unacceptable risk)이라고 평가하며 사용 금지를 요구한다. 우리도 조잡한 수준으로 '영업비밀' 논쟁을 반복할 것이 아니라 알고리즘의 오류로 인한 위험도를 체계적으로 평가하고 위험 수준에 따른 대책을 세울 때가 되었다.

8 플랫폼 기업에서
'자유롭게' 일한다는 것

우리는 모두 자유로워지고 싶어 한다. 다른 사람 밑에서 하인 대접을 받고 싶지는 않다. 내가 일하는 시간과 장소와 방법을 내가 정하고 싶다. 누구든 그렇지 않을까? 하지만 스스로 자유인이라고 말한다고 자유인이 되는 걸까? 프리랜서가 되면 정말 프리랜서로서 자유롭게 일할 수 있을까?

그렇지 않다. 현대 사회에서 노동과 일은 모두 사회적 관계 안에서 작동된다. 기업에서 노동자로 일하더라도 '힘'이 있으면 어느 정도 자유롭게 일할 수 있다. 거꾸로 아무리 프리랜서로서 일할 수 있는 조건이 모두 갖춰졌어도 '힘'이 없으면 발주처의 횡포에 고스란히 노출되어 온갖 모욕을 당하며 일할 수도 있다.

플랫폼 노동이 그렇다. 그래서 플랫폼 노동을 살펴보기에 앞서 그 상대방인 플랫폼 기업을 먼저 살펴본 것이다. 상대방을 먼저 알고 상대방과 어떤 조건에서 '일하는 관계'에 들어가는지 알아야 비로소 자신이 자유로운 독립 사업자인지 아니면 기존 노동자보다 못한 '농노'(a serf)인지 알 수 있기 때문이다.

하인 노동의 부활 혹은 다양한 사회 서비스 노동의 확대

먼저 한 가지 짚어둘 것이 있다. 인공지능을 포함한 디지털 기술 혁신이 정말 일자리를 빠르게 잠아먹고 있을까? 일자리가 속속 인공지능으로 대체되어 일자리 없는 세상이 오고 있는 것일까? 현재까지 이 논쟁을 가장 잘 요약한 옥스퍼드 대학 대니얼 서스킨드(Daniel Susskind)는 이렇게 말한다. "어느 일자리도 미래에 통째로 자동화될 수 있는 단일 활동으로만 구성되지 않는다. 정확히 말하면, 모든 일자리는 여러 업무로 구성되고, 이 가운데 어떤 업무가 다른 업무보다 자동화되기가 훨씬 쉬울 뿐이다."[28]

따라서 "일의 세계는 어느 날 갑자기 한꺼번에 사라지지 않는다. 다만 서서히 줄어들 뿐이다. 인간의 노동을 기계가 대체하는 힘이, 보완하는 힘을 나날이 앞질러 두 힘의 균형이 더는 인간에게 유리하지 않으면, 인간의 노동을 찾는 수요가 서서히 줄어든다." 그러므로 "인간을 빼닮아 한순간에 노동자를 밀어낼 수 있는 단일 기계"[29]가 우리 앞에 훅 나타나지는 않겠지만, 우리도 모르는 사이에 조금씩 일자리가 잠식될 가능성은 높다.

그런데 문제는 다른 데 있다. 일자리가 없어지는 것이 문제가 아니라 남겨진 일자리가 어떤 것이냐가 문제다. "기술 진보가 인간에게 남겨둔 일은 대부분 노동시장 밑바닥의 저임금 일자리에 몰려 있는 '틀에 박히지 않은' 업무"[30]일 가능성이 높지, 자동화가 도달하지 못할 전문적이고 성취감 높은 그럴듯한 일자리가 아니라는 말이다. 심지어 디지털 혁신 탓에 우리는 오래전 부자들의 뒤치다꺼리를 해주던 '하인 노동'의 부활을 볼 수도 있다. 이미 1964년에 경제학자 제임스 미드(James Meade)는 미래에는 "궁핍한 프롤레타리아트, 집사, 하인, 식모 등 부유층에게 빌붙어 사는 사람들"이 늘어날 것이라고 예견했다. 또한 경제학자 타일러 코웬(Tyler Cowen)은 "미래에는 고소득자가 생활 곳곳에서 즐거움을 느끼도록 하는 활동들이 일자리 성장의 주요 원천이 될 것"이라고 했다.

실제로 최상위 부유층을 손님으로 하는 수제 수저 조각가, 놀이 지도사, 개인 트레이너, 스타 요가 강사, 초콜릿 공예가, 치즈 장인, 그리고 조금 더 일반적으로 부유층 대상의 가사 도우미와 간병 도우미에 이르기까지, 최근 늘어나는 일자리 양상을 보면 하인 노동의 부활을 우려하는 목소리를 우습게 넘길 일이 아님을 알 수 있다. 물론 이런 일을 하찮게 여기는 것은 위험한 발상이다. 모든 이들이 부자들이 누리는 것과 유사한 서비스를 받고, 그 서비스를 하는 노동자도 합당한 대우를 받는다면, 이른바 하인 노동의 부활이라고 치부할 필요는 없을 것이다. 그것은 그저 다양한 사회 서비스 노동의 확대로 볼 수 있겠다. 문제는 특정인들만 이와 같은 서비스를 누리는 반면 서비스를 제공하는 노동자에게는 마땅한 대가도 존중도 없다는 데 있을 것이다.

독립 사업자인가, 농노인가

본격적인 주제로 넘어가보자. 2020년 현재 한국의 플랫폼 노동자는 대략 40-50만 명이며, 최소 22만 명에서 부업 노동까지 포함해 최대 179만 명까지 보기도 한다. 종사자 비중이 최대 7.6퍼센트까지 올라가는데, 유럽의 경우는 11.9퍼센트라고 한다.[31] 코로나19 재난 상황은 이 숫자를 짧은 기간 더 극적으로 끌어올릴 것이다.

그런데 플랫폼 기업에서 일하는 이들은 노동자인가, 독립 사업자인가? 아니면 제3의 존재인가? 미세한 언어적 기교에 빠지면 오히려 문제가 복잡한 것 같은 착시에 빠질 수 있다. 이런 문제는 역사적 맥락에서 관찰할 때 핵심이 파악될 수 있다. 2008년 이후 공유경제라는 이름으로 플랫폼 기업들이 대대적으로 확장된 배경에는 스마트폰과 기술만 있었던 것이 아니다. 사실 더 결정적으로는 경제 대침체 국면에서 많은 이들이 먹고살 길이 막연해졌기 때문이다. 알렉산드리아 래브넬(Alexandrea J. Ravenelle)은 이렇게 표현한다.

기술이 전부가 아니다. 불황의 여파도 간과할 수 없다. 불황이 닥쳐 일자리가 부족해지자 대졸자 중 절반 정도가 대학 졸업장 없어도 할 수 있는 일을 찾기 시작했고, 많은 사람들이 줄어든 수입으로 버틸 수 있도록 기존에 갖고 있던 것으로 소득을 창출해야 하는 처지가 되었다. 노동자들이 돈만 준다고 하면 사실상 무슨 일이든 할 만큼 추가적인 소득이 절실히 필요해졌다는 것이다.[32]

그런데 이렇게 해서 많은 이들이 찾아간 플랫폼 경제의 일자리는 '나의 자동차나 나의 빈 집, 나의 재능을 가지고 참여했다가 언제든 그만두고 싶을 때 그만두는 자유로운 독립 사업자'의 공간이었을까? 래브넬은 진짜 현실을 이렇게 표현한다. "공유경제 기업은 노동자에게 자율성과 사업의 발판을 제공한다고 홍보하지만…신뢰라는 미명하에 노동자는 평가로 점철된 온라인 원형 감옥에 갇혀 신원조회를 받고, 평점과 후기를 받고, 지속적으로 모니터링을 당한다. 그러면서도 자신에게 일을 맡기는 사람이 누구인지도 모르고, 기본적인 보호장치를 제공받지 못하고 상당한 위험에 노출되어 있다."

그 결과 "저인기, 저학력 노동마저 고학력자를 위한 파트타임 노동으로 바꿔서 불평등을 심화"시켜 "현대 노동의 정점이라 칭송받는 공유경제지만, 그 노동자들은 야속하게도 수 세대를 앞선 사람들이 누렸던 그 어떤 보호장치도 누리지 못하고 있다"고 개탄한다. 그럼에도 불구하고 많은 식자들은 어떻게든 노동이라는 용어를 회피하기 위해 기를 썼다.

자유지상주의 사상의 역사에는 산업활동에 대한 담론에서 '노동'을 공식적으로 제거하려 했던 오랜 전통이 있다. 노동 대신 '인적자본'이라든가 '가격수용자'라는가, 여하튼 '노동자로서 공동의 이해관계와 고려사항을 가지고 있는 피고용인들'이라는 개념만 아니라면, 어떤 단어라도 밀어넣으려 하면서 말이다. [33]

심지어 플랫폼 노동이 신종 '자유인의 직업'인 것은 고사하고 자본주의의 임금노동만도 못하다는 지적까지 일부에서 나오고 있는 실정이다. 다시 말해 플랫폼 기업들이 자신들은 독립된 개인의 자유로운 일과 여가가 가능한 시스템을 만들었다고 주장하지만, 무늬만 독립일뿐 실제로는 플랫폼이라는 독점 기업의 관계망에 갇혀 움직일 때마다 수수료를 납부해야 하는, 그래서 '자율'(self-governing)이 아닌 '농노제'(serfdom)가 되었다는 것이다.

많은 노동자가 전형적인 자본주의 기업의 사무실과 공장에서 벗어나고 싶어 했지만, 정작 그들이 들어간 곳은 플랫폼 네트워크라는 신종 영지였다. 그곳에서 꼬박꼬박 플랫폼 기업이라는 영주에게 정기적으로 수수료를 납부해야 하는 무늬만 독립 사업자인 농노가 되었다. 디지털 플랫폼이라는 21세기 '장원'에서 자동차나 공구, 재능을 가지고 '독립 사업자'처럼 일하는 '21세기 농노'들이다.

플랫폼 노동도 노동이다

이제 그만 혼란스러워하고 일차 매듭을 지어야 할 때다. 수익 추구 방식이나 경영 방식이 기존 기업과 아무리 달라도 플랫폼 기업 역시 '기업'이며, 그런 한에서는 '상법'의 통제를 받는다. 마찬가지로 플랫폼 노동이 아무리 기존의 노동과 양상을 달리해도 '노동'이며, 그런 이상 '노동법' 안에서 보호되어야 한다. 과거와 노동의 특징이 바뀌었다면, 노동의 의미를 확장한 '노동 관련법'을 개정하면 될 일이 아닐까?

그렇지 않으면, 기존의 탄탄한(?) 노동법의 보호를 받는 기성 노동자들은 일종의 '특권적 보호'를 받는 것으로 비쳐질 수 있고, 플랫폼 노동자들은 기본권도 제대로 지켜지지 않는 상황에서 험난한 권리보호 싸움을 처음부터 시작해야 할 수 있다.

이는 최근 대부분의 학자들이 권고하는 것이기도 하다. 알렉산드리아 래브넬은 플랫폼 노동자들을 독립 사업자로 위장시키지 않고 정정당당하게 노동자로 인정하면서 플랫폼 기업을 할 수 있다고 주장한다.

또한 그는 심부름 서비스 기업 '헬로알프레드', 청소업체 '마이클린', 물품 보관 서비스 '메이크스페이스', 음식 배달 '먼처리', 장보기 대행 '인스타카트', 착한 우버 '주도' 등의 사례를 열거하며 노동자로 고용하여 노동자를 행복하게 해줌으로써 고객 서비스 질을 높이는 방식으로 발상을 전환하라고 권한다.

제레미아스 아담스 프라슬(Jeremias Adams-Prassl)은 한발 더 나아가 모든 플랫폼 노동자들을 '노동법의 우산' 안에 들어오게 해야 한다고 강력히 주장한다. 왜냐하면 노동법 규제는 바로 공유기업 같은 플랫폼 기업의 지속 가능한 미래를 위해서도 꼭 필요하기 때문이다. 그는 "긱 노동자들을 근로자로, 플랫폼 기업들을 사용자로 취급하는 것은 대량 실업을 부추기는 것이 아니라, 생산성과 성장을 위한 틀을 만들어줄 것"이라고 강조한다.[34]

실제로 이런 주장들이 점점 더 현실이 되고 있다. 2021년에는 영국 대법원이 플랫폼 노동자를 노동자로서 최종적으로 인정하는 판결을 내렸다. 미국 캘리포니아에서도 우버 등 플랫폼 기업들의 막대한 로비가 작용한 주민투표로 비록 부결되기는 했지만, 플랫폼 노동자를 노동자가 아니라고 주장할 경우 이를 플랫폼 기업이 적극적으로 입증해야 하는 법을 만들었다. 법학 교수 권오성은 입증책임 문제가 "무엇을 원칙으로 보고 무엇을 예외로 볼 것인지"에 대한 것이라면서, "일하는 사람의 규범적 기본값을 '근로자'로 추정하고, 이러한 추정을 깨뜨리고 싶은 당사자에게 반증의 입증책임을 부여"하는 것이 맞다고 주장한다.[35] 독일 연방사회부도 "플랫폼 활동자가 근로관계 존재에 대한 정황증거(간접증거)를 제시하면 근로관계가 존재하지 않는다는 입증책임은 플랫폼 사업자가 부담"하도록 입증책임규정을 도입할 계획이라고 한다.

아울러 권오성 교수는 "앞으로의 노동법은 모든 일하는 사람을 하나의 범주로 통합하고 포괄하는 방향"으로 가야 한다면서 모든 일하는 사람을 보호 대상으로 하는 일반법으로서 '일하는 사람의 보호를 위한 법률' 입법을 제안한다. 그 이유는 "노무를 제공하여 생계를 유지하는 사람이면 계약의 유형과 일하는 방식에 관계 없이 노무를 제공하는 조건에 관한 최소한의 보호를 받을 필요"가 있기 때문이다.[36]

노동과 노동권의 테두리를 넓히자

사실 진보가 플랫폼 기업뿐 아니라 플랫폼 노동에 대해 잘 살펴서 미리 대처하는 데 매우 늦었다고 생각한다. 어떤 이들은 아직 전형적인 플랫폼 노동자가 수십만 명에 불과할 정도로 소수가 아니냐고 하지만 줄리엣 쇼어는 이렇게 말한다. "위태로운 일자리의 불안정성이 주는 압박감은 긱 이코노미 분야뿐 아니라 거의 대부분의 직종에 스며들어 있다. 노동자의 70퍼센트가 자신의 고용 상황을 불안해하는 것으로 나타났다. 이들 모두 딜리버리 배달 기사가 감내하는 것과 비슷한 과로와 스트레스를 겪는다."[37]

이게 끝이 아니다. 플랫폼 노동의 파급력은 플랫폼 기업이 그런 것처럼 앞으로 점점 더 확대될 것이다. 아니 이미 플랫폼 노동이 아닌 분야에도 직·간접적으로 강력한 영향을 미치고 있다. 기업 조직이 변하면 반드시 노동 조직도 변한다는 것을 잊으면 안 되는 이유다.

> 우버화는 우버를 통해 일하는 노동력을 착취하는 데서 그치지 않고 수백만 개의 다른 일자리에도 의심스러운 그늘을 드리우면서, 은밀하게 퍼져나가는 방식으로 작동한다. 이제껏 노동자들이 그토록 힘들게 획득한 권리들이 갑자기 의심스러운 특권으로 보이게 되었고, 어떤 고용주에게는 무시해도 되는 귀찮은 것 정도로 여겨지게 됐다.[38]

이제는 노동을 이해하는 진보의 틀 역시 과거식 구획을 버릴 필요가 있다. 노동의 개념을 '일하는 모든 사람'으로 넓혀서 지난 수백 년 동안 싸워 이룬 노동권의 울타리 안에 이들 모두 들어올 수 있도록 해야 하지 않을까? '정규직-비정규직' 도식도 어느새 낡아버린 것이 아닐까? 이제는 '정규직-비정규직-불안정 노동' 등에 이르기까지 그 스펙트럼이 계속 쪼개지고 있는 상황이다. 노동권의 테두리를 넓혀 다양하게 쪼개진 현실을 포괄함으로써 불안정 노동의 노동권, 사회보험, 불규칙한 소득과 노동시간, 인권 문제 등을 총체적으로 안정시킬 수 있는 전략이 앞으로 노동정책의 핵심이 되어야 할 것이다.

또한 지금은 주로 지역 기반의 가시적인 '배달노동'에 초점이 맞취져 있지만, 동시에 잘 드러나 있지 않은 웹 기반의 다양한 플랫폼 노동, 특히 '유령노동'(ghost work)이라 불리는 인공지능 학습데이터 지원 노동에 대해서도 주목해야 한다. 정부가 디지털 뉴딜의 일환으로 2020-2025년 기간 대량의 유령노동을 공적으로 창출하기로 한 상황에서 웹 기반 노동의 팽창이 가속화될 수 있기 때문이다.[39]

9 플랫폼 경제의 미래

'공유'와 '친환경' '혁신'이라는 이름으로 모호하게 가려져 있던 플랫폼 기업들의 실체와 윤곽이 이제는 일반 시민들에게도 상당히 알려진 것 같다. 처음에는 플랫폼 기업들이 이전에 없던 '혁신'을 하고 있다며 자신들에 대해 낡은 '규제 틀'로 막지 말라고 강변할 수 있었지만 지금은 사정이 달라졌다는 얘기다. 따라서 진보는 아주 적극적으로 플랫폼 경제의 미래를 전망하고 사회적으로 바람직한 방향으로 진화할 수 있도록 플랫폼 경제정책을 만들어야 한다.

플랫폼 기업과 플랫폼 노동, 양쪽 측면을 모두 고려하며 플랫폼 경제가 과연 어느 방향으로 진화할지 전망해보자. 사회학자 줄리엣 쇼어는 공유 플랫폼 경제의 미래가 세 가지 방향으로 움직일 수 있다고 전망하는데, 이를 플랫폼 경제 전체로 확장해도 큰 무리가 없어 쇼어의 전망을 따라가보려 한다.

미래가 아닌 중세를 재현하는 플랫폼 경제

첫 번째 미래는 플랫폼 기업들이 지금보다 더 성장하고 강력해지는 미래다. 플랫폼 기업들이 시장에서 차지하는 영향력이 더 커져 산업과 경제 생태계를 장악한다. 이를 '플랫폼 자본주의'라고 할 수 있겠다. 심지어 19세기 말 도금 시대의 거대 기업가들보다 더 가공할 권력을 휘두르는 플랫폼 오너들의 경제로 재조직되는 중이라는 진단도 나온다. 그 결과 온라인상에서 다양한 서비스를 통합한 슈퍼 플랫폼(super-platform)이 등장할 수도 있으며, 소수의 거대 기술 기업이 모든 권력을 독점하는 초과착취 체제가 될 것이라는 암울한 진단으로 이어진다.

과장 아닐까? 설마 역동적인 플랫폼 기술 기업의 생태계 특성상 몇 개 거대 독점체가 지배하는 구조로 고정될까? 안이하게 볼 일이 아니다. 아마존, 구글, 페이스북, 우버 등이 등장한 이후 지난 10년 동안 미국의 기업 생태계가 달라졌다. 소수 기술 기업의 독점화가 가속화하는 경향이 나타난 것이다. 조나단 테퍼에 따르면, 미국의 경우 소수 거대 플랫폼 기업들은 이미 자신의 플랫폼에 들어오는 기업과 소비자, 사용자 들을 통제하고 배척하는 사적 정부(private government)가 되었다. 구글과 경쟁하는 서비스를 제공하면 구글은 그것을 검색 대상에서 배제하며, 애플 앱과 구글 앱스토어에서는 자기 플랫폼에 올라오는 제품들을 검열한다. 사실 이런 현상이 낯설지만은 않다.

그래서 경제학자 로버트 라이시(Robert Reiche) 등은 미국 경제가 19세기 후반 도금 시대로 후퇴하고 있다고 지적한다. 당시 밴더빌트, 록펠러, 카네기, 모건 등이 좌지우지했던 독점 기업들이 순식간에 미국 자본주의를 재패하고 심각한 독점화를 이룬 것과 유사한 상황이 재현되고 있다는 것이다. 외환위기 이후 독점 규제를 크게 받지 않고 성장해온 한국의 구 재벌 계열 독점 기업과, 네이버 등 신생 기술 독점 기업들의 실상을 보면 우리도 크게 다르지 않다. 심지어 19세기 후반의 자본주의는 고사하고 아예 18세기 이전의 봉건시대로 되돌아갔다는 분석도 점점 늘어나고 있다.

미국 채프먼 대학의 도시연구자 조엘 코킨(Joel Kotkin)은 《신봉건 시대의 출현》(The Coming of Neo-Feudalism, 2020)이라는 책에서 디지털 거대 기업들이 신봉건 사회로 회귀한 실태를 다루었다. 코킨에 따르면, 디지털 기업의 독과점 과두제(oligarchy)가 귀족의 권력을 차지하고 디지털 기술 엘리트들은 새로운 사제 권력을 획득하며 현대판 봉건제의 지배 세력이 되었다. 그 결과 봉건제의 전형적인 모습처럼 '서열화'되고 '정체된' 사회가 되었다고 주장한다. 특히 봉건 사회의 특징이었던 '사회적 서열화' '우월한 자에 대한 열등한 자의 복종' '하위 계층의 상위 이동 제한'이 다시 나타났다고 지적한다. 그는 현대판 봉건주의를 '하이테크 중세' '하이테크 귀족 지배' '온화한 금권주의' '슈퍼 플랫폼에 의해 지배되는 디지털 봉건주의' 등으로 부른다. 최근에는 그리스 재무장관 출신 경제학자 야니스 바루파키스(Yanis Varoufakis)가 플랫폼 경제를 일컬어 '기술봉건주의'라고 비판하기도 했다. 심지어 캘리포니아 법대 교수 비나 듀발(Veena Dubal)은 비민주적이고 '봉건적 악몽'(feudal nighmair)이 다가오는 것 아니냐고 우려했다. 바야흐로 플랫폼 경제가 미래가 아닌 중세를 재현한다는 성토가 이어지고 있다. 한발 더 나아가 쇼샤나 주보프는 "당신이 구글을 검색하던 때가 있었다. 그러나 이제는 구글이 당신을 검색하고 있다"며 '감시자본주의'(Surveillance Capitalism)의 등장을 엄중하게 경고한다.

적절한 규제가 있는 플랫폼 경제

두 번째로, 사회적 이익을 위해 잘 규제된 플랫폼 경제의 미래를 전망해볼 수 있다. 기업의 역사에서 알 수 있듯, 기술 혁신을 일종의 '거래비용 절감'에 최대한 활용하면서 탄생한 것이 플랫폼 기업이라는 점을 받아들인다면, 플랫폼 기업 자체가 미래에 사라지지는 않을 것 같다. 그렇다면 규제를 통해 사회에 도움이 되도록 플랫폼 기업을 작동시키는 미래를 생각해봐야 한다. 지금처럼 방치하면 약탈적 플랫폼으로 악화할 가능성이 있지만, 정부가 좋은 규제로 시장 질서를 바로잡고 노동자의 협상력을 올릴 수 있게 지원한다면, 적정하게 규제된 제도적 틀과 공정한 운동장에서 플랫폼 기업들이 활동하게 만들 수 있을 것이다.

사실 지금까지 한국을 포함해 대부분의 나라에서 '혁신'을 막지 말아야 한다는 명분으로 플랫폼 기업들을 '야생의 시장'에 풀어놓고 그들 마음대로 원하는 사업모델을 실험하도록 방치한 것이나 다름없다. 그러다 보니 플랫폼 기업들이 규제 사각지대를 찾아 '규제 차익'을 누리거나 아니면 사회보험 등 마땅히 기업이 부담할 비용을 개인이나 사회에 떠넘기는 '비용의 사회화'를 시장경쟁력으로 삼아 급격히 팽창했다.

당연히 기존의 규제를 지키는 경제 주체들은 경쟁에서 밀려났고, 플랫폼 기업들이 떠넘긴 비용은 주로 플랫폼 노동자가 지게 되었다. 또는 과도한 우버 자동차 운행으로 교통 혼잡이 늘거나, 마구잡이로 공동주택을 임대하고 소음을 유발해 주민들에게 피해가 가는 등 공동체가 그 비용을 떠맡기도 했다. 더욱이 플랫폼 기업의 인공지능 알고리즘이 수행하는 배차, 업무 배정, 주택 배정 등에서 인종, 성, 장애 여부, 나이 등에 따른 차별이 발생했으며, 플랫폼 기업은 그것을 방치했다.

그러면 어떤 적절한 규제가 필요할까? 가장 선행되어야 할 것은 독점화에 대한 규제다. 부와 권력을 점점 더 소수에게 집중시키고 경쟁을 질식시키는 거대 플랫폼 기업의 독점에 대해 과도한 시장점유율과 가격 담합, 불공정 거래 등을 강력히 규제하거나 기업 쪼개기를 해야 한다고 팀 우 교수는 말한다. 조셉 스티글리츠(Joseph Stiglitz), 폴 크루그먼(Paul Krugman), 케네스 로고프(Kenneth Rogoff), 가브리엘 주크만(Gabriel Zucman), 엠마뉴엘 사에즈(Emmanuel Saez) 같은 명성 있는 경제학자들도 '빅 테크'(Big Tech)들이 너무 큰 권력을 가졌다며 규제해야 한다고 지적한다. 심지어 애플의 공동 창업자 스티브 워즈니악(Steve Wozniak), 페이스북 공동 창업자 크리스 휴즈(Chris Hughes), 세계경제포럼 창시자 클라우스 슈밥도 여기에 동의하는 걸 보면, 독점 규제가 사회운동의 과격한 구호만은 아닌 것이 틀림없다.[40]

그다음 당연하게도 플랫폼 노동자들의 '노동권'을 법적으로 보호하는 제도를 정비해야 한다. 처음에는 이들을 노동자로 볼 것인지 제3의 존재로 규정할 것인지를 두고 복잡한 논쟁이 있었지만, 이제는 대체로 '전속성' 등에 상관없이 '노무를 제공하면' 광범위하게 노동자로 인정하고 기존 노동권을 모두 부여할 수 있도록 해야 한다는 쪽으로 움직이고 있다. 하지만 여기가 끝은 아니다. 플랫폼 기업들의 작동방식은 여러모로 기존 기업과 같지 않기 때문이다. 플랫폼 기업에서 통상 사람을 대신해 노무 관리나 고객 응대를 떠맡은 인공지능 알고리즘이 체계적으로 차별적 편향을 가졌다는 사실은 이미 알려졌다. 기업은 비용을 투입해 이를 교정해야 하고, 정부도 이를 감독·규제해야 한다. 알고리즘 규칙은 적어도 이해관계자들에게는 투명하게 공개되어야 한다.

또한 많은 플랫폼 기업들이 비즈니스의 기반으로 삼고 있는 고객의 데이터를 사용하는 것에 대해 엄격한 제한을 요구해야 한다. 특히 2020년 이른바 '데이터 3법' 개정으로 신용정보나 통신정보를 제3자에게 제공하는 것이 허용되고, 이를 가공·처리하는 비즈니스가 '본인신용정보관리업'(일명 마이데이터사업)이라는 이름으로 2021년부터 본격화될 전망이다. 이를 위해 개인정보에서 '가명정보' 방식을 도입한다고 한다. 개인정보 노출 위험이 훨씬 커졌음을 의미하는데, 이에 상응하는 엄격한 개인정보보호가 수반되도록 해야 한다.

이러한 규제들이 잘 작동하면 플랫폼 경제가 사회와 노동에 미치는 부정적 영향이 최소화될 것이다. 그런데 이렇게 하면 일부에서 걱정하듯이 혁신이 질식되어 결국 혁신의 겨울(innovation winter)이 찾아올까? 오히려 지금처럼 일부 거대 플랫폼 기업들이 독점을 지속하면 혁신이 질식될 수 있다는 것이 100년 넘게 독점과 반독점이 싸워온 역사의 교훈이 아닐까?

플랫폼 소유 모델의 다원화

세 번째로, 사적 플랫폼 기업의 대안 모델을 찾아 확산시키는 미래를 전망해볼 수 있다. 기술 혁신으로 거래비용을 획기적으로 줄인 '플랫폼 기업 모델'이 우리에게 자동으로 '공유'와 '환경친화적' 선물을 안겨주지는 않는다. 우리가 기술의 이익을 충분히 활용하려면, 공유의 토대가 되는 사람들의 사회적 관계를 변화시켜야 한다고 줄리엣 쇼어는 강조한다. 공유경제의 가능성을 활용할 새로운 사회적 관계를 구축하자는 이야기는 미국의 정치학자이자 노벨 경제학상 수상자 엘리너 오스트롬(Eliner Ostrom)과 하버드 대학 법학 교수 요하이 벤클러(Yochai Benkler)도 동의한다.

즉 플랫폼 소유 모델을 다원화하자는 것인데, 협동조합 모델, 공공 플랫폼 모델, 공유자원 조직, 프리랜서 유니온, 비영리 플랫폼 모델 등 다원적 소유 모델을 개발하고 확산시키자는 것이다. 대표적으로 사진(동영상) 유료거래 사이트로서, 2013년에 브루스 리빙스톤(Bruce Livingstone)과 브라이아나 웨틀라퍼(Brianna Wettlaufer)가 설립한 '스톡시유나이티드'(Stocksy United)라는 플랫폼 협동조합 사례가 있다. 창업자들은 사기업 플랫폼에 사진을 올리는 아티스트들이 푼돈밖에 받지 못하고 수익이 플랫폼에게만 집중되는 것에 문제의식을 느끼고 '아티스트 우선'이라는 지향 아래 공정한 수익 공유와 공동 소유를 원칙으로 하는 플랫폼 협동조합을 만들었다. 스톡시유나이티드는 아티스트들에게 일하는 의미와 자율권, 괜찮은 수익을 제공해준다고 한다(물론 스톡시 플랫폼에 참여하는 아티스트가 모두 비슷한 수익을 올리지는 못한다. 최상위 아티스트들의 사진과 수익 비중이 압도적으로 높은 것은 사실이다).

이런 유형의 플랫폼 협동조합은 뉴욕의 청소 플랫폼 업엔고(Up and Go), 덴버의 그린택시(Green Taxi), 밴쿠버의 배달 플랫폼 시프트(Shift), 캘리포니아 헬스케어 플랫폼 너시스캔(NursesCan), 벨기에의 프리랜서 조직 스마터(SMarter) 등 세계 곳곳에서 실험되고 있으며, 트레버 슐츠(Trebir Scholz), 나단 슈나이더(Nathan Schneider), 자넬 오르시(Janelle Orsi) 같은 이들이 선구적으로 플랫폼 협동조합 개념을 만들어 전파하고 있다.[41]

이러한 협동조합 방식과 함께 한국에서는 현재 코로나19 재난을 맞아 지역별로 '공공 배달 앱' 구축과 활용을 시도하는 지자체가 늘고 있는데, 이를 잘 살려볼 필요가 있다. 특히 지역 기반의 주문-배달 플랫폼은 지방정부에서 공공 플랫폼 형식으로 지원하는 것이 가능하기 때문이다.

물론 사적 플랫폼에 비해 협동조합이나 공공 모델이 여전히 보잘것없어 보일 수 있다. 자본주의에서 수익을 노리는 거대 자본들이 주로 사적 플랫폼에 집중 투자되고 있으니 어쩌면 당연한 일이다. 협동조합 플랫폼 등이 특히 자금 조달과 사용자 확보에서 어려움을 겪는 이유도 여기에 있다. 그런데 사적 플랫폼이라고 모두 성공할까? 당연히 그렇지 않다. 예를 들어 미국 기준으로 약 100개의 공유 기업 가운데 유니콘 기업으로 성장한 경우는 리프트, 우버, 에어비엔비 등 네 개뿐이고, 27퍼센트는 망했으며, 18퍼센트는 인수합병되었다.

플랫폼 협동조합이나 공공 플랫폼의 성공 여부는, 사적 창업자나 투자자 등에 의한 과도한 수익 편취에 대항해 민주적 거버넌스와 분산된 소유 구조를 만들고, 광범위한 참여를 보장하는 비경제적 동기부여에 이해관계자들이 얼마나 적극적으로 반응하는지에 달렸을지도 모른다. 다만 확실한 것은 '기술만이 미래를 결정하지는 않을 것'이며, 사회적 가치에 얼마나 공감하고 사회적 관계를 어떻게 조직해내는지에 미래가 달렸다는 것이다.

바웬스의 미래 시나리오

마지막으로 대안적 상상력을 확장하기 위한 하나의 그림을 예시하려 한다. 동료생산관계를 추구하는 P2P재단 창립자 미셸 바웬스(Michel Bauwens) 등은 《네트워크 사회와 협력경제를 위한 미래 시나리오》(*Network Society and Future Scinarios for a Collaborative Economy*, 2014)라는 소책자에서 '두 개의 축과 네 개의 미래 시나리오'라는 구도를 제안한다. 수직축의 한쪽 끝은 분산(지역)형 시스템으로, 다른 끝은 중앙집중(글로벌)형 시스템으로 나뉜다. 수평축은 각각 자본수익추구(자본)형과 공동이익을 추구(공유지)하는 방향이다 ([그림 2] 참조).

이 좌표축에서 중앙집중형과 자본수익추구가 결합된 모델이 지금까지 이야기해온 구글, 페이스북, 에어비엔비 같은 공유 플랫폼 기업들로, '넷위계형 자본주의'(Netarchical Capitalism)라고 한다. 이 공간에서 "개인은 이들 플랫폼을 통해 공유 활동을 하지만, 누군가의 소유물인 플랫폼 설계나 규약은 전혀 통제할 수 없고" "이러한 플랫폼들은 투기적 특성을 지니며, 플랫폼의 구성이 불투명하기 때문

[그림 2] 바웬스가 제시한 '두개의 축과 네 개의 미래 시나리오' (바웬스 외 2014)

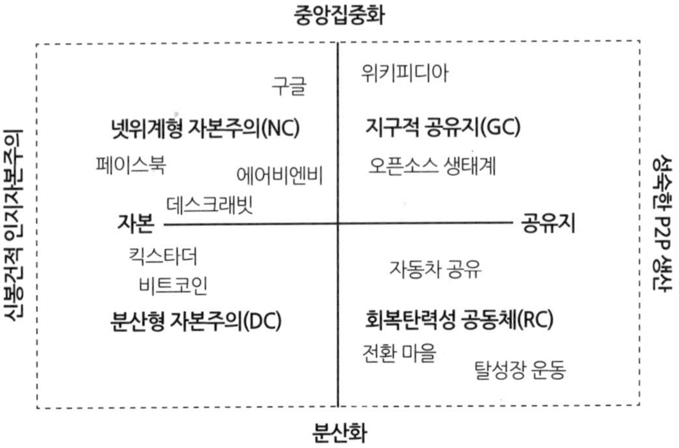

중앙집중화

신뢰건적 인지자본주의

위키피디아

구글

넷위계형 자본주의(NC)　　지구적 공유지(GC)

페이스북

에어비엔비　　오픈소스 생태계

데스크래빗

자본 ────────────── 공유지

킥스타더

비트코인　　자동차 공유

분산형 자본주의(DC)　　회복탄력성 공동체(RC)

전환 마을

탈성장 운동

성숙한 P2P 생산

분산화

에 플랫폼에서 창출될 공유 가치를 맡겨놓기에는 위험"하다.

한편 좌표축에서 분산(지역)형과 자본수익추구형이 결합되면 비트코인을 대표로 하는 '분산형 자본주의' 모델이 될 수 있다. 비트코인 프로젝트를 보면 "다수의 사용자를 허용하도록 디자인되어 자율성을 제공하지만 경쟁적 프레임이다. 이 프로젝트는 금융 시스템 바깥에 존재하지만 희소성과 경쟁을 유발함으로써, 자본의 과잉 축적을 더욱 심화시키고, 맞서 싸워야 할 사회적 불평등을 악화시킬 것"이라고 바웬스는 평가한다.[42]

그런데 뒤에서 블록체인을 언급하며 덧붙이겠지만, 이보다 더욱 심각한 것은 이들이 실제로는 분산 시스템으로 작동하지도 못하고 10대 채굴 회사가 채굴량의 90퍼센트를 장악하는 등 사실상 중앙화되고 말았다는 사실이다.

바웬스의 사분면에서 미래를 위한 상상력을 발휘해야 할 대목은, 분산화나 중앙집중화 모든 경우에 '공유지 안에서 공동 이익'을 추구하는 모델일 것이다. 중앙집중화(글로벌화)와 공동 이익이 결합된 대표 사례가 위키피디아이고, 분산화(지역화)와 공동 이익이 결합된 대표 사례가 전환 마을일 것이다. 그런데 앞서 예시한 공공 플랫폼이나 플랫폼 협동조합이 이쪽 사분면에 위치할 수 있다는 점이 우리의 상상력을 확장해봐야 하는 대목이다. 글로벌 또는 국가적 공유자원으로서의 디지털 플랫폼이나, 지역과 자치 단위 차원의 공유자원으로서 디지털 플랫폼을 어떻게 설계하고 운영할 것인지, 이 사분면 그림을 보면서 더 많은 논의를 해볼 필요가 있다.

10 플랫폼 경제가 뒤흔든
사회보장 시스템

1997년 IMF 외환위기 이후 지난 20년 넘게 진보정책의 가장 큰 화두는 '복지국가'였다고 봐도 무방하다. 민주노동당이 '부자에게 세금을, 서민에게 복지를'이라는 슬로건으로 진보 정당의 정체성을 만들었고 시민들에게도 호소력과 공감대를 얻었다. 2021년 2월 현재 정의당 강령의 핵심어도 '함께 행복한 정의로운 복지국가'다. 진보 정책을 상징하는 단 하나의 키워드를 꼽자면 많은 이들이 '복지'를 지목할 것이다.

그런데 현재 시점에서 진보의 복지국가 비전을 가장 위협하는 존재가 바로 디지털 플랫폼 경제일지 모른다. 디지털 플랫폼 경제는 기업의 조직 방식을 바꾸고 노동시장의 양상도 급변시키며 복지국가의 근간이라 할 수 있는 20세기의 고용 체계를 근본부터 흔들고 있기 때문이다. 동시에 완전고용을 전제로 구축돼 있었던 사회보장 체계 역시 혼란에 빠뜨리며 복지의 사각지대를 대폭 늘리고 있기 때문이다. 따라서 디지털 플랫폼 경제에 대한 적절한 진단과 대응 없이 기존 복지 시스템 보완을 서둘러봐야 진정한 복지 확대를 성공시키기 어려울 수 있다. 디지털 플랫폼 경제는 21세기 진보적 복지정책의 길목에서 가장 중대한 도전 과제다.

특히 2020년에 세계를 급습한 코로나19 재난은 플랫폼 경제가 키운 사회안전망의 허점들을 선명하게 드러내는 계기가 되었는가 하면, 각 국가들은 기존 복지제도나 규칙을 무시하고 극히 예외적으로만 고려된 긴급재난지원금 등을 마구 쏟아냈다. 영국의 주간지 〈이코노미스트〉는 2021년 3월 6일자에서 "코로나19가 복지국가를 전환시켰다. 어떤 변화가 이어질 것인가"라는 문제를 제기하기도 했다.

20세기 버전의 사회보장 체계

채용 조건에 대한 엄격한 규제는 불과 100여 년 전인 1910년 영국에서 도입되었다. 즉 풀타임으로 일할 것을 약속하는 사람들만 채용한다는 것이었다. 상근을 채용 조건으로 삼음으로써 자본은 노동력에 대한 지배, 생산량이나 비용의 예측 가능성을 확보했을 뿐만 아니라, 노동자의 삶의 방식에 대한 지배력까지 확장했다. 자본이 노동자에게 남겨놓은 자리라고는, 한편으로는 자본에 복무하여 보상받는 기능적 노동자 자리, 다른 한편으로는 자본에 복무하는 소비를 위한 자리뿐이었다. 이제 사회적 개인이란 노동자이자 소비자로서 지급받는 월급과 구매하는 상품에 동시에 의존하는 자본의 고객으로만 규정된다.

현대의 생태 사상가 앙드레 고르스(Andre Gorz)의 《에콜로지카》(*Ecologica*, 갈라파고스)에 나오는 내용이다. 현재 그토록 많은 이들이 바라는 '정규직'이라는 노동 방식이 실제로는 100년 남짓 된 지극히 역사적이고 특정한 상황의 산물에 불과하다는 것을 흥미롭게 지적하고 있다. 실제로 그렇다. 우리가 알고 있는 사회복지 시스템들은 19세기 말 석유와 전기 에너지를 기반으로 한 2차 산업혁명이 시작되면서 대규모로 커진 기업들이 대량생산 체제와 대량소비 체제를 구축하는 가운데 그 물질적 조건이 만들어졌다. 1800년대 초반 1차 산업혁명이나 지금의 디지털 기술 혁신이 겪은 '엥겔스 휴지기'를 겪지 않았던 이 시기에는 대량생산을 지탱하기 위한 대량의 안정적인 '블루칼라' 일자리가 만들어졌다. 동시에 이들 기업이 전문 기술과 경영 및 사무 관리를 대규모로 필요로 하자 이를 뒷받침하기 위해 경영대학과 공과대학 등이 곳곳에 신설되고 여기에서 이른바 '화이트칼라' 노동자가 쏟아져나왔다.

대기업의 안정된 고용을 기반으로 여덟 시간 노동제, 20-60세까지의 안정적인 정규직 노동과 정년제도, 평생직장, 규칙적인 주말의 여가문화 등 이전의 '농업의 시간'과 완전히 구분되는, 가이 스탠딩(Guy Standing)의 표현대로 '산업의 시간'이 만들어진 것이다. 우리나라도 대체로 1960년대부터 1990년대 외환위기 전까지 이런 노동 패턴이 정착되었다. 이 시기를 대표하는 기업들은, 1960년대 GM이 60만 명 이상을 고용하고 AT&T가 70만 명 이상을 고용한 사례에서 보듯이, 대규모 노동자를 하나의 기업 조직 아래 상시적으로 집결시켰다. 그리고 이는 노동자들의 대규모 조직화에도 유리한 환경이었다. 그에 따라 노동조합으로 조직된 노동자들의 조직률과 협상력도 올라가면서 임금 및 노동환경 개선, 기업복지 향상이 이루어졌다. 20세기 복지 체계는 이와 같은 산업 노동 시스템과 강력한 누진소득세 등을 기반으로 세워진 고용(실업)보험과 부조제도, 건강보험, 산재보험, 은퇴 후 연금제도 등 포괄적이고 국가적인 사회 안전망이라고 할 수 있다.

전 세계적 쟁점이 된 기본소득

데이비드 와일이 '균열일터'라고 표현했던, 기업의 하청 생산, 외주 생산, 프랜차이즈 방식 도입 등을 통해 거대 기업이 슬림화를 착수하면서부터 20세기 사회복지 시스템은 위험 징후를 보였다. 이는 1980년대 신자유주의적 노동유연화정책과 결합되며 안정적인 기존 고용 시스템을 무너뜨리기 시작했다. 결정적으로 21세기에 들어서면서 아마존, 애플, 구글, 페이스북, 에어비엔비 등 플랫폼 기업이 부상하고, 이들 기업이 자신들에게 노무를 제공하는 노동자들에 대해 '노동자'라고 부르는 것조차 거부하면서 '불안정 노동'은 최고조에 달했다. 그리고 이에 따라 기존의 사회보장 틀이 결정적으로 흔들리게 되었다.

이러한 문제가 전체 사회에 확연히 모습을 드러낸 것이 아마도 2020년 코로나19 재난에서가 아니었을까? 코로나19 재난은 사회 안전망이 취약한 노동자와 자영업자에게 가장 큰 충격을 주었으며, 이들이 사회보장을 받을 수 있는 변변한 체계 역시 부재했음을 확인시켜주었다. 기존 복지 시스템과 분리된 '불안정 노동'이 확산되면

[표 2] 21세기 플랫폼 기업과 전통적 대기업의 고용 규모 차이 비교(앤드루 양 2019)

현대 플랫폼 기업	종업원 수 (2017년)	전통적 대기업	종업원 수 (연도)
아마존	341,400	월마트	1,600,000(2017)
애플	80,000	GM	660,977(1964)
구글	57,100	AT&T	758,611(1964)
MS	114,000	IBM	434,246(2012)
페이스북	20,658	GE	262,056(1964)
스냅	1,859	코닥	145,000(1989)
에어비엔비	31,000	힐튼호텔	169,000(2016)

서 완전히 새로운 방식의 복지, 특히 공공이 직접 현금으로 소득보장할 것을 요구하는 목소리에 급격히 힘이 실리게 된다. 불과 수년만에 기본소득 논의가 우리나라는 물론 전 세계의 주요 정책 공간에서 뜨거운 쟁점이 된 이유가 여기에 있다고 생각한다. 사실 전혀 새롭지도 않고 오래전부터 다양한 방식으로 논의되던 기본소득정책이 순식간에 전 세계적으로 예민한 논쟁거리가 되고 비록 섣불리 도입하지는 못했지만 여기저기서 정책 실험을 시도한 데에는 그런 배경이 있었다. 기본소득은 새로운 복지제도의 상징이기에 앞서 기존 복지제도가 갖고 있는 결함을 상징할지도 모른다.

한계에 다다른 완전고용 기반 복지

디지털 플랫폼 경제는 현재 대량생산을 뒷받침하는 '대량고용'을 과거의 일로 돌린 것은 물론 중간층 일자리를 축소시키면서 일자리 양극화를 심화시키는 중이며, 전체적으로 소득이나 노동시간, 취업 기간 등에서 '불안정 고용'의 일상화 추세는 강력하다. 유령노동, 크라우드워크(crowd work), 마이크로워크(micro work), 언디멘드워크(on-demand work) 등 수많은 신종 노동 방식도 현재 양산되고 있다.

이와 같은 노동 방식의 분화는 특정 기업에 안정되게 소속되어 노동하는 것을 전제로 구성된 기존 사회보장 체계의 근간을 흔들면서 사회보장 바깥층을 엄청나게 늘렸다. 그 결과 중 하나로서 우리나라 2700만 노동자 중 무려 45.2퍼센트에 해당하는 1200만 명 이상이 고용보험 밖에 존재하게 되었다.

이런 변화로 인해 근원적인 질문들이 사회적으로 쏟아져나오고 있다. 노동연계복지(workfare)에 대한 오랜 비판을 포함해 과연 소득보장을 언제나 고용보장의 하위 체계로 봐야 할까? 기업 중심의 고용보장 체계는 지속 가능할까? 사회보장 체계는 고용 여부를 기준으로 설계되어야 할까? 공식적으로 노동시장에서 가격이 매겨지는 일만 가치 있는 일일까? 가사노동 등 비시장 노동은 계속 방치할 것인가? 사회구성원으로서 노동은 의무인가 권리인가? 사회구성원으로서 생존을 위한 소득은 개인의 책임인가 권리인가?

예를 들어 가이 스탠딩은 노동을 권리로 보자며 다음과 같이 주장한다. "젠더, 에스니시스트, 카스트, 종교, 성적 지향 등과 상관없이 모든 사람은 자신이 선택한 가치 있는 활동을 수행할 권리가 있어야 하며, 자신이 할 수 있고 하고자 하는 일을 수행하는데 자의적인 장벽 때문에 못하게 되어서는 안 된다."[43]

노동과 소득의 안정화를 위한 네 가지 정책 대안

그러면 어떻게 디지털 플랫폼 경제 시대에 노동과 소득을 안정화하고 사회복지 시스템을 재설계할 수 있을까? 적어도 네 가지 굵직한 정책 대안이 나와 있다. 우선 노동과 무관하게 '보편적 기본소득'을 주는 정책을 실시할 수 있다. 모든 사회구성원 개개인에게 권리로서 조건 없이 기본소득을 주고, 그 토대 위에서 각자 하고 싶은 일을 소득과 무관하게 할 수 있는 자유를 주자는 것이다. 이 방향이 가장 이상적이며 심지어 먼 미래의 일로 미룰 것만이 아니라 당장 시작해야 한다는 데 이미 대단히 많은 공감대가 형성되었다. 다만 전체 국민소득 1/4(우리나라로 보면 약 500조 원) 규모의 기본소득을 이상적 수준으로 볼 때, 당장 이 수준의 기본소득정책을 실시할 수 없다면 어떤 순서와 단계를 밟아 목표하는 수준에 접근할 것인지에 대해 지속적 논의가 필요하다.

둘째, 일단 무너진 사회보장 체계를 새로운 차원에서 복구하는 것이 우선이라는 판단이 있을 수 있다. 디지털 플랫폼 경제 등의 확산으로 불안정 노동이 확산되는 것에 정면으로 대응하려면, 고용보험 등 사회보험을 노동시장의 고용 지위를 기준으로 설계하던 것에서 벗어나 소득을 기반으로 하여 재구축해야 한다. 내가만드는복지국가 정책위원장 오건호는 그것을 이렇게 요약한다. "아예 고용보험의 원리를 바꾸자. 앞으로는 취업자의 고용 지위, 계약 형태를 묻지 말자. 어디선가 소득을 얻고 있으면 자동으로 고용보험에 보험료를 납부하는 방식이다."[44] 디지털 경제가 최고로 발전한 한국에서 '실시간소득파악시스템'(real time information)을 구축한다면 우리가 앞서서 이 제도를 제대로 도입할 수 있다는 것이다.

셋째, 디지털 플랫폼 경제에서 기업이 더 이상 고용을 충분히 책임질 수 없다면 국가가 제도적으로 일자리를 보장해주자는 것이다. 일군의 현대통화이론(MMT, Modern Monetary Theory) 이론가들은 다음과 같이 고용보장을 옹호한다. 문맹을 제로 수준으로 퇴치하기 위해 국가가 사립학교들 외에 국·공립학교를 세우고 일정 수준까지 의무교육제도를 두어 공공 재원으로 '한 사람의 국민도 남김없이 모두' 교육을 지원하는 것처럼, 고용에 대해서도 그러지 않을 이유가 없다는 것이다. 또 현재 기업들의 고용 역량과 의지가 심각히 의심되는 상황에서 '기업을 통한 고용'의 한계를 인식해야 한다는 것이다. 결국 정부의 재정적 뒷받침 아래 정부가 최후의 고용주로서 실업의 완전 해소를 책임지고, 수익보다는 사회적 필요를 감안해 공공 일자리 창출에 나서야 한다는 것이 경제학자 파블리나 체르네바(Parvlina R. Tcherneva)의 핵심 주장이다.

넷째, 불평등 연구로 이름 높은 앤서니 앳킨슨(Anthony B. Atkinson)이 오랫동안 주장해온 '참여소득'(participation income)을 고려해볼 수 있다. 참여소득은 소극적으로 보면 기본소득의 차선책으로서 "아무런 대가도 없이 무조건 주자고 하면 저항이 너무 거세므로 최소한의 조건으로서 사회적 활동"을 단서로 달자는 식일 수 있다. 하지만 정치경제학자 홍기빈은 이와 같은 차원을 넘어 "사람들로 하여금 단순히 노동시장에서의 취업으로만 자신의 경제활동을 바라보는 것이 아니라 노동시장에서 아무도 돈을 내고 고용하여 공급하려고는 하지 않지만, 사회적으로 유용성을 가지고 있는 다양한 재화와 서비스를 공급하는 다종다기한 활동"에 대해 사회적 가치를 적극적으로 인정하고 보상하자고 제안한다.[45] 이는 가이 스탠딩의 다음과 같은 주장과 맥락이 같다. "노동시장에 있는 노동만이 가치가 있다고 보는 관점인데, 분명 난센스다. 모든 형태의 일은 가치가 있다. 비록 그 가격을 매기기가 어렵거나 불가능할지라도 말이다."[46]

요약하면, 디지털 플랫폼 경제가 기존의 노동 시스템과 사회복지 시스템을 근원에서부터 흔들면서 소득 안정과 고용 안정, 사회보장 시스템 안정을 재구축해야 할 필요성은 물론 근원적으로 노동–일–활동의 의미에 대해 다시 성찰하는 계기가 만들어지고 있다. 비록 보편적 기본소득이 현재까지 강력한 대안으로서 모든 문제의 해법을 단순화시키고는 있지만, 현재 사회적 상황의 복잡성을 감안할 때 하나의 해법으로 단순화될 것 같지 않다. 기본소득 또는 그 변형일 수 있는 역소득세(negative income tax), 소득기반보험체계, 일자리보장제, 참여소득 전부를 제대로 정책 테이블에 올려놓고 구현 방법을 검토할 때다.

특히 코로나19 재난으로 고용 상황이 크게 악화된 조건에서는 소액의 기본소득보다 일자리보장제가 더 설득력을 얻을 개연성이 높다.

11 블록체인은 역사상 가장
과장된 기술일까?

디지털 기술과 관련해 블록체인에 대해 짚어보고 1장을 마무리하려한다. 2021년 상반기의 가상자산 투기 열풍 현상은 일단 여기서 다루지 않겠다. 대신 가상자산의 '가치'와 잠재력을 뒷받침하고 있는 것으로 알려진 블록체인 기술에 대해 몇 가지 문제를 제기하려 한다. 지금까지 출현한 디지털 기술 중 가장 신비에 둘러싸여 있으면서 진보와 보수 가리지 않고 모두 칭송하지만 인공지능 기술과 달리여전히 실체가 불분명한 기술이 바로 블록체인이다.

중앙권력 배제, 수평적 시스템, 안전한 정보 공유 등 환상적인 미래를 약속하는 것처럼 보이지만 온통 기술적 용어들로 쌓여 있어 이해하기가 쉽지 않다. 인공지능의 경우 번역기나 음성인식 스피커나챗봇 등을 통해 이미 우리 일상에서 쉽게 접할 수 있지만, 블록체인은 비트코인 투자를 하는 사람들조차 잘 느끼지 못할 정도로 우리일상에 실제로는 없는 탓도 크다.

탈중앙화된 이상적 시스템?

그런데도 블록체인은 정치가들이 혁신을 말할 때 가장 자주 언급하는 주제이며, 그래서 중앙정부와 지방정부에서 적지 않은 공적 재원이 투입되는 분야이기도 하다. 다음의 인용문을 살펴보자.

"가능성에도 불구하고 블록체인은 제도의 미비점 때문에 옥석이 구분되지 않고 걱정과 지탄의 대상이 되고 있다. 옥석을 구분하는 데 도움을 줘야겠다는 책임감을 많이 느끼게 됐다." (원희룡 제주지사, 〈경향신문〉 2019년 2월 7일)

"블록체인 특구 부산에서는 데이터의 위·변조가 불가능한 블록체인 기술을 관광, 금융, 물류 등 다양한 분야에 접목할 예정입니다. 블록체인을 이용하면서 동시에 개인정보를 보호할 수 있는 기술을 실증하게 되면, 블록체인 활용에 있어서 세계에서 가장 앞서 가게 될 것입니다." (문재인 대통령, 2019년 7월)

2021년 박영선 중소벤처기업부 장관은 '프로토콜 경제'라는 낯선 이름을 들고나와 여기에 사용될 기술로서 블록체인을 다시 언급했다. 박 장관이 주장하는 "프로토콜 경제란 시장 참여자들이 자유롭게 일정한 규칙(프로토콜)을 만들어 참여할 수 있는 개방형 경제를 말한다. 블록체인 기술을 통해 보안과 프로토콜 공유 문제를 해결했다. 플랫폼 사업자가 정해놓은 규칙을 따르지 않아도 되기 때문에 탈중앙화·탈독점화가 가능하다. 공정성과 투명성도 높일 수 있다."47

여기서는 온갖 사이비 잡코인(이른바 알트코인)들에 대해서는 일단 논외로 하고, 가장 안정되어 있고 그나마 신뢰받고 있으며 퍼블릭 블록체인 아키텍처로 작동하는 비트코인과 그 기반이 되는 블록체인에만 집중해 보자. 도대체 블록체인 기술이라는 것이 얼마나 심오하기에 위·변조가 불가능하고, 개인정보보호도 보장하며, 서류 제출 없이 자동으로 전자 정보를 공유할 수 있다는 것일까? 이렇게 훌륭한 기술임에도 불구하고 비트코인이 나온 지 12년이 지났는데도 지금껏 '시범사업' '실험' '실증단계'라는 꼬리표 없이 현실에서 사회적으로 유용하게 활용된 '실제 사례'가 제대로 없는 이유는 무엇일까? 얼마나 난해한 기술이기에 12년 내내 시범사업과 실험만 하고 있을까?

우선 이 신비를 풀기 전에 블록체인의 기술 구조를 먼저 확인해두자. 사실 블록체인에 구현된 기술은 생각보다 특별하지 않다. ①블록체인은 중복해서 사용하는 해시 암호화를 통해 '머클트리' (Merkle Tree)라고 하는, 40여 년 전 개발된 자료구조(data structure, 컴퓨터에서 처리할 자료를 효율적으로 관리하고 구조화시키기 위한 학문 또는 방법)로 정보를 저장하는데, 이를 블록이라고 부른다. ②새로운 블록은 '작업증명'(Proof-of-Work, 새로운 블록을 블록체인에 추가하는 작업을 완료했음을 증명하는 합의 알고리즘)이라고 하는, 해시값(해시 함수의 출력으로 나온 비트 문자열)에 해당하는 논스(nonce, 블록체인에서 목표값 이하의 블록 해시를 찾기 위해 임시로 사용하는 숫자. 임시값) 암호 찾기 경쟁을 통해 만들어진 다음 기존 블록에 체인처럼 연결된다. ③체인으로 연결된 데이터는 블록체인 네트워크에 참여하는 모든 사람이 '중복'

해 저장·관리한다. 대체로 이것이 전부다. 어떤 신비한 논리도 난해한 기술도 없고, 어떤 이론적 뒷받침을 받을 것도 없다.

그러면 이렇게 단순한 기술이 왜 사람들을 매료시키는 것일까? 그것은 "위계 없는 동등한 다수의 사람들이 탈중앙화된 블록체인에서 상호 거래와 계약의 신뢰성을 보장"[48]하는 시스템을 구축하는 데 성공했다고 주장하고 있기 때문이다. 이것은 특히 기득권이나 기성세대에 불만을 가진 진보 쪽을 유혹하기에 충분하다. 당연한 얘기지만 중앙집중 시스템은 이를 구축하고 관리하는 집단을 신뢰해야한다. 한 나라의 화폐를 믿고 사용하려면 그 국가와 국가의 중앙은행을 신뢰해야 한다. 아마존 클라우드 웹서비스 AWS(Amazon Web Services)를 사용하고자 한다면 아마존에 대한 최소한의 신뢰가 있어야 하고, 신용카드를 자유롭게 쓸 때에도 신용카드사에 대한 최소한의 신뢰가 있어야 한다.

그런데 블록체인은 다르다는 것이다. 블록체인은 인간적이고 사회적인 '신뢰자본'을 쌓지 않고도 신뢰 기반의 거래와 정보 공유 방법을 개발했다고 알려졌다. 여기서부터 하나씩 질문을 던져보자. 정치 권력이나 사적 권력으로부터 완전히 독립해 동등하고 자율적인 개인들의 연대로 정보 네트워크를 구성하려는 블록체인의 이상이 실현되려면, 논리적으로는 자발적 개인들 말고는 아무런 특정관리 전담 조직이 있으면 안 된다. 또는 있다고 하더라도 정치적 압력은 물론 이익에 대한 탐욕으로부터도 완전 독립되어야 한다. 그런데 모든 시스템에는 예외 없이 운영과 유지보수 관리조직이 필요하다. 특히 소프트웨어는 계속 업그레이드되어야 하므로 더 그렇다. 블록체인이라고 예외가 아니다.

때문에 모든 블록체인 기반 사업 모델들은 이를 관리·운영하는 재단이나 협회 또는 기업을 가지고 있다. 그러면 이들 재단이나 협회는 국가나 공적 기구보다 중립적일 수 있을까? 현실은 그렇지 않다고 말한다. 예를 들어, 비트코인의 경우 도메인(bitcoin.org)을 소유한 단체가 중립적으로 개발 및 유지보수를 하고 있지만, 2012년에 설립된 비영리 비트코인재단과 팍스풀이라는 중개소가 재정을 지원한다. 그런데 비트코인재단은 설립 초부터 이사진이 사기와 범죄 등에 연루되기도 했다. 한편 또 다른 암호화폐인 이더리움은 창업자 비탈릭 부테린(Vitalik Buterin)이 주도하는 이더리움재단에서 직접 개발과 유지보수를 책임진다. 이들 재단은 '선 채굴' 등 편법을 통해 많은 이익을 편취하거나 무리한 하드포크(hard fork, 기존 블록체인과 호환되지 않는 새로운 블록체인에서 다른 종류의 가상화폐를 만드는 것)를 강행하는 등 민주적 운영과 거리가 먼 행태를 보인 바 있다[이더리움의 더 다오(The DAO) 해킹 사건].[49]

탈중앙화는 현실적으로 운영 과정에서 또 다른 아이러니에 봉착해 무너지기도 한다. 예를 들어 비트코인의 블록 생성(채굴)의 90퍼센트는 상위 열 개 채굴업체가 독점하고 있으며, 특히 상위 세 개 중국 업체가 50퍼센트 이상을 장악하고 있다. 이더리움은 독점 상황이 더 심한데 상위 3대 업체가 60퍼센트 이상을 채굴한다. 2020년 현재 전 세계적으로 비트코인 지갑을 설치한 사람은 1500만 명이 넘는다고 한다. 하지만 진정한 의미에서 네트워크 구성원으로서 신뢰 검증에 참여하는 사람은 1만 명 정도이고 그조차도 계속 줄어들고 있다. 이 가운데에서도 트랜잭션[transaction, 어떤 프로그램을 실행하기 위한 데이터베이스에 대한 참조(판독)와 갱신(기록) 조작의 한 묶음]을 모아 블록을 '채굴'하는 업체는 열 개 내외라는 소리다.

　이런 식으로 비트코인 거래를 하는 99.9999퍼센트의 통상적인 이용자들은 단 0.0001퍼센트 채굴업자들이 블록을 생성해 거래 처리를 할 때까지 기다려야 한다. 누구의 트랜잭션을 처리해줄 것인지는 채굴업자 마음이다. 또한 채굴업자가 생성한 블록의 신뢰 검증은 전체 이용자의 1퍼센트에 해당하는 완전노드(모든 블록체인 데이터를 다운받아 중복저장하는 노드)를 다운받은 사람들이 해주게 된다. 이것이 '동등한 권한을 가진 사람들의 수평적 연대'라고 하는 비트코인 네트워크의 현재까지 실체다. 여기에는 '탈중앙화된 이상적 시스템'의 흔적조차 찾기 어렵다.[50]

블록체인 신뢰의 비밀

　또 하나 생각해볼 것이 있다. 중앙의 관리가 없어도 공개 블록체인이 데이터 무결성(data integrity)을 지니고 신뢰 있게 작동한다고 하는데, 이것을 가능하게 하는 요소는 사실 블록체인 기술 자체가 아니다. 그 비법은 블록체인 연결에 참여하는 사람들의 '지독한 이기심'이다. 이른바 '채굴'이라고 하는 블록의 생성, 즉 거래의 처리와 데이터를 저장하는 행위를 보면 단적으로 드러난다.

　비트코인을 기준으로 볼 때, '논스 찾기'라고 하는, 의미 없이 단순히 에너지를 많이 써야 하는(즉 비용을 많이 지불해야 하는) 컴퓨터 작업을 경쟁적으로 해서 가장 먼저 논스를 찾은 승자가 블록을 생성해 다른 노드로 전파한다. 이렇게 논스 찾기 경쟁에서 이긴 사람이 새

블록을 생성해 기존 블록체인에 붙이는데, 성공한 단 한 사람에게 '인센티브'로 새로운 비트코인을 주게 된다. 이런 경쟁을 비트코인은 10분 단위로, 이더리움은 15초 단위로 끊임없이 계속한다. 경쟁에서 이기면 새로운 코인을 받는다는 오직 그 동기 때문에.

작업증명 방식의 블록체인은 난이도를 적절하게 조절하면서 이 경쟁이 끊임없이 반복되게 해야 한다. 만약 비트코인 가격이 심각하게 추락하는 등 인센티브가 시원치 않아 경쟁이 줄어들거나 경쟁에 뛰어드는 비용이 너무 커져서 수익이 없어지면, 블록 생성은 멈추게 되고 시스템 역시 멈춰버린다. 이 치열한 경쟁 과정에서 누군가 블록체인의 중간부터 데이터를 조작하려 한다면, 이미 다른 경쟁자들이 수백 번 경쟁을 통해 이어 붙여 만들어놓은 블록들을 일거에 반복해서 따라잡을 만큼 '엄두도 못 낼 비용'을 투입해야만 가능하다. 논리적으로 위·변조가 불가능하지는 않지만 현실적으로 불가능에 가깝게 어렵다는 것이다.

그런 면에서 블록체인의 "작업증명의 기본 철학은, 나쁜 짓을 하려면 많은 자원을 소모하도록 해서 나쁜 짓을 최대한 억제하자는 것"[51]이기도 하다. 블록체인의 신뢰성은 바로 여기서 나온다. 인간적 신뢰를 구축하는 것이 아니라, 반대로 인간적 신뢰를 완전히 배제하고 오직 물질적 인센티브(코인으로 표시되는 수익)를 노리는 수많은 익명의 개인들이 블록체인 네트워크에 접속한다. 막대한 에너지를 투입해 10분마다 반복되는 '논스 찾기 게임 경쟁'을 하고, 매 게임에서 단 한 사람의 승자가 코인을 받는 것이 반복되는 구조다. 각자의 물질적 탐욕이 블록체인 신뢰의 비밀인 것이다.

당연히 블록체인에서는 인간관계의 믿음이나 사회적 협동이라는 것은 들어설 여지도 없고 필요도 없다. 오직 돈을 벌고자 하는 무수한 익명들의 기를 쓰는 투기적 노력이 나쁜 마음을 먹은 특정 해커를 압도할 것이라는 기대가 블록체인 데이터의 신뢰성을 보장하도록 디자인된 것이다. 그런데 이들의 노동이 비록 이기적인 것이라고 해도 유의미한 사회적 기여의 측면은 없을까? '논스 찾기'는 그 자체로는 아무 쓸모도 없는 노동이다. 단지 에너지를 소모할 뿐이다. 환경론자는 물론이고 희소자원 최적 분배를 강조하는 신고전파 경제학자들도 쌍수를 들고 반대해야 할 행위다.

2021년 2월, 비트코인 가격이 급등하며 비트코인 채굴 경쟁이 심해지자 전력 사용량도 급등한 것으로 알려졌다. 비트코인 전력 소비량을 추적해온 케임브리지 대학의 대안금융센터에 따르면, 연간 단위로 환산된 비트코인 전력 사용량은 121.9TWh로서 이는 아르헨티나의 전체 전략 사용량을 초과한다.[52] 우리나라 전체 가구에서 1년 동안 소비하는 전력량이 약 70TWh인데, 이 규모의 거의 두 배를 비트코인 채굴하는 데 사용하는 것이다. 이에 더블린 트리니티 칼리지 교수 브라이언 루시(Brian Lucey)는 비트코인을 '더러운 통화'라고 비난한다. 어쨌거나 기후위기 관점에서는 도저히 용납되지 않는 시스템이다.

자산 투기 시대의 첨단 도박판

이처럼 노드에 참여하는 사람들의 탐욕을 채워줄 수 있는 동안만 블록체인은 작동한다. 따라서 블록체인은 기술적 설계 결함으로 무너지기보다는 사회학적·경제학적 이유 때문에 무너질 가능성이 높다. 사실 비트코인 블록체인이 지금까지 유지되는 이유 역시 기술적 탄탄함 때문이 아니라 여기에 참여한 이해 당사자들의 물질적 이익과 맞아떨어지기 때문일지도 모른다. 암호화폐와 블록체인에 회의적인 경제학자 누리엘 루비니(Nouriel Roubini)는 2019년 7월 6일 프랑스에서 열린 경제 콘퍼런스에서 다음과 같은 논평을 했다. "암호화폐와 모든 디지털 자산들은 꺼질 수밖에 없는 현대판 거품이다. 나는 블록체인 기술이 역사상 가장 과대평가된 기술이며, 실질적인 이점을 줄 수 있는 기술이 아니라고 생각한다." 아구스틴 카르스텐스(Agustin Carstens) 국제결제은행(BIS) 총재도 비트코인을 "거품과 폰지사기(Ponzi Scheme, 신규 투자자의 돈으로 기존 투자자에게 이자나 배당금을 지급하는 방식의 다단계 금융사기를 일컫는 말)와 환경적 재앙의 조합"이라고 비판했다.

나 역시 이에 동의한다. 전산학을 전공한 금융 전문가 이병욱 역시 다음과 같이 말한다.

기술로서의 블록체인은 별 가치가 없음이 시간이 갈수록 뚜렷해지고 있다. 블록체인을 중앙화된 탈중앙화 시스템으로 변형시키는 기형적 형태의 블록체인은 여전히 그 실험을 이어나가겠지만, 하이퍼레저를 비롯한 여타 프로젝트들의 전망도 그리 밝아 보이지는 않는다. 블록체인은 새로운 기술의 발전보다 암호화폐의 광풍에 기댄 한탕주의에만 기여했을 뿐, 그 어떠한 기술 발전에도 영향을 미치지 못했다.[53]

물론 리눅스재단에서 2015년부터 시작한 오픈소스 블록체인

프로젝트 '하이퍼레저'(hypher ledger) 같은 프라이빗 블록체인의 경우 비즈니스 등에 활용될 소지가 있지 않겠냐고 말할 수도 있다. 하지만 프라이빗 방식으로 블록체인을 활용하는 것이 기존의 분산 데이터 저장관리 시스템에 비해 특별히 더 나은 장점이 있는지 잘 모르겠다. 블록체인은 누구나 자유롭게 원장을 중복해서 보유하고 접근해 활용할 수 있다는 점에서 그 장점이 극대화될 수 있기 때문이다.

어떤가? 이런데도 블록체인이 우리에게 뭔가 환상적인 해결책을 가져다줄 것이라고 믿는가? 나는 비트코인 같은 암호화폐도, 그것을 기술적으로 구현한 블록체인도 지속성을 가지고 사회적으로 의미 있는 역할을 할 수 있다고 생각하지 않는다. 영국 중앙은행과 캐나다 중앙은행 총재를 역임한 마크 카니(Mark Carney)도 최근 저서 《가치》(*Value(s)*)에서 "암호화폐는 화폐의 미래가 아니다"(Cryptocurrencies are not the future of money)라고 단언했다.

이 대목에서 한 가지 의문을 풀어보자. 이토록 뻔한 기술에, 거품이라고 진단할 만한 이토록 뻔한 요소들이 있음에도 불구하고 왜 블록체인과 그에 기반한 비트코인은 사람들을 열광시키는 것일까? 진보 역시 왜 직·간접적으로 블록체인에 대해 일종의 '정서적 호감'을 놓지 못하는 것일까?

행동경제학과 심리경제학에 정통한 노벨경제학상 수상자 로버트 실러(Robert Shiller)는 최근 저서 《내러티브 경제학》(*Narrative Economics*, 알에이치코리아)에서 한 가지 단서를 알려준다. 비트코인과 블록체인이 연출하는 '서사'(narrative)가 2008년 글로벌 금융위기 이후 계속된 경제적 불평등과 소외에 대한 일종의 심리적 탈출구를 제공했기 때문이라는 것이다. 무슨 말일까? 이 내러티브에 따르면, 그동안 거대 금융기업들에게 사기를 당하고 정부에게도 외면 당해온 시민들의 잠재적 열망을 "익명으로 운영되며 정부의 통제와 관리, 권력으로부터 자유"로운 블록체인 기술이 실현시켜주리라는 정서에 불을 당겼다는 것이다. 아울러 글로벌 시대에 "비트코인에는 국적이 존재하지 않기 때문에 더욱 민주적이고 국제적인 호소력을 지녔는데", "비트코인 지갑을 갖고 있다는 것은 세계 시민이 된다는 것이며, 어찌 보면 전통적인 소속 집단에서 심리적으로 독립"되는 해방감을 주었다는 것이다.

불안정한 노동환경에 좌절한 2030세대에게 첨단으로 포장된 자산 거품 시장이 부자가 될 수 있다는 희망까지 불어넣어주었으니 오죽하겠나? "비트코인을 이용한 이 대담한 시도가 자신을 미래의 신세계에서 승자가 될 이들과 연결해줄 것이며, 세계의 주도권을 유지할 통찰력을 제공해"줄 것이라는 기대가 함께 얹어졌음은 물론이다. 게다가 블록체인을 이용해 비트코인을 만들었던 사토시 나카모토라는 인물까지 베일에 싸여 추리적 요소까지 가미되었으니 흥미와 관심을 끌 만한 요소가 모두 갖춰진 셈이다. 이렇게 블록체인과 비트코인은 '진보적 상상'의 요소들을 모두 동원해 청년세대를 투기 시장에 끌어들이고 있는 것이 아닐까?

가이 스탠딩, 《기본소득》, 안효상 역(창비, 2018).

김병권, 《기후위기와 불평등에 맞선 그린 뉴딜》(책숲, 2020).

닉 서르닉, 《플랫폼 자본주의》, 심성보 역(킹콩북, 2020).

다니엘 드레셔, 《블록체인 무엇인가? 》, 이병욱 역(이지스퍼블리싱, 2018).

대니얼 서스킨드, 《노동의 시대는 끝났다》, 김정아 역(와이즈베리, 2020).

데이비드 에반스 외, 《메치메이커스》, 이진원 역(더퀘스트, 2017).

데이비드 와일, 《균열일터》, 송연수 역(황소자리, 2015).

라나 포루하, 《돈비 이블, 사악해진 빅테크 그 이후》, 김현정 역(세종서적, 2020).

레이 커즈와일, 《특이점이 온다》, 김명남 역(김영사, 2007).

로버트 실러, 《내러티브 경제학》, 박슬라 역(알에이치코리아, 2021).

마이크 아이작, 《슈퍼펌프드》, 박세연 역(인플루엔셜, 2020).

마틴 포드, 《AI 마인드》, 김대영 역(터닝포인트, 2019).

메리 그레이 · 시다스 수리, 《고스트워크》, 신동숙 역(한스미디어, 2019).

박정훈,《배달의 민족은 배달하지 않는다》(빨간소금, 2020).

빌 맥키번,《폴터》, 홍성완 역(생각이음, 2020).

쇼샤나 주보프,《감시자본주의 시대》, 김보영 역(문학사상, 2021).

알렉산드리아 래브넬,《공유경제는 공유하지 않는다》, 김고명 역(롤러코스
터, 2020).

앤드루 양,《보통 사람들의 전쟁》, 장용원 역(흐름출판, 2019).

앤서니 앳킨슨,《불평등을 넘어》, 장경덕 역(글항아리, 2015).

앨프리드 챈들러,《보이는 손》, 김두얼 역(지식을만드는지식, 2014).

이병욱,《블록체인 해설서》(에이콘출판, 2019).

이병욱,《비트코인과 블록체인, 탐욕이 삼켜버린 기술》(에이콘출판, 2018).

정의정책연구소, 〈보다 정의〉 창간준비 1호(정의정책연구소, 2020).

제레미아스 아담스 프라슬,《플랫폼 노동은 상품이 아니다》, 이영주 역(숨
쉬는책공장, 2020).

카타리나 츠바이크,《무자비한 알고리즘》, 유영미 역(니케북스, 2021).

칼 베네딕트 프레이,《테크놀로지의 덫》, 조미현 역(에코리브로, 2019).

캐시 오닐,《대량살상수학무기》, 김정혜 역(흐름출판, 2017).

크리스티아나 피게레스 외,《한배를 탄 지구인을 위한 가이드》, 홍한결 역
(김영사, 2020).

토마 피케티,《21세기 자본》, 장경덕 외 역(글항아리, 2014).

팀 던럽,《노동 없는 미래》, 엄성수 역(비즈니스맵, 2016).

팀 우,《빅니스》, 조은경 역(소소의책, 2020).

필리프 판 파레이스 외,《21세기 기본소득》, 홍기빈 역(흐름출판, 2018).

홍명수,《재벌의 경제력집중 규제》(경인문화사, 2006).

Amy Klobuchar, *Antitrust* (Knopf, 2021).

Jonathan Tepper, *The Myth of Capitalism* (Wiley, 2018).

Matt Stoller, *Goliath: The 100-Year War Between Monopoly Power and Democracy* (Simon & Schuster US, 2019).

Juliet B. Shor, *After the Gig: How the Sharing Economy got Hijacked and how to win it back* (University of California Press, 2020).

Klaus Schwab, *Stakeholder Capitalism* (Wiley, 2021).

Parvlina R. Tcherneva, *The Case for A Job Guarantee* (Polity Press, 2020).

R. H. Coase, *The Firm, The Market and The Law* (Chicago and London: The University of Chicago Press, 1988).

2장

기후위기에 대처할
탈탄소경제가 미래다

우리의 미래는 디지털을 기본 축으로 상상하기보다 그린의 방향을 따라가야 한다. 진보가 운명을 걸어야 할 미래 경제는 '디지털이 아닌 그린'에 있고, 그 비전이 '탈탄소경제사회'라는 것이다. '스마트'한 경제에 약간의 '그린'이 묻어 있는 비전이 아니라 '그린 경제'를 스마트하게 지원하기 위해 디지털이 묻어 있어야 한다는 것이다. 이 점에서 이제 우리는 모두 환경주의자여야 하고 '그린뉴딜러' 여야 한다.

이제 미래 경제 대안은 과거의 '경제민주화'나 '사회화' 등과 같은 경제 대안들의 정신과 원칙을 여전히 담아나갈 것이지만 새로운 프레임으로 짜여진다. 기후위기와 불평등을 동시에 해결하는 강력한 진보 경제학이 필요하다는 것이다. '정의로운 전환'과 같이 불평등 해결을 포괄하는 다양한 사조의 생태경제학이 그 해법이 될 수 있다. 지구의 생태 한계 안에서 재구성될 우리의 경제는 과거와는 다른 목표와 작동방식으로 설계되어야 한다.

또한 '탈탄소경제'의 미래로 가기 위해 특히 기업이 크게 혁신되어야 하는데, 진보적 기업모델은 토마 피케티 등이 제안하는 '21세기 이해관계자 기업 모델'을 참조할 수 있다. '탈탄소경제'로 가기 위해 국가가 중심을 잡고 '그린 뉴딜'을 강력히 추진해야 하며, 이를 위해 새로운 국가론도 필요하다. 대안적 국가론으로 현대통화이론(MMT)이 주장하는 재정 역량이 있는 국가, 그리고 마추카토(Mariana Mazzucato) 등이 제안하는 혁신 역량이 있는 국가론에 특별히 주목할 필요가 있다.

또한 국가가 경제정책을 펴는 데 있어 이제는 성장지상주의를 폐기하고, 케이트 레이워스(Kate Raworth)가 제시했던, 사회안전망과 생태를 동시에 고려하는 '도넛모델'이나 뉴질랜드의 '웰빙예산제'처럼 복수의 목표제를 추구해야 한다.

1 '거대한 가속' 뒤에 찾아온
기후위기

인류의 미래를 상상할 때 사람들은 '디지털 혁신'이 만들어줄 세상만을 떠올리는 경향이 있다. 그것이 환상적이거나 암울하거나 관계없이. 또는 디지털 기술이 일으킬 가속에 열광하며 그것이 창조해낼 것이라는 일반지능이나 초지능의 미래에 비상한 관심을 기울이기도 한다. 하지만 미래를 결정하는 훨씬 더 중요한 요소가 있다. 바로 기후위기다. 한편에서는 디지털 기술이 인간의 생활 수단과 도구의 극적 혁명을 창안해내고 있지만, 다른 한편에서는 인간 삶의 토대가 되는 지구를 인간 스스로 삶이 불가능한 장소로 만들고 있기 때문이다. 이 역시 '가속적'으로.

디지털 기술 혁신을 극점까지 발전시켜 외부 행성에서 살 수 있는 방안을 찾으면 되지 않겠냐고 생각할 수도 있겠다. 그러나 인류의 최고 기술을 총 동원해 화성에 사는 것보다 지구의 사하라사막에서 사는 편이 훨씬 더 안전하고 풍요롭다고 한 과학자들의 경고를 잊으면 안 된다. 또한 화성이나 우주에서 인간의 삶을 개척하자는 일부 기업가나 식자들의 주장을 비판하면서 그것이 설사 성공한다고 해도 단지 1퍼센트의 사람들만을 위한 대안일 뿐이라고 지적한 그레타 툰베리(Greta Thunberg)의 말 역시 새겨들을 일이다. 99퍼센트 인류를 위한 단 하나의 길은 이 지구를 사람이 살 수 있는 환경으로 지켜내는 길뿐이라는 것이다.

기후위기를 더 이상 인간의 외부 환경으로 보면 안 된다. 대기권과 생물권을 포함하는 지구라는 시스템 안의 일부로서 인간 사회를 인식하고 미래에 일어날 모든 변화를 통합적으로 이해해야 한다. 인간 사회 외부에 지구가 있는 것이 아니라 지구 안에 인간 사회가 있다.

따라서 미래를 제시할 때 사회 구조뿐 아니라 미래 사회가 살아가야 할 지구 시스템에 지금 우리 사회가 어떤 압력을 가하고 있는지, 그 결과 역으로 인간 사회가 어떤 변화의 압력에 놓여 있는지를 파악할 필요가 있다. 인간 사회의 변화도 엄청나게 복잡한 비선형적 변화와 각종 창발적 사건들을 일으키지만, 인간 사회와 지구의 각 순환 시스템이 상호작용해 일으키는 가속적 변화와 복잡계적 연쇄작용은 그 이상일 수 있기 때문이다. 그러므로 진보는 이 과제를 가장 중대하고 어려운 것으로 인식하고 대처할 필요가 있다.

화석연료 시대와 거대한 가속

기후 시스템이 문제를 일으킨 시원은 18세기 말 영국에서 시작된 산업혁명으로 알려져 있다. 특히 주목해야 하는 것은 목재와 비교가 안 되는 석탄이라는 '고밀도 탄소연료'를 대량으로 사용하기 시작한 것이다. 1700년 250만 톤에 불과하던 영국의 석탄 생산량은 1800년 1천만 톤, 1829년 1600만 톤으로 늘어나면서 비로소 산업혁명이 가속화되었다. "최초의 증기선이 등장한 것은 1801년이었다. 그 뒤를 이어 1814년에는 최초의 증기기관차가" 선을 보이면서 19세기를 석탄의 시대로 만들었다.[54]

통상 에너지 단위로 사용하는 1마력은 열두 명의 노예 인력을 사용하는 것과 같은데 증기기관차는 약 30명의 노예 인력과 같다고 한다. 사실 증기기관차가 움직이는 것은 "발명가와 철도와 기차를 만든 노동자들의 덕이라고 볼 수 있다. 하지만 이들의 노력과 수고를 모두 더해도 기차에 동력을 공급할 수 없다는 사실에는 변함이 없다. 진짜 기관사는 (태양에너지가 만들어낸) 석탄이다." "공학자들은 경제학의 신적 존재인 성장의 요인을 에너지 소비와 자재 기능 개선에서 찾았다. 공학자들에게 에너지는 자본과 노동을 먹여 살리는 아침밥이고 점심밥이며 저녁밥이었다"는 앤드류 니키포룩(Andrew Nikiforuk)의 주장은 절대 과장이라고 할 수 없다.[55]

하지만 18세기 말 산업혁명과 19세기 자본주의의 세계화를 가능하게 한 석탄에너지는 시작에 불과했다. 통상 2차 산업혁명이라고 하는 19세기 말에 석유 사용과 내연기관 자동차 발명, 그리고 전기의 사용이 시작되었기 때문이다. 석탄이라는 화석연료에 더해 밀도도 더 높고 편리한 석유가 채굴되고 이어서 천연가스까지 활용되면서 20세기는 석탄-석유-천연가스라는 화석연료의 세기가 되었다.

그 결과 "20세기는 1900년 이전 1000년 동안 사용한 에너지의 10배를 쓴 것으로 추정된다. 그리고 농업을 시작한 이후부터 1900

년에 이르는 100세기 동안 인류가 사용한 에너지는 20세기 사람들이 사용한 에너지의 2/3”에 불과하다.[56] 특히 석유를 무진장으로 사용하기 시작한 제2차 세계대전 이후 인간은 진정으로 “신들의 힘”을 소유하게 된다. 석탄은 1890년부터 세계의 일차에너지로서 자연이나 가축 에너지 사용을 추월했고, 75년 뒤인 1965년 석유에너지에게 그 왕좌를 넘겨주었다. 그 결과 1945년 이후 지구의 거의 모든 것이 변했다.

미국의 기후학자 윌 스테판(Will Steffen)은 2004년, 〈지구적 변화와 지구 시스템: 압박받는 행성〉(Global Change and the Earth System: A Planet under Pressure)이라는 보고서를 발표했다. 이 유명한 보고서에 따르면, “산업혁명이 점진적 속도를 내서 전 세계로 확산된 다음 지구의 변화가 연속적으로 증가했다는 것이 아니었다. 자료에 따르면, 인간 활동 및 환경 변화의 속도는 점진적이라기보다는 오히려 20세기 중반 이후 극적으로 증가했다.” 스테판 연구팀이 검토한 “거의 모든 인간 활동 및 지구 시스템 양상에서 1950년 무렵부터 놀랄 만한 변곡점이 나타났으며, 1950년 이후의 변화율은 훨씬 더 급격해지고 어떤 경우에는 거의 기하급수적이었다.”[57] 사람들은 이 상황을 ‘거대한 가속’(The Great Acceleration)이라고 부른다.

이때부터 2010년대 중반까지, 지구에 굴러다니는 자동차는 4천만 대에서 8억 대로 약 20배 늘었다. 지구 인구는 세 배로 불었고, 도시 인구는 7억 명에서 37억 명으로 다섯 배 이상 불어났다. 플라스틱 사용은 100만 톤에서 3억 톤으로 300배 늘었다. 비료는 400만 톤에서 8500만 톤으로 20배 늘어났다.[58]

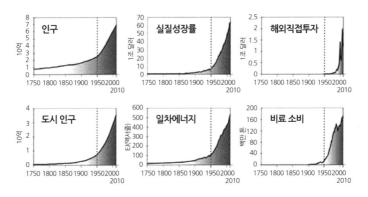

[그림 3] 1950년대 이후 거대한 가속이 초래한 지수적 폭발 사례

'거대한 감속'이 필요한 시대

경제학자들은 제2차 세계대전 이후 1970년대까지의 서구사회를 '자본주의 황금기'라고 칭송한다. 초고속 성장으로 경제 규모가 상상할 수 없이 팽창하고, 중산층이 많이 늘어났으며, 컴퓨터 기술과 우주 기술이 꽃 피우고 인류 문명이 고도화된 이 시기를 인류의 지혜와 역량의 결실로 돌린다. 하지만 이 모든 것은 석탄에 이어 석유와 천연가스라는 화석에너지의 뒷받침이 없었다면 불가능했던 것들이다. 거대한 가속 시기의 에너지 80퍼센트 이상이 화석연료에서 유래했기 때문이다. 요즘에는 디지털 혁신으로 세상의 변화를 쉽게 설명하지만 사실 "노트북 컴퓨터 1파운드를 만들기 위해서는 석유 26.5파운드가 필요"[59]할 정도로, 현대의 정보기술마저도 화석연료 기반의 고에너지 체제 위에서 작동한다는 점을 잊으면 안 된다.

이렇게 인류 사회의 폭발적 변화가 1945년 이후 발생한 것을 기억하면, 지금 기후위기를 일으킨 탄소 배출의 3/4이 사실은

1945년 이후 활동하고 있는 세대가 만들어낸 것임을 알 수 있다. 그 결과 지구 시스템은 특히 20세기 중반부터 자기회복을 해오던 패턴에서 크게 벗어나 탄소 순환, 황 순환, 질소 순환, 그리고 결정적으로 지구 위의 생물권에서 결정적 변화가 진행되었다. 심지어 기후위기는 지구의 공전 궤도·자전 기울기·세차운동 등에 의해 결정되는 간빙기 순환 주기마저 바꿔서 다음 빙하기를 지연시키는 데까지 이르렀다고 한다.

그래서 존 맥닐(John R. McNeill) 같은 학자는 인류세(Anthropocene)가 아메리카 대륙에 유럽인들이 진출했던 1500년대나 산업혁명이 시작된 1800년대가 아니라 제2차 세계대전 이후부터 시작되었다고 주장하기도 한다. 국제 인류세 판별을 위한 실무단 일원인 얼 엘리스(Erle Ellis) 역시 《인류세》(*Anthropocene*, 교유서가)에서 '거대한 가속'이 시작된 1950년대를 인류세의 시작점으로 본다. 이렇게 기후위기는 이미 지구상에서 사라진 지 오래인 선조들 탓이 아니라 지금 살아 있는 우리 세대가 초래한 것이다. 그리고 그 막심한 피해 역시 아직 태어나지 않은 미래 세대뿐 아니라 지금 살아 있는 세대가 입게 될 것이다.

그러면 화석연료를 총 동원한 인간 사회의 '거대한 가속'으로 인해 지구 시스템에 일어난 급격한 변화에 어떻게 대처해야 할까? 이미 지구 시스템의 교란이 인간 사회를 위협할 정도인 상황에서 당연히 거대한 가속은 영원히 지속될 수 없음을 깨달아야 한다. 그리고 당장 '거대한 감속'을 계획적으로 실시해야 한다. 20세기 후반기의 '거대한 가속'은 인류 역사에서 정말로 '잠깐' 있었던 특이한 사건으로 기록되어야 한다. 지금부터 기후위기를 막을 정책들이 해야 할 일이다.

'지구공학'이라는 무모한 대안

인류가 이룩한 혁신적 기술을 동원해 거대한 가속을 계속하면서
도 기후위기를 막을 방법은 없을까? 잘 알려진 대표적 방안이 흔히
말하는 '지구공학'(geoengineering)이라는 것이다. 정말 가능할까?
나오미 클라인(Naomi Klein)은 이에 대해 "지구를 주물러보겠다고
마음먹은 사람들이 실험실을 박차고 나와서 인류에게 남은 유일한
현실적인 대안이라며 기이한 아이디어"를 내놓기 시작한 것 중 하
나라고 혹평한다.[60]

대표적으로 마이크로소프트 기술책임자 네이선 미어볼드
(Nathan Myhrvold)가 2009년에 내놓은 '성층권 방패'라는 기획안이
있다. "헬륨 풍선을 이용해 30킬로미터 길이의 호스를 하늘에 띄우
고, 이 호스로 황산 에어로졸을 분사"시켜 성층권에 태양복사 유입
을 막을 황산 방패막을 만들자는 것이다. 빌 게이츠(Bill Gates)도 이
런 방안을 적극 지지한다. 그는 최근에 펴낸 《빌 게이츠, 기후재앙
을 피하는 법》(How to Avoid a Climate Disaster, 김영사)에서 비록 임시
대책이라고 한정하기는 하지만 다시 한번 지구공학이라는 '대담한
아이디어'를 계속 공부하고 연구할 가치가 있다고 말한다. "지구공
학의 기본적인 아이디어는 지구의 대양과 대기에 일시적인 변화를
가해 지구 온도를 낮추는 것이다. 쉽게 말해 '비상시'를 위한 최첨단
기술이라고 생각할 수 있다. 이것이 성공한다고 해서 온실가스 저

감이라는 우리의 책임이 면피되는 것은 아니다. 그래도 제대로 된 행동을 할 수 있을 때까지 시간을 벌어줄 수 있다."

여전히 극심한 기술편향에서 빠져나오지 못했음을 확인할 수 있다. 지구과학자 마이클 만(Michael Mann)은 기업들이 이제 기후변화를 대놓고 거부할 수 없게 되자 지구공학 같은 방식의 대안을 제안하며 일종의 '책임 피하기' 전략을 구사하는 것이라고 진단한다. 어쨌든 이 방식은 1991년 필리핀 피나투보 화산 폭발에서 영감을 얻어 가속화된 면이 있는 것 같다. 당시 화산 대폭발이 대량의 이산화황을 대기 성층권에 유입시켜 태양으로부터 오는 복사에너지를 막는 '태양 방패'가 형성되었고, 그 덕분에 지구 온도가 내려갔던 경험이 있기 때문이다.

하지만 지구공학은 "대기권과 같은 크기의 모델을 만들거나 대기권 일부를 격리시키는 것이 불가능"[61]하기 때문에 함부로 실험할 수 있는 것이 아니다. 컴퓨터 모델링으로 검증한다고 해도 언제나 그랬듯 그 결과가 어느 때는 지극히 과소평가되고 또 어느 때는 과대평가되기도 한다. 결국 지구의 다른 부분에서 강우량 감소와 대규모 가뭄, 심각한 작물생산 변화를 초래할 수 있다는 말이다.

인공지능을 포함해 온갖 기술 혁신에도 불구하고 인간은 아직 자신들이 구성한 사회도 제대로 제어하지 못하고 있다. 심지어 잘 정착되었다고 믿었던 민주주의도 세계 곳곳에서 퇴행하고 있으며, 어느 정도 개선되었다고 믿었던 분배제도 역시 근원부터 흔들리며 불평등을 심화시키고 있다. 그런데 하물며 인간 사회를 작은 부분 집합으로 품고 있는 지구 시스템에 변경을 가하는 시도를 쉽게 생각할 수 있을까? 그런 취지에서 다음과 같은 이야기를 새겨보는 것도 좋을 것이다.

"로켓을 개발하는 것과 살기 좋은 공동체를 건설하는 것은 완전히 별개라는 사실이다. 전자를 이루기 위해서는 대단히 협소한 관점이 필요하지만, 후자를 이루기 위해서는 총체적인 관점이 필요하다. 살기 좋은 세계를 건설하는 것은 로켓 공학보다 훨씬 복잡한 활동이다."[62]

2 기후위기에 대처할
'경제 관점' 찾기

일반 시민들의 소비생활 패턴 속에서는 지구온난화의 근본 문제를 찾기 어렵다. 따라서 소비자 캠페인으로 기후위기가 해결되지는 못한다. 실제로 기업들은 기후위기의 책임을 기업에서 개인들로 이전시키려는 전략을 사용해왔다. 마치 총기 회사들이 '총이 문제가 아니라 사람이 문제'라는 식으로 프레임을 짰던 것처럼. 하지만 개인의 소소한 행동을 강조하는 것은 근본적인 기후정책을 세우는 데 도움이 되지 않을 뿐 아니라 기업들의 책임 회피를 방치하는 결과를 낳는다는 조사도 있다.[63]

진보가 기후위기에 제대로 대처하려면 국가와 지방정부의 경제정책 안으로 기후위기 문제를 본격적으로 끌고 들어와야 한다. 현대 경제제도는 무한한 수익 추구를 위해 끊임없이 자원을 소모하라고 요구하며, 모든 산업생산이 화석연료를 기반으로 움직인다. 따라서 기후위기의 가장 핵심 해법은 현대 경제제도와 산업생산 속에서 찾아야 한다. 기후위기를 해결하는 데 도움이 되는 경제 관점이 진보에 절실한 이유다.

기후위기와 시장경제, 탄소세

기존 경제학 안에서 기후위기와 관련된 영역은 매우 좁다. 게다가 환경경제학으로 통칭하는 경제학 영역은 기후위기 등을 시장경제가 작동하는 공간의 밖에서 벌어지는 '부정적 외부효과'(negative externality) 정도로 간주한다. 기업이 제품을 생산하는 과정에서 이산화탄소가 배출되면 이를 처리할 비용이 그 상품의 가격에 반영되어야 마땅하지만, 통상적인 시장경제에서는 반영되지 않는다. 이 문제를 해결하기 위해 정부가 탄소 배출의 사회적 비용을 계산해 세금을 매김으로써 강제로 해당 상품에 비용으로 반영시킬 수 있다. 피구세(Pigouvian tax)라고 알려진 탄소세(carbon tax)가 그것이다.

탄소세를 매기면, 탄소를 많이 배출하는 기업은 생산비용이 올라가므로 탄소 배출을 줄이는 기술에 투자할 것이라고 예상된다. 또는 아예 탄소 배출을 하지 않는 새로운 비즈니스를 찾는 식으로 시장이 작동할 것이라고 기대할 수 있다. 이렇게 시장경제의 가격 메커니즘 안으로 탄소 배출 문제를 밀어넣는 것이 기존 경제학의 접근법이다.

경제학자 가운데 드물게도 기후위기를 심각하게 생각해서 수십 년 동안 탄소세를 연구한 공로로 2019년 노벨상을 받은 윌리엄 노드하우스(William Nordhous)의 탄소세 제안이 여기에 해당한다. 그는 "시장 메커니즘 중에서 오늘날 누락된 가장 중요한 방식은 이산화탄소 배출량에 높은 가격"을 매기는 것이라고 강조하며, 국가가 탄소세를 부과함으로써 "이산화탄소 배출 감축을 우위에 두겠다는 결정을 사회적으로 내려서" 시장 참가자들의 행동을 바꿔야 한다고 말한다.[64] 우리가 시장경제를 유지하는 한, 탄소세는 분명 시장의 가격 기제를 이용해 탄소 배출을 줄이도록 유도하는 하나의 방안이 될 수 있다. 일부에서는 탄소세가 지나치게 시장 의존적인 해결책이고 역사적으로 큰 효과도 없었다고 비판한다. 하지만 기후위기를 막기 위한 다양한 정책 도구 가운데 하나로 탄소세를 배제할 필요는 전혀 없다. 아직 탄소세를 도입하지 않은 한국에서 진보가 중요한 정책으로 제안할 필요가 있다.

작은 지구, 큰 경제

그런데 시장경제 메커니즘만으로 과연 기후위기를 막을 수 있을까? 탄소 배출은 시장에서 생산·유통되는 특정 상품들만 관계된 것이 아니다. 전력 생산, 도로 운송 인프라, 석유화학제품 같은 기본적인 산업 원료 등 20세기 경제의 모든 분야에 화석연료가 침투해 있다. 따라서 탄소 배출을 줄이려면 근본적으로 국가 인프라를 뜯어고쳐야 한다. 이는 시장경제 안에서 개별 기업들이 가격 신호에 따라 단기간에 할 수 있는 일이 아니다.

국가가 나서서 대규모 공공 프로젝트로 탄소 배출을 줄이거나 없앨 새로운 산업 기술에 투자해야 한다. 아울러 탄소 기반 인프라를 폐기하고 탄소가 발생하지 않는 재생에너지 기반의 인프라를 새로 구축해야 한다. 최근 공공 주도로 '그린 뉴딜' 프로젝트가 곳곳에서 제안되는 이유도 여기에 있다. 특히 지금은 '거대한 가속'의 결과 예상을 뛰어넘어 급속히 다가온 기후위기를 막기 위해, 10년이라는 짧은 시간 안에 매우 과감하고 전면적인 '거대한 감속'을 실행해야 할 때다. 이 과제는 확실히 사회적 자원 전부를 동원할 수 있는 국가만이 가능한 일이다. 이런 차원에서 볼 때, 작은 정부를 선호하는 시장근본주의적 경제 관점은 기후위기를 해결하는 데 도움이 되지 않는다. 현재 경기 침체나 불평등 문제를 해결하는 데 국가의 역할이 필요한 것 이상으로 기후위기를 해결하는 데에도 국가의 역할이 절대적이다. '작은 국가'는 기후위기 해결의 적이다.

그렇다면 시장의 가격 신호를 바꾸고 공공투자를 대폭 늘리면 될까? 사실 경제 문제를 풀 때 시장이냐 국가냐 하는 데 초점을 맞추는 것 자체가 어쩌면 경제를 지나치게 시장 중심으로 보는 것일 수 있다. 시장의 자기조정능력을 믿든 아니면 국가가 시장 실패와 경기 안정화에 개입해야 한다고 믿든 마찬가지다.

거대한 가속이 가져온 중대한 숙제는 시장경제의 좁은 틀을 벗어나 인간의 경제를 지구시스템과학의 범주 안에서 다루는 곳에 있지 않을까? 과거에는 지구의 규모에 비해 인간 세상이나 경제가 매우 작았기 때문에 웬만한 인간의 환경 파괴에 대해 지구의 자기복원력(음의 되먹임)이 작동했다. 아니면 황폐해지거나 오염된 땅을 버리고 다른 땅을 찾아 나서면 그만이었다. 경제학자 케네스 볼딩(Kenneth Boulding)은 이런 과거의 사고방식을 '카우보이 경제'(Cowboy Economy) 관점이라고 했다. 소들에게 풀을 먹이다가 초원이 황폐해지면 다른 초원을 찾아 떠나듯이. 식민지 수탈이 심해

식민지 국가가 황폐해지면 다른 식민지를 찾아 떠나듯이.

하지만 1950년대 거대한 가속의 시대 이후 상황이 달라졌다. 살던 곳이 환경오염으로 파괴되었을 때 그 땅을 버리고 찾아갈 새로운 신세계는 더 이상 없다. 지구의 크기는 여전한데 인간의 경제활동이 엄청난 폭발을 일으킨 결과 스톡홀름 복원력센터 소장 요한 록스트롬(Johan Rockstrom)이 얘기한 '작은 지구, 큰 경제', 즉 꽉 찬 세상이 되었다. "추출이나 오염을 위한 어떤 것도 버릴 수 있는 무제한의 저수지는 더 이상 없는,"[65] 마치 우주선 같은 닫힌 시스템으로서 지구를 인식하게 된 것이다. 케네스 볼딩은 이를 과거의 '카우보이 경제'와 비교해 '우주인경제'(Spaceman Economy)라고 불렀다. 이렇게 지구는 예전 그대로인데 경제는 엄청나게 커진 새로운 현실은, 작은 경제 변동도 곧바로 지구에 충격을 주게 되었고, 지구와 경제를 바라보는 완전히 새로운 관점을 필요로 하게 되었다.

생태경제학이라는 새로운 관점

이때쯤 루마니아 출신 수학자이자 통계학자, 경제학자인 니콜라스 게오르게스쿠 뢰겐(Nicholas Georgescu-Roegen)은 이미 100년 전인 1865년에 클라우지우스(Clausius)가 정식화한 열역학 제2법칙을 경제에 끌고와 지구 시스템과 경제 사이에 중요한 연결을 짓는다. 알려진 것처럼 열역학 제2법칙은 "고립계인 우주의 엔트로피는 항상 최대값을 향하여 움직인다"는 것이다. 좀 쉽게 표현하면, 고립계에서 자연은 가용 에너지가 높은 질서 있는 상태로부터 에너지가 흩어지는 무질서한 상태로 움직이며, 최종적으로는 모든 에너지가 불가용한 열적 종말 상태로 간다는 것이다. 이 과정은 완전히 비가역적이어서, 이를 부분적으로라도 바꿀 수 있는 것은 오직 태양처럼 지구 외부에서 에너지가 투입되는 경우에 국한된다.[66] 이를 '엔트로피 법칙'이라고도 한다.

이에 따르면 경제활동 안으로 동원한 자연 자원이나 경제활동의 결과 내버려지는 폐기물은 단순한 자원의 반복적 순환이 아니라 비가역적 흐름이 된다. 지난 20세기는 약 5억 년 동안 지구가 축적한 고밀도의 화석연료 에너지를 일시에 태워서 특별히 높은 경제성장을 구가했다. 하지만 엄청난 탄소 배출로 지구 시스템에 막대한 무질서를 초래하는 대가를 치르게 된다. 이제는 경제에 투입되는 자원이나 경제활동으로 배출되는 폐기물의 총량을 지구가 감당하고 복원시킬 수 있는 범위 안에서 통제해야 한다. 이때 경제활동 안으로 들어오거나 경제활동의 결과 자연으로 배출되는 물질적 흐름을 '처리량'(throughput)이라고 새롭게 정의하며, 경제정책에서 처리량의 한계를 통제하는 것이 매우 중요한 과제가 된다.[67]

앞으로 인간 사회에서 물질적 생산은 지구가 감당할 수 있는 '처리량'의 한계 안에서 해야 한다는 원칙이 새롭게 설정되었다는 것이다. 즉 경제에 투입되는 자원은 일정한 처리량 한계에 따라야 한다. 경제활동 결과 배출되는 모든 폐기물(이산화탄소, 플라스틱 등등) 역시 이런 처리량 한계에 따라야 한다. 이는 현재 지구의 온도 상승을 1.5°C 이하로 억제하기 위해 매년 탄소 배출을 7퍼센트씩 줄여 모든 처리량을 배출량 한계선에 우선 맞춰야 한다는 것을 뜻한다.

생태경제학이라는 새로운 관점은 이렇게 생겨났다. 환경오염

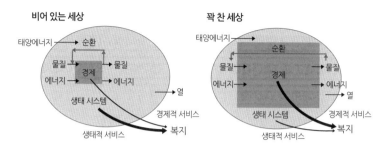

[그림 4] 비어 있는 세상의 복지와 꽉 찬 세상의 복지 비교(데일리 2016)

을 경제의 '외부'에서 발생하는 부정적 효과로 간주하고 이 비용을 시장가격에 반영하면 문제가 해결될 것이라는 기존 환경경제학 관점과는 매우 다르다는 것을 확인할 수 있다. 인간의 경제 규모에 비해 상대적으로 작아진 지구의 생태적 복원능력 한계를 감안하면, 앞으로 우리가 처리량을 무한정 늘려가며 경제활동을 하기는 어렵다. 물론 놀라운 기술 혁신으로 처리량을 늘리지 않고 어느 정도까지 경제성장을 할 수도 있겠지만, 여기에는 엔트로피 법칙이라는 절대적 한계가 있다.

앞으로 진보는 기후위기에 대처하기 위해 생태경제학을 진보의 유력한 관점으로 수용하고 활용해야 한다. 이는 단지 경제정책을 고려할 때만이 아니라 복지 영역에까지 확장할 수 있다. 허먼 데일리(Herman Daly) 같은 경제학자는 과거와 달리 인간의 경제활동 규모가 거대해진 세상에서는, 경제활동의 결과 산출되는 물질적 복지만을 단순하게 늘리려고 할 경우 자연이 제공하는 생태복지(맑은 공기와 물, 토양 등)가 줄어들 수 있다고 경고한다. 앞으로는 경제적(물질적) 서비스와 생태적 서비스를 함께 고려한 복지정책을 세워야 한다는 것이다([그림 4] 참조).

더 나아가 데일리는 무한한 경제성장이 앞으로 계속될 것이라는 전망을 거부하고 지구가 감당 가능한 범위 안에서의 '최적 규모'에서 경제성장이 멈추고 경제 규모가 일정한 상태를 유지하는 '정상 상태'(steady state)의 경제를 전망한다.[68]

경제가 앞으로도 더 성장할 수 있을지, 일정한 상태를 유지해야 할지, 아니면 탄소 배출을 획기적으로 감축하기 위해 오히려 경제 규모를 줄여야 할지에 대해서는 뒤에서 좀 더 얘기해보겠다. 어쨌든 진보는 지구와 사회, 경제를 통합하는 관점으로 전환해야 한다. 물론 앞으로도 기존 경제학자들과 경제정책가들은 여전히 이를 외면할 테지만.

3 탈탄소경제는
여전히 자본주의일까?

진보가 새롭게 제시할 혁신적 경제 비전, 경제 대안은 어떤 것이어야 할까? 이전까지는 주로 생산수단 소유를 기준으로 국유화나 사회화된 경제를 이야기하거나 다소 추상적 개념으로 경제민주화 방안을 내놓기도 했다. 또는 협동조합이나 사회적 기업 등으로 구성된 사회적 경제 대안이 함께 얘기되기도 한다. 그러나 이제 기후위기를 고려하면 접근법이 달라질 수밖에 없다. 진보의 경제 대안은 반드시 기후위기를 극복하는 과정에서 형성되어야 하기 때문이다. 만약 기후위기를 해결하지 못하면 자본주의 경제든 사회주의 경제든 지구상에 존재할 수 없을 것이 아닌가? 이 문제에 접근하기 위해 이제는 소유 구조에 앞서 20세기 경제활동을 가능하게 한 근본 존립 조건인 화석에너지에 대해 먼저 확인해야 하지 않을까?

탈탄소 미래 경제

앞으로 10년, 조금 길게 봐도 30년 안에 거대한 가속에 브레이크를 걸고 급격하게 탄소 배출을 줄이며 사회와 경제를 전환하는 길은 어떠해야 할까? 산업 생산과 도시 운영, 시민 삶에서 화석연료를 완전히 제거하고도 시민들의 복지를 위해 잘 작동하는 경제를 제시해야 한다. 특히 미래 세대에게 기대와 열망을 줄 수 있어야 한다. 그렇게 볼 때 어쩌면 단순한 귀결이면서도 가장 도전적인 진보의 경제 비전은 '탈탄소경제'일 것이다. 중요한 것은 진보가 제시하는 탈탄소경제 비전이 어떤 모습이냐다. 현대 경제에서 화석연료(탄소)를 제거하는 것은 그야말로 모든 것을 바꾸는 것과 같은 의미를 지니기 때문이다.

일단 그동안 숱하게 미래 공상 영화에서 나온 것처럼, 어마어마한 기계들과 빽빽한 철골 건물, 지상을 넘어 하늘까지 뒤덮은 자동차와 비행기의 모습은 상상하지 않는 것이 좋겠다. 이런 미래는 지금보다 수십 배의 무진장한 에너지와 자원이 없으면 구축이 불가능하고, 그런 식으로 가다간 기후위기로 인해 지구에서 인간 문명은 이미 사라졌을 것이기 때문이다. 기후위기 전문가 크리스티아나 피게레스의 상상력에 따르면, '탈탄소 미래 경제'에서는 우선 모든 에너지가 태양과 바람에서 얻어진다. "주택과 건물마다 전기를 자체 생산한다. 벽면마다 무수한 나노입자를 함유한 태양광 페인트를 칠해 햇빛을" 모은다. [69]

"휘발유 차와 경유 차 제조는 2030년에 이미 대부분의 나라에서는 금지"되고, 지구를 뒤덮었던 10억 대가량의 자동차 대신 절반 정도 수의 전기차가 운행되고도 대중교통이나 자전거로 충분히 이동이 가능한 생활을 한다. '마이카 문화'는 더 이상 중산층 문화가 아니며, 장거리 출퇴근 문화도 많이 사라진다. 지금까지 여기에 가장 근접한 파리의 '15분 도시'[대부분의 일상을 집에서 걸어서 15분 반경 안에서 해결하도록 하겠다는 프랑스 파리 안 이달고(Anne Hidalgo) 시장의 정책] 개념은 세계적으로 일반적인 형태가 될 것이다. 그 결과 "인류는 전반적으로 삶의 재생, 재조직, 재구조화를 통해 생활방식을 더 지역적인 형태로 바꾸는 데 성공했다. 에너지 단가는 크게 떨어졌지만, 장거리 통근 대신 지역 생활을 택하는 경향이 우세하다. 통신 연결성이 개선되어 집에서 일하는 사람이 많아지면서 생활이 유연해지고 여가 시간이 늘어났다."[70] 그 결과 지난 반세기의 '폭발적 가속'의 시기는 농경시대 이후 1만 년 인류 역사에서 딱 한 번 찰나의 지나간 순간으로 기억될 것이다.

탈탄소경제로 가는 길

다소 목가적으로 묘사되었지만 여기서 특별히 강조해야 할 것은 이런 것이다. 태양과 풍력 에너지는 화석연료보다 에너지수지비율(EROEI, Energy Return on Energy Invested)이나 에너지 밀도가 훨씬 낮을 것이므로, 실시간으로 자연에서 오는 태양과 풍력 에너지에만 의존하는 미래 사회에서는 과거처럼 단시간에 에너지와 자원을 무한정 소비하기는 어렵다. 또한 모든 경제활동을 통해 자연으로부터 얻는 원료량과 자연으로 버리는 배출량, 즉 '처리량'을 지구가 감당할 수 있는 수준에서 일정하게 지속적으로 통제해야 한다. 물질생활과 경제 규모의 확대는 오직 이 범위 안에서만 가능하다. 물론 똑같은 처리량으로도 더 질 좋고 나은 산출을 내는 '기술 혁신'은 계속 이뤄질 것이다. 기술 혁신은 앞으로 노동 절감이 아니라 에너지 효율화와 자원 절약에 집중될 것이다. 하지만 탈탄소경제로 가는 길은 기술 혁신만으로 가능하지 않다. 탄소세를 부과해 시장가격 기제가 탄소 배출을 억제하는 방향으로 작동되도록 해야 한다. 그리고 이를 뛰어넘어 국가가 공공 투자를 통해 재생에너지 투자 등을 적극적으로 해야 한다. 이른바 그린뉴딜정책의 추진이다([그림 5] 참조).

여기가 끝이 아니다. 이 대목에서 경제인류학자 제이슨 히켈(Jason Hickel)은 다른 이야기를 덧붙인다. 일정한 처리량 한도 내에서 시민들 모두의 삶을 풍요롭게 하기 위해서는, 현재 자본주의 사회의 과도한 소비주의 경향을 제거해야 한다는 것이다. 예를 들어, 상품 수명을 일부러 줄여서 판매를 촉진시키는 모든 시도는 금지된

[그림 5] 화석연료 의존형 경제에서 탈탄소경제로 가는 다양한 전망

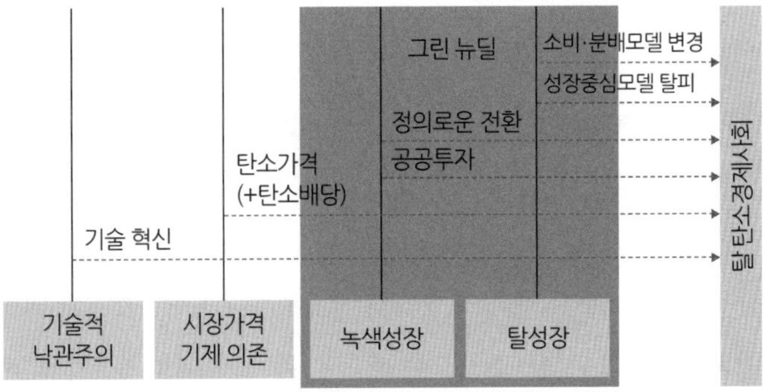

다. 불필요한 소비를 부추기는 과도한 광고도 법적으로 제한된다. 내구재는 대체로 배타적 소유보다 공유 또는 용이한 접근을 유도한다. 이를 위해 더 많은 공공재와 공유 자원을 확보한다.[71]

더욱 결정적인 것은, 지금의 불평등이 매우 낭비적인 사회를 전제하고 있으므로 자원을 꼭 필요한 곳으로 완전히 재분배하여 자원 낭비와 불평등을 동시에 줄여야 한다는 것이다. 논란이 있을 수 있지만 처리량을 지구의 한계 범위로 통제하려면, 자원이 심하게 낭비되는 불평등한 사회는 탈탄소사회와 병존할 수 없다. 더 나아가 끝없이 팽창하는 생산활동을 절제해야 한다면 노동시간도 대폭 단축해 모두가 조금씩 일해야 한다. 그런 점에서 주 15시간 노동제는 진보의 가장 선명한 비전이 되어야 한다고 히켈은 주장한다.

이 대목에서 한 가지 궁금한 것이 있다. 기후위기를 이겨내고 건설해야 할 '탈탄소경제'는 자본주의일까, 아닐까? 정말 "자본주의가 망하는 것을 기대하느니, 지구의 종말을 보는 것이 빠를 것"이라는 탄식처럼, 자본주의는 탈탄소경제까지 소화해낼 불멸의 역량을 가졌을까? 예단하고 싶지는 않다. 과연 자본주의 기업들의 무한 수익 추구 경쟁 속에서도 처리량 통제가 가능하고, 과소비 통제가 가능하며, 최소 수혜자들에게도 기본 생활이 가능한 재분배를 해줄 수 있고, 주 15시간 노동을 수용할 수 있을까? 기업들이 단기수익이나 주주 가치보다 사회적 가치, 공공 가치, 환경적 가치를 우위에 두는 그런 자본주의가 가능할까? 히켈의 경우, 자본주의의 수익추구 본능과 탈탄소경제가 함께하기는 어렵다고 결론짓는다.

경제성장이 먼저냐, 탄소 배출 감소가 먼저냐

그러면 10년 안에 탄소 배출 절반 감축을 실현해 탈탄소사회로 가는 5부 능선을 넘고, 30년 안에 인류가 완전히 화석연료로부터 해방되는 경로를 어떻게 밟을 수 있을까? 진정한 어려움은 이 대목에 있다. 지구온난화가 더 빨리 진행될지, 아니면 탄소 배출을 더 빨리 줄여야 할지를 두고 앞으로 엄청난 경주를 해야 한다. 그 경주는 아마도 10년 안에 일찌감치 승자와 패자가 결정 날 수 있다. 어쩌면 신속한 재생에너지로의 전환이나 에너지 효율화 기술이 꽤 안정적으로 확보되기 전에, 그보다 빨리 탄소 배출을 대폭 줄여야 하는 고통을 감내해야 할 수도 있다.

구체적으로 보면 당장 지금부터 매년 이산화탄소 배출을 세계적으로는 7퍼센트씩 줄여나가야 하며, 한국을 포함한 선진국들은 그 이상 줄여나가야 한다. 탄소 배출 감소라는 슬로프가 이제 완만한 초보자용 슬로프가 아니라 최상급의 가파른 곡선이 되었기 때문이다. 이런 상황에서 재생에너지와 에너지 효율화 기술을 총 동원해 탄소 배출을 매년 급격히 줄여가면서 동시에 경제를 성장시키기는 어려운 국면이 올 수 있다. 아직까지 상당한 경제성장과 급격한 탄소 배출 감소를 동시에 이룰 수 있는 '탈동조화'가 제대로 현실화된 적은 없다고 평가되기 때문이다.[72]

그때에는 경제성장 목표와 탄소 배출 감축 목표 중 어떤 정책을 우위에 둘 것인지 선택해야 할지도 모른다. 물론 우리는 기후위기를 막기 위한 탄소 배출 감축 목표를 우위에 두면서 경제적으로도 적응할 만한 해법을 찾아야 한다. '경제성장 먼저'가 아니라 '탄소 배출 감축이 먼저'인 것이다. 예를 들어, 특정 시점에서 경제성장률 3 퍼센트 목표와 탄소 배출 -7퍼센트 목표를 동시에 달성하는 것이 불가능하다는 판단이 서면, 탄소 배출 감축 목표를 우위에 두고 가능한 수준의 성장을 하는 방식이어야 한다는 것이다. 탄소 배출 먼저냐 경제성장 먼저냐, 아니면 둘 다 가능하냐 하는 논쟁이 생각보다 한가로운 이론 논쟁이 아닐 수 있다는 말이다. 이처럼 탈탄소경제 사회로 가는 길에는 대단히 도전적인 난제들이 놓여 있다.

4 불평등과 기후위기,
두 마리 토끼 잡기

향후 진보의 가장 중요한 전략과제 두 가지를 꼽으라면 단연 '기후위기와 불평등' 대처라고 생각한다. 디지털 기술 변화도 미래의 중요한 변수지만, 디지털 기술 자체보다는 그것이 기후위기 해결을 위한 에너지 전환이나 효율화를 얼마나 기술적으로 뒷받침해줄 수 있는지에 대해 주목해야 한다. 또한 불평등을 악화시키는 기술 변화는 더 이상 환영받기 어려울 것이다.

물론 진보의 전통적 의제인 평화도 여전히 중요하다. 그런데 앞으로 평화를 위협하는 가장 큰 요인은 기후위기와 불평등이 될 것이다. 기후위기는 난민 문제 등을 유발해 앞으로 국제 분쟁의 가장 큰 기저 요인이 될 것이다. 이미 미국은 2015년부터 기후위기를 '국가안보' 문제로 격상시켜 대처하고 있다. 불평등으로 인한 사회갈등 역시 정치적 포퓰리즘을 자극해 국내 분쟁은 물론 국가 간 분쟁의 큰 불씨가 되고 있지 않은가.

인구 감소도 특히 우리에게는 중요하다. 그러나 이 문제는 기후위기와 불평등 문제가 근원적으로 청년들의 삶의 전망을 어둡게 하는 한 풀리지 않을 것이다. 이 외에도 진보가 당면한 중요한 이슈들을 끝없이 열거할 수 있지만, 대체로 기후위기와 불평등의 제약 아래에 놓여 있을 것이라고 생각한다. 그런데 이 대목에서 근본적인 질문을 던져볼 수 있다. 기후위기나 불평등을 하나씩 해결하기도 어려운데 어떻게 둘 다 해결하겠다고 씨름할 수 있을까? 역설적이지만 두 가지 문제를 한꺼번에 해결하는 편이 각각 해결하는 것보다 쉬울 수 있다.

기후위기는 누구의 책임인가

먼저 '공정성'이라는 관점에서 기후위기와 불평등 문제에 접근해보자. 이것은 '기후위기가 누구의 책임인가'라는 질문과 관계가 있다. 첫째, 기후위기는 인간의 탓인가, 아니면 지구의 자연순환의 일부인가? 미국 등 일부 나라 일부 집단들에서는 아직도 기후위기를 초래한 지구온난화가, 인간이 과도하게 화석연료를 태워 대기중으로 엄청난 이산화탄소를 방출해 지구의 탄소순환을 망가뜨렸기 때문이라는 과학적 사실을 믿지 않는 것 같다. 하지만 이제 많은 사람들이 기후위기가 인간의 활동 탓이라고 인정한다. 사실 앞으로는 대부분의 자연재해도 기후위기와 직·간접적으로 연계되어 있을 개연성이 높아서 '인간이 유발한 재난'이라고 봐야 할 정도다. 그런데 여기에서 다음의 질문을 던져볼 수 있다.

둘째, 기후위기는 어떤 세대의 책임인가? 그냥 인간의 탓이라고 하면 안 되고 어느 시대를 살았던 어느 세대의 책임이 가장 막중한 지 따져보자는 것이다. 조사에 따르면, 대략 1950년대부터 '거대한 가속'이 시작되었고, 그때부터 지금까지 3세대에 걸쳐 산업혁명 이후의 전체 탄소 배출의 3/4을 발생시켰다고 한다. 따라서 길게 보면 18세기 말 산업혁명 이후 태어난 모든 세대가 책임을 져야 하지만, 구체적으로는 현재 생존해 있는 세대들이 가장 무거운 책임을 져야 한다. 조상 탓할 수가 없다는 뜻이다.

또한 지역마다 그 양태가 조금씩 다르다. 유럽에서는 전후 세대 가 가장 많은 탄소를 배출했고 최근 세대는 1인당 탄소 배출을 줄이는 중이다. 반면 한국 등 후발 산업 국가들의 경우 현재 50대 전후 세대가 가장 책임이 클 것이다. 중국에서는 지난 20년 전부터 앞으로 10년 동안의 경제활동 주력 인구의 책임이 가장 클 것이다.

셋째, 현세대의 책임이라면, 국가별로는 어느 국가의 책임이 더 클까? 물론 탄소를 많이 배출한 국가의 책임이 가장 클 것이다. 그 런데 상황이 단순하지 않다. 지금 현재 탄소를 가장 많이 배출하는 국가의 책임이 클까, 아니면 역사적으로 가장 많이 배출한 국가의 책임이 클까? 예를 들어, 유럽은 현재 11퍼센트의 탄소를 배출하고 있지만 역사적으로는 20퍼센트의 배출 책임이 있고, 비용지불능력 (GDP)은 16퍼센트다. 북미는 현재 16퍼센트 책임, 역사적으로는 27퍼센트 책임, 비용지불능력은 17퍼센트다. 반면 중국은 현재 배출 량으로는 25퍼센트의 책임이 있지만 역사적으로는 13퍼센트에 불과하고, 비용지불능력은 20퍼센트 정도다.[73] 그러면 이를 어떻게 조정할 것인가? 현재는 도쿄협약 이래 '공통적이면서도 차별적 책임' 원칙 아래 세 가지를 혼합한 모델을 유지하고 있는데, 앞으로 더 업

[그림 6] 주요 국가의 탄소배출 책임 평가(샹셀 2020)

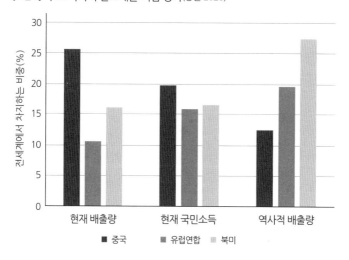

그레이드해야 할 것이다([그림 6] 참조).

넷째, 중요한 질문이 하나 더 남았다. 각 나라의 국민들은 모두 동등한 책임을 져야 할까? 당연히 그렇지 않다. 각 국가 안에서도 사회계층에 따라 배출 책임이 다르다. 각 국가 안에서는 개인별 소득수준 격차가 탄소 배출의 격차를 만들어내는 가장 중요한 요인이다. 미국이나 프랑스 기준으로 상위 20퍼센트 부유층이 탄소 배출의 3/4의 책임이 있고, 하위 2/3 계층은 고작 20퍼센트밖에 책임이 없다. 불평등과 기후위기를 함께 연구한 뤼카 샹셀(Lucas Chancel)은 이렇게 요약한다. "경제적 불평등이 환경적 불평등을 상당 정도 결정한다"**74** 특히 기업들이 이윤 추구를 위해 화석연료 사용을 중지하지 않는다면(부유층의 고소득과 부는 주로 기업의 배당이나 주식 가치에서 나온다), 단순한 개인적 실천으로 탄소 배출을 줄이기는 어렵다. 이런 차원에서 보면 탄소 배출 책임은 주로 화석연료에 의존하는 거대 기업에게 돌아간다.

이렇게 탄소 배출 책임은 세대별로, 나라별로, 나라 안의 계층별로 뚜렷한 차이가 난다. 따라서 그냥 '인류의 책임'이라고 해버리면 매우 공정하지 못한 책임 할당이 될 것이다. 이는 또한 기후위기 해결 과정에서도 불공정하게 부담이 할당되는 양태로 이어질 것이다. 바로 이 대목에서 세대별, 국가별, 국내 소득계층별로 불평등과 기후위기 책임을 공정하게 연결시키는 것이 매우 중요해진다.

탈탄소 전환 과정의 역설

이제 시민들을 기후위기 대처에 참여하도록 유도하는 관점에서 살펴보자. 가장 시급한 것은 화석연료에서 벗어나는 것이다. 산업, 도시, 일상의 모든 방면에서 화석연료 의존을 탈피해야 한다. 그것도 매우 빠른 시간 안에. 그런데 이 과정은 엄청난 비용과 충격을 동반한다. 문제는 기후위기에 책임이 많은 고소득 국가와 고소득층은 충격을 감당할 자원을 보유한 반면 기후위기 책임이 적은 저소득 국가와 저소득층은 충격에 그대로 노출될 것이라는 점이다.

기존 화석연료 기반 산업에서 일하던 노동자들의 경우, 만약 탈탄소화 과정에서 일하던 기업이 퇴출되면 일자리를 잃게 되고 결국 그들은 생활을 이어가기 어렵게 될 수 있다. 그러면 당장 먹고살 길이 막막한 해당 노동자들은 탈탄소 전환에 반대할 것이다. 또는 화석연료 사용을 억제하기 위해 탄소세를 매겨서 관련 상품과 서비스 가격이 올라가도 고소득층은 추가 비용을 감당할 수 있지만 저소득층은 전기세나 다른 제품 가격의 인상 폭을 감당하기 어려울 수 있다. 그러면 저소득층은 탄소세를 매기는 정책에 반대할지 모른다.

저소득층이 보유한 전자제품은 대체로 에너지 효율이 낮을 수 있고, 거주하는 주택도 단열 수준이 낮을 수 있다. 그런데 그들은 가전제품이나 주택에너지 효율화 비용을 자력으로 감당하기 어렵다. 그러면 저소득층은 주택의 '그린 리모델링'에 소극적일 것이다. 사실 전력 산업-교통 체계-주택 리모델링 등 화석연료 의존에서 재생에너지 중심으로 전환하는 분야는 모두 사회적 인프라 성격을 갖거나 시민들의 필수재 성격을 갖는다. 그런데 이 전환비용을 각자 부담하라고 요구하면 저소득층은 감당하기가 어렵다. 이런 상황은 제쳐두고 기후위기의 심각성을 '교육'해서 저소득층을 설득하려 한다면 그것은 완전히 난센스다.

따라서 기후위기에 대처하기 위해 저소득층이나 중산층에게도 고소득층과 똑같이 전환비용을 부담하라고 요구한다면 대다수 국민이 기후위기 대처에 오히려 반대하고 나설지 모른다. 그리고 국민적 동의를 얻지 못한 기후위기 대처는 좌초될 위험에 놓일 것이다.

다시 말하지만, 기후위기를 일으킨 것이 인간인 것은 맞지만 모든 인간에게 고르게 책임이 있는 것은 아니다. 한 나라 안에서 볼 때, 대체로 탄소 배출을 많이 하는 사람은 환경의식이 부재한 사람도 아니고 사는 지역이나 개인 선호도에 의한 것도 아니다. 상당 부분 '소득 차이가 탄소 배출 차이'를 만든다. 한국도 마찬가지일 것이다. 그런데 부자들과 대기업은 더 많은 자연 자원을 사용하고 더 많은 탄소를 배출하면서도 공기청정기나 고급 냉난방 장치 등을 통해 기후위기를 피할 수단도 많이 소유하고 있다.

그러나 하위 80퍼센트의 사람들은 탄소 배출을 가장 적게 했음에도 불구하고 기후위기로 인한 피해는 가장 많이 입고 있으며 그 피해에 대처할 능력도 가장 떨어진다. 탈탄소 전환 과정에서도 가장 피해를 많이 볼 가능성이 있고, 전환 과정에 대처할 자원과 역량도 가장 부족하다. 따라서 더 많이 배출한 사람이 더 많이 책임져야 정의로우며, 탈탄소 전환 과정이 역으로 불평등을 줄이는 계기가 되도록 해야 다수 시민이 참여하는 전환이 가능하다. 한마디로 탈탄소사회로의 전환과 사회적 전환(불평등 해소)은 함께 가야만 둘 다 성공할 수 있다.

정의로운 전환이 필수인 이유

이 과정에서 국가와 공공 정책의 역할은 결정적으로 중요하다. 앞서 확인한 것처럼, 에너지·교통·주거 등은 기본적으로 사회 인프라 성격, 필수재 성격을 갖기 때문에 전환 과정에서 형평성을 고려할 수 있는 공공 이니셔티브가 지켜져야 저소득층이나 사회적 약자가 충격을 덜 받는다. 아울러 전환 과정에서 사회복지 안전망이 흔들리지 않도록 보장해야 한다.

흔히 말하는 '정의로운 전환'(Just Transition)은 단지 전환 과정에서 저소득층의 부담을 덜어주고 피해를 지원하고 마는 차원의 문제는 아니다. 불평등과 기후위기 사이의 뗄 수 없는 관계로부터 '정의로운 전환'의 의미를 파악해야 한다. 불평등의 주된 책임자들에게 탈탄소 전환 과정의 많은 책임을 분담시키고 불평등의 주된 피해자들이 기꺼이 탈탄소 전환 과정에 동참할 수 있도록 유도하는 공공정책을 수립하는 것이 '정의로운 전환'이 진짜 의미하는 내용이 아닐까? 1998년 캐나다 노동조합 활동가 브라이언 콜러(Brian Kohler)가 노동조합 입장에서 "환경이냐 일자리냐는 선택의 문제가 아니라 둘 다인가 아닌가의 문제"(The real choice is not jobs or environment. It is both or neither), 즉 환경정의와 노동정의를 동시에 실현해야 한다고 주장한 이유이기도 할 것이다.

내용과 맥락은 다를 수 있지만 구도의 측면에서 보면 현재의 기후위기-불평등 위기라는 두 과제가 얽혀 있는 모습은 한 세기 전 제3세계에서 '외세의 침략 위기-봉건제 위기'가 얽힌 구도와 많이 닮았다. 불평등 연구 권위자 브랑코 밀라노비치(Branko Milanovic)는 최근 저서 《홀로 선 자본주의》(Capitalism, Alone, 세종서적)에서, 지난 세기에 자본주의자들이 아니라 공산주의자들이 특히 제3세계에서 외세에 대항하며 동시에 반봉건 과제를 잘 수행했다고 새삼 확인해준다. 봉건제에서 고통받는 농민 등 대중을 동원해 외세에 대항하는 데 공산주의가 더 탁월했기 때문이라는 것이다. 외세에 대항하는 문제나 기후위기에 대처하는 문제나 모두 시민들의 동의와 참여 없이는 불가능할지 모른다.

탈탄소사회로 전환하는 문제도 결국은 얼마나 많은 시민이 적극적으로 동의하고 참여할지에 달렸다. RE100(기업이 사용하는 전력 100퍼센트를 재생에너지로 충당하겠다는 캠페인)을 내걸고 일부 기업들이 화려하게 참여하는 것도 좋다. 지속가능투자[ESG, 환경보호(Environment), 사회공헌(Social), 윤리경영(Governance)의 줄임말로, 기업이 환경 보호에 앞장서고 사회적 약자에 대한 지원 및 사회공헌 활동을 활발히

하며 법과 윤리를 철저히 준수하는 윤리경영을 실천하는 것을 말한다]를 주창하면서 금융이 이 대열에 합류하는 것도 좋다. 그러나 이들의 기본 목적은 '수익'이지 기후위기 대처가 아니다. 자신의 생존과 미래의 전망이 모두 기후위기 대처에 걸려 있는 다수 시민의 참여가 있어야 공공도 움직이고, 공공이 움직여야 기업들도 마지못해 움직일 것이다(물론 기업은 글로벌 탈탄소 경쟁 때문에 전환에 참여하기도 할 것이다). 그런데 압도적 다수 서민과 중산층이 당장 생존의 위협을 받지 않도록 하면서 기후위기에 대처하고 미래의 전망을 풀어내는 길은 불평등과 기후위기를 함께 푸는 길이 될 것이다.

탄소세와 탄소배당이 함께 가야 하는 이유, 태양광과 풍력을 지역 주민 공동체의 이익과 연결해 설치해야 하는 이유, 녹색 대중교통을 무료로 가야 하는 이유, 전환 과정의 부담을 기업과 고소득층이 주로 부담해야 하는 이유 등이 다 여기에 있다. 한 가지 덧붙이면, 기후위기를 해결하는 과정에서 사회구성원의 불평등한 현실을 고려해야 하는 것처럼 그 반대도 성립한다. 즉 우리 사회의 불평등 문제는 현재 기후위기와 같이 거대한 위협에 공동으로 대처하는 수준의 강력한 압력이 없으면 좀처럼 해결하기 쉽지 않을 것이다. 20세기 중반에 공산주의 위협이라는 분위기 아래 신생 자본주의 국가들이 과감히 토지개혁을 실행해 불평등을 줄이는 데 성공했던 것처럼, 21세기에는 기후위기에 대처하는 과정에서 불평등을 크게 줄일 방도를 찾아야 할 것이다.

5 기후위기와 불평등 앞에서
'기업'의 존재를 묻다

기후위기와 불평등을 해결하기 위해 진보가 집중적으로 다시 생각해봐야 할 대상이 있다. 바로 기업이다. 왜 그런가? 기후위기가 체계적으로 악화되는 공간도, 불평등이 구조적으로 재생산되는 공간도 사실 우리 시민들이 살고 있는 가정이나 이웃 공간이 아니라 바로 기업이기 때문이다. 철강과 화학, 시멘트 등 산업 생산에서 발생하는 탄소 배출이 세계적으로 약 31퍼센트다. 한국도 전체 배출량 가운데 2018년 기준 산업 에너지 사용이 약 25.6퍼센트(약 1.9억 톤), 그리고 산업 공정 과정이 약 7.8퍼센트(5700만 톤)를 차지한다.

불평등 역시 기업이 수익과 임금에 어떻게 접근하는가에 따라 결정된다. 그런데 많은 사람들이 놀라운 물질적 성장과 혁신의 주체로서만 기업을 생각한다. 물론 1950년대 이래 '거대한 가속'으로 세상의 선형적 변화를 기하급수적 변화로 바꾼 주요 플레이어는 기업이었다.

이 말은 동시에 기후위기와 불평등을 초래한 핵심 플레이어 역시 개인이나 가정, 동네 공동체가 아니라 기업임을 알려준다. 특히 거대한 가속으로 산업 생산과 탄소 배출이 폭발적으로 증가한 과정에서 1980년대를 기점으로 역사상 사회와 환경에 가장 무책임하고 오직 단기 수익에만 연연했던 '신자유주의' 조류가 기업들을 지배하면서 인류와 지구의 비극은 시작되었다. 청소년 기후운동가 그레타 툰베리는 2019년 세계경제포럼에 참여한 글로벌 기업가들에게 아주 분명한 어조로 이렇게 말했다.

어떤 사람들, 어떤 회사, 특히 어떤 의사결정자들은 그들이 상상할 수도 없는 돈을 계속 벌기 위해 어떤 귀중한 가치를 희생시켰는지 정확히 알고 있습니다. 나는 오늘 여기 계신 여러분들이 그 집단에 속해 있다고 생각합니다.

이런 역사적 맥락 아래 일부에서는 기업들의 전체 행동 방식의 변화에 주목하기보다 기업이나 자본의 세계를 그저 사회적 책임(CSR, Corporate Social Responsibility)을 다하는 선한 기업 또는 지속가능투자(ESG)에 관심을 기울이는 좋은 기업과 그렇지 않고 이윤만 추구하는 기업으로 구분하고 싶어한다. 아니면 재생에너지 100퍼센트로 운영하는 기업이나 자발적으로 이윤 공유를 하는 기업이 늘어나기를 기대한다. 그러나 '자발적 좋은 기업' 찾기로 기후위기와 불평등 문제가 정말 해결되리라 생각하는가? 또는 기업들끼리 '선한 기업 되기' 경쟁이라도 하기를 기대하는가? 당연히 그럴 수가 없다. 기업 세계를 지배하는 구조를 좀 더 들여다봐야 하는 이유다.

능력주의적 자본주의와 정치적 자본주의

뻔한 얘기지만 지금 우리가 살고 있는 세상 전체가 사기업이 중심이 된 자본주의라는 하나의 색으로 칠해져 있다. 경제학자 브랑코 밀라노비치는 《홀로 선 자본주의》에서, 세계는 지금 미국이 선도하는 자유주의적 능력주의적 자본주의(Liberal Meritocratic Capitalism)와 중국으로 대표되는 정치적 자본주의(Political Capitalism)로 나뉘었다고 정리했다. 여기서 주목할 논점은, 현대 미국 자본주의가 단기수익 추구에 집중하는 주주자본주의를 뛰어넘어 '능력주의적 자본주의'라는 새로운 모델로 변했다고 표현한 대목이다. 요즘의 자본주의 기업가들은 자본에만 의지하는 것이 아니라 최고 학력을 배경으로 한 엄청난 노동소득에도 동시에 의존하며 그것이 불평등을 더욱 키우고 있다는 것이다.

미국에서 유행하는 이 '새로운 자본가 집단'은 "더 좋은 교육을 받고 더 열심히 일하며, 노동소득 비율이 더 높고, 자신들끼리 결혼하는 경향이 있다. 또한 그들은 자녀 교육에 훨씬 더 많은 관심을 기울인다. 현대의 '새로운 자본가' 집단의 상류층은 자신들의 자산이 자녀에게로 확실히 이전되도록 하는 데 주된 관심을 둔다. 그런 자산에는 연줄과 더불어 돈으로 살 수 있는 최고의 교육 같은 다양한 무형의 이점도 포함된다."[75]

밀라노비치의 설명은 대니얼 마코비츠(Daniel Markovits)나 마이클 샌델(Michael Sandel)의 능력주의 특징을 미국식 주주자본주의와 접목시킨 것으로서 새로우면서도 적절한 논점이다. 문제는 미국식 능력주의적 자본주의가 불평등을 없애기는커녕 확실히 불평등 세습을 강화시켜주고 있다는 점이다. 능력주의적 자본주의 안에서 심지어 최고의 디지털 기술기업조차도 투자자들의 끊임없는 '성장' 요구에서 벗어나지 못하기 때문에 '노동'이나 '환경'을 고려할 여지는 적을 수밖에 없다. 예를 들어 2015년 거액의 투자를 받은 트위터는 상당한 수익을 냈음에도 불구하고, "성공적이지 못해서가 아니라 투자자들이 쏟아부은 그 많은 돈을 정당화할 만큼 충분히 성공적이지 못해서" CEO를 쫓아냈다. 이런 상황에서 기술 혁신 기업인 트위터가 '기후위기'와 같은 사회적 이슈를 고려하기는 쉽지 않을 것이다.

이런 기업 분위기에 대해 세계적 작가 더글라스 러쉬코프(Douglas Rushkoff)는 《구글버스에 돌을 던지다》(*Throwing Rocks at the Google Bus*, 사일런스북)에서 다음과 같이 표현했다. "주주들은 트위터가 사용자들의 트윗에서 돈을 벌 수 있는 더 좋은 방법을 찾아내라고 종용했다. 게시물에 광고를 주입하든지 그들의 데이터를 채굴하여 마케팅 정보수집 기관에 팔든지, 아니면 앱의 유틸리티나 커뮤니티의 통합성을 낮추어서라도 돈을 더 벌라고 압박했다."

이렇듯 현재 분위기의 미국식 자본주의 기업들이 기후위기나 불평등을 자발적으로 해결하기는 어려울 것 같다. 그렇다면 중국식 정치적 자본주의 또는 통칭 국가자본주의는 어떨까? 밀라노비치에 따르면 효율적 관료주의, 법치주의 부재, 국가의 자율성을 특징으로 하는 정치적 자본주의(또는 국가자본주의)에서는 기업들이 미국식 기업처럼 단기수익 추구에 전념하지는 않을 것으로 본다.

하지만 국가가 일정한 '성장' 능력을 보여야 국민에게 시스템에 대한 신뢰를 줄 수 있고, 그래야 국가자본주의가 지속 가능하다는 점에 문제가 있다. 국민에게 신뢰를 주는 방법이 적어도 지금까지는 '고성장'이라는 점에서 기후위기나 불평등 문제 해결이 여기에서도 역시 쉽지 않아 보인다는 것이다. 중국식 자본주의에서는 기후위기와 불평등 문제가 악화되더라도 성장을 우선할 개연성이 높기 때문이다.

그렇다면 도대체 미국식 자본주의와 중국식 자본주의로 뒤덮인 세상에 어떤 희망적 탈출구가 있을까? 밀라노비치가 생각한 미래 전망이나 대안 모델은 그의 엄청난 명성에도 불구하고 별로 공유할 만한 내용이 없다. 더 나은 대안을 말하는 다른 사람들을 살펴보자.

부활 조짐을 보이는 공동결정제도

불평등 문제와 기후위기를 감수하면서까지 지켜내야 할 어떤 소유권 체제도 있을 수 없다고 나는 생각한다. 이 대목에서 토마 피케티가 매우 강력한 대안을 가지고 나온다. 불평등 체제를 논의하며 그것을 기업의 소유권 체제와 연결하고 있기 때문이다. 한국의 진보에서도 어느새 소유권에 대한 도전은 오랫동안 외면해온 주제였고, 기껏해야 공기업에서 한 명 정도의 노동이사제도가 부분적으로 제안되거나 실행되는 수준이다.

피케티는 미국식 자본주의나 중국식 자본주의를 대체할 강력한 모델로서 기업에서의 권력분점=공동결정=공동관리 모델을 들고 나온다. 그는 1952년에 시작해 1976년에 기본법으로 정비된 독일식 공동결정제와 스웨덴-덴마크-노르웨이 등에서 제도화된 이사회 1/3 노동자 참여권리 등에 대해 매우 깊은 관심을 가지고 추적한다. 그는 "공동관리는 노동자와 자본 간의 힘의 균형을 제도화한 가장 정교하고 가장 지속 가능한 형태 중 하나로, 19세기 중반 이래 노동자들의 정치적 노조투쟁이 계속되는 가운데 매우 오랜 과정을 거쳐 20세기 중반부터 도입"된 중대한 성과물이라고 격찬한다.[76]

그런데 그렇게 좋은 제도가 왜 더 널리 퍼지지 못하고 딱 독일과 북유럽에 국한될 수밖에 없었는가? 피케티는 공동결정제도의 '느린' 확산을 인정하며 그 이유를 이렇게 정리한다. 첫째, 독일과 북유럽과 같이 노조와 사민주의 정당의 강력한 뒷받침이 없으면, 아무 지분도 갖지 않은 노동자들이 이사회 의결권 1/3 혹은 1/2을 확보하도록 하는 제도를 구축하는 것이 매우 어렵다. 둘째, 다른 나라들의 경우 기존의 노조나 사회주의 운동이 기업 안의 민주적 결정구조에는 무심한 채 지나치게 '국유화'에 집착했기 때문이다. 특히 영국과 프랑스가 그러한데, "영국 노동당이나 프랑스 사회당 모두가 오랫동안 대기업의 국가 소유와 국유화를 통해서만 힘의 균형을 깨뜨리고 자본주의를 극복할 수 있다고 생각해왔기 때문"이라는 것이다. 하지만 그는 "공동관리가 공적자금이 전혀 들지 않는 사회적 수단이며 불평등이 증대되고 재정적자가 악화되는" 지금 상황에서 사회적으로 다시 부상할 수 있다고 생각하는 것 같다. 특히 그는 2018년 이후 미국에서 엘리자베스 워런 상원의원을 비롯한 민주당 인사들이 공동결정제 관련 입법을 발의하는 분위기에 상당히 고무된 것 같다. "미국에서 민주당의 여러 상원의원이 2018년에 제출한 법안을 보면, 예컨대 미국 기업 이사회 내에 노동자 대표자들을 위한 30-40퍼센트 이사직을 의무적으로 두도록 하는 안을 담고 있다."[77]

피케티는 2020년대 시점에서 자신의 공동결정제 모델을 더욱 전진적으로 제안한다. 첫째 "영세 기업은 물론 모든 민간 기업 이사회 내에서 의결권 절반을 임금 노동자들이 갖는 공동관리"를 하자. 둘째 "임금 노동자들은 자사의 주식을 취득함으로써 절반 의결권에 더해서 다수파가 될 수도 있다." 그리고 셋째 "일정 규모 이상의 기업들에서는 10퍼센트를 초과하는 모든 자본 출자에 대해서는 의결권의 상한을 정할 수 있다."[78] 이 대목은 워런 의원의 '책임 있는 자본주의법'(Accountable Capitalism Act) 제안에도 있었던 것이다.

어떤가? 한국은 이제 겨우 '노동이사제' 정도가 얘기되는 수준이지만, 공동결정 기업 모델이 미래의 유력한 대안이 될 수 있을까?

새롭게 주목받는 이해관계자 자본주의

공동결정 기업 모델이 작동하는 자본주의를 통상 이해관계자 자본주의(Stakeholder Capitalism)라고 부른다. 그런데 최근 4차 산업혁명을 주장해 다시금 유명해진 클라우스 슈밥이 아예 《이해관계자 자본주의》(*Stakeholder Capitalism*, 2021)라는 책까지 써서 이해관계자 자본주의를 홍보하려고 작정한 것 같다. 그는 매우 명확하게 현재 인류와 기업이 직면한 공통의 문제가 '기후위기와 불평등'이라는 점을 인정한다. 그리고 여기에 대처하기 위해서는 자본주의가 문자 그대로 이해관계자 자본주의로 '리셋'되어야 한다고 주장한다.

슈밥의 주장에서 참신한 대목은 과거 독일식 이해관계자 모델을 지금 적용하기에는 상황이 달라졌다는 점을 아주 간명하게 설

[그림 7] 클라우스 슈밥의 이해관계자 자본주의 모델(슈밥 2021)

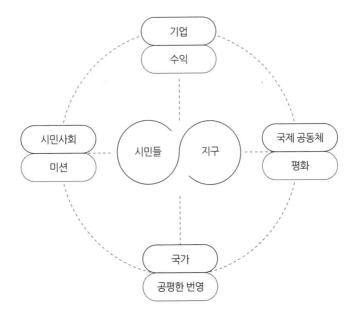

[그림 7] 클라우스 슈밥의 이해관계자 자본주의 모델(슈밥 2021)

명한 데 있다. 그는 기후위기로 인해 '지구'라는 이해관계자가 새롭게 등장했다고 단언한다. "지구는 세계경제 시스템 안의 중심 이해관계자다"(The planet, in other words, is the central stakeholder in the global economic system).[79] 지구 이외에 또 하나의 새로운 이해관계자로서 그는 글로벌 차원에서 시민(the people)을 지목한다. 이는 산업 생산에서 글로벌 체인화뿐만 아니라 글로벌 차원의 이민 이슈, 심지어 최근의 코로나19 팬데믹까지 감안할 때 글로벌 차원의 시민을 이해관계자에 넣어야 한다는 주장이다. 지구와 시민이라는 '자연적 이해관계자'(natural stakeholder)에 더해 전통적인 정부와 시민사회, 기업, 그리고 국제적 공동체들로 연결된 '21세기 이해관계자 자본주의'가 슈밥의 모델이다. 물론 이는 글로벌 차원뿐만 아니라 국가적·기업적 차원에도 적용되어야 한다는 것이 그의 생각이다.

더 나아가 이해관계자 자본주의 모델 안에서 움직이는 기업들은 '수익 추구라는 단일 목표'에서 벗어나야 하고, 국가도 'GDP 성장 단일 목표'에서 벗어나야 한다고 그는 주장한다. 기업은 다양한 이해관계자들을 고려함으로써 단기 수익이 아니라 장기 수익을 추구할 수 있으며, 국가도 GDP 성장에 집착하기보다 불평등과 기후위기에 대처하는 목표에 더 관심을 기울여야 한다는 것이다. 다만 슈밥의 문제의식 안에는 '소유 구조'의 제도적 전환이 명시적으로 설계되어 있지 않다. 그는 주로 경영자들의 결단을 기대하는 분위기인데, 세일즈포스의 전설적 경영자 마크 베니오프(Marc Benioff)를 모범 사례로 치켜세운다. 베니오프는 다음과 같은 이야기를 할 정도로 기업의 이해관계자에게 우호적이라고 알려졌다.

> 우리의 이해관계자 그룹은 우리가 비즈니스 맥락에서 직접적으로 상호작용하는 사람들의 범위를 훨씬 넘어섰다. 그들은 고객, 직원, 주주, 파트너는 당연하고, 우리의 친구와 이웃, 그리고 그들에게 이바지하는 지역사회와 지역 학교 시스템을 망라했다. 그리고 더 나아가 우리 모두가 살고 있는 지구를 포함했다.[80]

그러면 베니오프는 이해관계자 원칙을 자신의 기업 세일즈포스에 어떻게 구현했을까? 2018년 트럼프 대통령이 멕시코 국경에서 이민자의 아이들을 부모들과 떼어놓자 수많은 미국 시민이 분노했다. 그중에는 물론 세일즈포스 직원들도 포함되어 있었을 테고, 하필 세일즈포스가 미국 이민국에 소프트웨어를 팔았던 모양이다. 직원들은 베니오프에게 당장 계약을 철회라고 했지만 베니오프가 한 일은 기업 안에 '윤리 및 인도적 사용 부서'를 신설했을 뿐이었다. 물론 경영자 개인 베니오프는 훌륭할 수 있다. 하지만 이런 식의 조치로 기업이 기후위기나 불평등 해소를 위한 방향으로 '리셋'될 수 있을까? 매우 회의적이다.

21세기형 이해관계자 경제 모델

분명 지금 시점에서 클라우스 슈밥처럼 '이해관계자의 범위가 어디까지인가'에 대한 새롭고 참신한 문제의식을 갖는 것은 필요하다. 지구라는 새로운 이해관계자 고려, 개별 국가 차원과 글로벌 차원의 이해관계 얽힘, 과거와 달라진 이해관계자들 사이의 역학관계 등을 고려해 대안을 만들어야 한다. 하지만 이런 모델이 정착하려면 슈밥의 방식과 달리 피케티처럼 확실하게 제도로 정착시키고자 하는 지난한 싸움이 필요하다. 특히 소유권과 의사결정권에 대한 집요한 도전이 필요할 것이다. 이 대목에서 소유권 체제에 대한 도전이 과거처럼 불평등 해소뿐 아니라 기후위기 대처를 위해서도 매우 중요하다는 것이 나의 생각이다.

우선 기후위기 대처는 일차적으로 기존 화석연료 자원을 소유한 자들의 기득권 포기나 해체를 요구한다. 자본주의가 탄소 위에 세워진 것이 맞다면, 기존 경제력의 거의 모든 곳에 화석연료라는 토대가 작동하고 있다면, 그들의 재산 가운데 직·간접적으로 '좌초자산'(stranded assets)화 되는 영역이 얼핏 상상하는 것보다 훨씬 클 수 있다. 하지만 화석연료 기반 자산을 가진 자들이 능동적으로 대세에 추종해 또 다른 탈탄소경제의 자산 소유자로 변신하여 자산 형태만 바뀐 기득권으로 귀결될 수도 있다. 지금 기업들이 주도하는 에너지 전환이나 산업 전환에 박수 치며 격려하는 모양새가 충분히 그렇게 갈 수 있음을 보여준다. 특히 금융 분야가 그렇다고 본다.

둘째, 기후위기 대처를 위한 미래 경제는 토지를 포함한 자원 절약적 경제와 사회를 추구한다. 그렇다면 미래에는 대부분의 자연 자원에 대해 '배타적 사적 전유'를 포기하고 일종의 공유 자산화하는 과정이 수반되는 것이 맞지 않을까 생각한다. 자연 자원의 처리량을 줄이는 것은 시장의 가격 기제가 아니라 공유 자원의 관리원칙을 따라가는 것이 맞기 때문이다. 셋째, 사적 기업들의 무한 이윤추구 동기에 의해 촉발되는 과잉생산−과잉소비를 통제해야 한다. 그러자면 불가피하게 무한한 재산권 옹호는 상당히 제한되어야 한다. 굳이 탈성장을 추구하는 이들이 아니더라도, '수요 관리'를 하지 않은 채 기술적으로만 탄소 배출 문제를 푼다는 것은 납득하기 어렵기 때문이다.

결국 기후위기와 불평등에 대처하는 과정에서 능력주의적 자본주의 모델이든 국가자본주의 모델이든, 기존 경제 모델과 기업 모델이 아무 손상을 입지 않고 그대로 지속되길 기대하는 것은 이치에 맞지 않는다. 명확한 제도 개혁이 담보된 '21세기형 이해관계자 경제 모델'을 설계해보는 것이 어쩌면 가장 현실적인 답이 될 수 있을 것이다.

6 기후위기와 불평등 시대,
국가란 무엇인가

정부를 비판하는 것과 국가의 역할을 터부시하는 것은 완전히 다른 문제다. 그런데 한국처럼 오랫동안 독재정치를 겪은 나라들은 독재자가 국가권력을 이용해 경제를 왜곡한 경우가 많았던 탓인지 특히 진보 진영에서도 경제에서 국가의 역할을 비판적으로 생각하는 경향이 있다.

대표적으로 '관치경제'라는 표현이 그것이다. 그러다 보니 국가는 가급적 시장경제에 개입하지 말아야 한다는 쪽으로 대세가 기울어진다. 특히 1997년 외환위기 이후 신자유주의 논리가 빠르게 흘러들어오면서 시장에서 국가가 빠져야 한다는 요구를 넘어 제대로 된 시장 작동을 위해 마련된 규제들조차 '전봇대 뽑기'라는 비유를 들어 제거 대상이 되기도 했다. 이른바 '작은정부론'이다. 그러나 이제 진보는 과거의 그런 정부의 규모 논쟁에 집착하는 신자유주의 편견에서 벗어나 '국가의 경제적 역할'에 어떻게 접근할 것인지 그 기본 관점을 완전히 다시 정리할 필요가 있다. '관치경제'나 '작은 정부'의 함정에서 그만 빠져나와야 한다.

국가의 역할과 능력 되돌리기

돌이켜보면 1981년 미국 대통령에 취임한 로널드 레이건(Ronald Reagan)이 "현재 위기 국면에서 정부는 문제에 대한 해결책이 아니다. 정부가 문제다"(In this present crisis, government is not the solution to our problem, government is the problem)라고 꼬집었던 말이, 이후 국가를 골칫덩이로 여기는 오랜 주문으로 지금까지 살아 있다. 보수 경제정책가들은 이 논리에 입각해 복지 재정을 줄이자고 했고, 그 탓에 시민들이 직접 복지 비용을 감당하느라 소비 여력이 줄어들면 그 핑계를 대고 다시 세금을 줄이자고 했다. 이어서 조세 수입이 줄었으니 다시 정부 지출을 더 줄이자는 식이다. 그 사이 사기업들은 영리적 방식으로 사회복지 비즈니스에 진출해 시민들을 상대로 돈벌이에 나섰다. 이런 식의 재정 긴축 악순환을 보수 세력의 '국가 굶기기'(starving the beast) 프로젝트라고도 한다.

외주화와 민영화의 '자기충족적 예언' 논리도 재정 긴축 악순환 논리와 비슷하게 작동해왔다. 정부는 비효율적이고 사기업이 효율적이라는 보수의 공세에 따라 국가의 공공서비스를 사기업에게 넘기거나 외주화한다. 그러면 자연히 정부의 역량은 줄어들고 위험을 제대로 관리하지 못하게 된다. 정부는 다시 더 많은 것을 사기업에게 의존하고, 그럴수록 정부는 능력도 책임감도 없어져가는 식의 '자기충족적 예언'이 실현되었던 것이다.

그런데 정말 경제활동에서 국가의 역할은 긍정적인 부분보다 부정적인 부분이 더 클까? 관치경제는 그만두고라도 웬만하면 국가가 빠져주는 것이 경제에 도움이 되는 것일까? 그렇지 않다. 사실 이와 정반대로 국민 경제에서 국가가 절대적으로 중요한 존재라는 것을 지난 10여 년 동안 우리는 적어도 두 번 경험했다.

첫째로 2008년 글로벌 금융위기가 발생했을 때 그간 스스로 규율할 수 있다고 큰소리치던 은행들이 국가의 품으로 도와달라며 달려들자 국가는 민첩하게 재정과 중앙은행 통화정책을 동원해 경제가 1930년대식 대공황의 파국으로 가는 것을 막아냈다. 그 후에도 대침체가 이어지면서 좀처럼 경제가 회복되지 않자 중앙은행이 역사상 최저금리도 모자라 국채 매입을 통한 돈 풀기를 장기간 지속했다. 두 번째로 지난 2020년 3월 12일 세계보건기구가 글로벌 팬데믹을 선언하면서 거의 모든 나라의 경제가 동시에 추락하자 각국은 즉시 재정을 풀어 긴급소득 지원 등을 통해 경제 살리기에 나섰다. 심지어 '마스크 공적 통제' 등 주요 긴급 물품의 생산과 분배를 국가가 직접 제어하기도 했다. 병상과 의료시설도 국가가 조정했다. 국가가 기술 지원은 물론 자금까지 먼저 풀어서 백신을 선구매한 덕택에 백신 개발이 예상을 뛰어넘어 빨리 실용화되었다.

이처럼 시장은 기대한 것보다 경제나 사회 상황 변동에 대응해 자기조정능력을 보여주지 못했다. 특히나 심화되는 불평등이나 기후위기에 시장이 제대로 대처하리라는 기대는 현재로서는 전혀 할 수 없는 상황이다. 역으로 지금까지 불평등을 악화시켜온 것이 시장이다. 시장소득으로 계산한 지니계수가 세계의 거의 모든 나라에서 끊임없이 늘어나는 것을 보면 알 수 있다. 그나마 국가가 복지 지출을 보완해준 탓에 많은 나라에서 가처분소득으로 계산된 지니계수가 덜 늘어나거나 심지어 조금 줄어들기도 했다. 따라서 시장의 불평등 해결 능력은 현재로서는 없다고 볼 수 있다.

기후위기도 마찬가지다. 앞서 확인한 대로 시장의 주요 플레이어인 기업은 기후위기를 유발시킨 주체다. 일부가 RE100에 참여한다거나 화석연료 투자를 회피하는 등의 방법으로 기후위기 대처에 동참하는 모양새지만, 이런 식으로 긴급한 탄소 배출 감축 목표를 맞춘다는 것은 어림없는 일이다. 기후위기 대처를 위한 '그린 뉴딜'에서도 기업이 주요 플레이어가 될 수는 없다. 국가가 총대를 메야 한다. 기후위기 해결과 불평등을 줄이기 위한 획기적 조치를 취할 수 있는 유일한 주체로서 국가의 능력과 역할을 되돌려놓아야 한다. 특히 국가의 재정 역량과 혁신 역량에 대한 그동안의 재평가 노력들에 정당한 주의를 기울여야 한다.

실물 여력이 있으면 재정 여력도 있다

우선 국가의 재정 능력은 어디까지일까? 정부 관료들은 재원 확보를 전제하지 않는 지출을 엄격히 통제하자는 '페이고 원칙'(Pay As You Go)이나 일정 범위 내에서 적자를 제한해야 한다는 '재정 준칙'을 강조한다. 그리고 일정한 국가 부채비율(이를테면 60퍼센트 이내 준수)을 지켜야 한다고 주장한다. 다만 최근 경제성장률을 밑도는 초저금리 상황이 지속된다는 전제 아래, 공공 부채의 절대 규모가 늘어난다고 부채비율이 위험한 정도로 올라가지는 않을 것이라는 반론도 만만치 않다.

하지만 이런 차원을 넘어 국가의 재정 능력을 제대로 다시 평가하자는 현대통화이론(MMT)의 주장에도 진지한 관심을 보일 때가 되었다. 미국 진보 상원의원 버니 샌더스(Bernie Sanders)의 경제참모였던 스테파니 켈튼(Stephanie Kelton)이나 한국의 전용복 교수 같은 이들에 따르면, 기축통화국이 아니더라도 한국을 포함해 '통화주권'(monetary sovereignty)을 가진 나라들은, 가계나 기업 등 통화를 사용할 뿐인 경제 주체들과 달리 재정을 지출하는 데 있어 조세 등 수입에 의해 제약받지 않는다고 강조한다. 다시 말해 주권 통화를 발행할 능력을 가진 국가는 조세수입 규모에 따라 지출한계가 정해지는 것도 아니고, 적자나 채무가 늘어난다고 금방 위험에 처하는 것도 아니라는 말이다.

그러면 국가는 필요에 따라 돈을 마음대로 무한히 찍어낼 수 있다는 얘기인가? 당연히 국가도 재정을 지출할 때 엄연한 제약이 있다. 다만 그 제약은 재정건전성비율 같이 정부가 '스스로 부과한 제약'(self-imposed constrain)이 아니라 활용할 수 있는 실물자원(노동력, 원료, 기술, 지구 생태)의 제약이어야 한다. 예를 들어 만약 공공의료 확대를 더 이상 못한다면, 그것은 보건 인력이나 병상 등 당장의 물리적 한계 때문이지 건강보험 재정이 부족해서 못한다고 말해서는 안 된다는 것이다. 물론 국가가 실물자원의 한계를 넘어 재정을 운영하면 당연히 인플레이션이 초래될 것이다.[81]

그래서 현대통화이론 주창자들은 "실물적 여지가 있다면 재정적 공간(fiscal space)은 있다"고 말한다. 만약 지금 경제 상황에서 노동력이 남아돌거나 원료나 기계장치가 사용되지 못해 기업가동률이 매우 낮음에도 불구하고 단지 결제자금이 없어 고용도 하지 못하고 공장도 돌리지 못하면, 국가가 돈을 만들어주어 경제를 움직이게 해야 한다는 것이다. 특히 경기 상황이 안 좋아 노동시장에서 일자리를 구하지 못하는 시민이 있으면 정부가 최저선의 임금 기준으로 이들을 무조건 고용해주는 식의 프로그램을 제도화하는 '고용보장제'(job guarantee)가 현대통화이론의 자연스러운 정책 대안이 된다. 일자리는 지역 커뮤니티에서 필요로 하는 돌봄서비스나 그린 일자리 등이 사례가 될 수 있다. 고용보장제가 실시되면, 경기가 좋을 때는 민간 노동시장에서 노동력을 다 흡수해줄 테지만 경기가 나쁘면 실업자들이 정부에 일자리를 요구하고, 정부는 제한 없이 그 요구를 수용해주는 식으로 작동될 것이다. 이를 굳이 표현하면 '고용보장을 위한 자동안정화장치'라고 부를 수 있다.

스테파니 켈튼은 "국민 경제 운용의 진정한 한계는 사람(노동력)의 한계, 지구(생태)의 한계이지, 우리가 임의로 정해놓은 정부 재정 규모나 부채 기준이 한계는 아니"라고 결론 짓는다. 특히 그의 다음과 같은 문제 제기는 음미해볼 필요가 있다. "우리는 실제 사람의 능력이나 기술, 자연의 한계 등 실물의 제약보다는 '돈의 제약'에 갇혀서 더 나은 사회, 더 안전한 사회를 만드는 상상력을 좁은 울타리 속에 가두어둔 것이 아닐까?"[82]

국가는 혁신의 동반자

국가의 재정 능력과 함께 특히 국가의 혁신 능력도 재평가해야 한다. 왜냐하면 우리는 흔히 혁신이 '사기업'들의 고유한 특장점이고 국가는 '혁신의 방해자' 정도라고 치부해버리기 때문이다. 통상적인 경제학 교과서에도 국가는 비생산적인 소비자로만 규정되어 있어서, 국가의 생산적 역할이나 가치 창조자로서의 역할을 상상하기 어렵게 만들고 있다. 결국 국가는 기업의 혁신을 뒤에서 도와주고 규제나 풀어주는 소극적 존재로 생각을 좁히게 된다. 이에 대해 경제학자 마리아나 마추카토는 다음과 같이 상식을 뒤집는다.

> 정부 자체가 스스로를 기껏해야 촉진자로만 생각하는 경우가 너무 많다. 시장과 부를 함께 창출하는 공동 창조자가 아니라, 알아서 잘 돌아가는 시장 시스템을 옆에서 촉진하는 역할만 한다는 것이다. 아이러니하게도 이런 인식이 정부 비판자들이 이야기하는 바로 그 정부, 즉 무능한 정부를 만든다. …정부를 지출만 하는 주체가 아니라, 투자를 하고 그 투자의 수익 중 일부를 얻을 자격이 있는 적극적인 가치 창조자로 자리매김한다면, 정부에 대한 인식을, 그리고 정부의 행동을 바꾸게 될 것이다.[83]

마추카토는 국가 자체가 경제에서 단지 소비자일뿐 아니라 정책 방향 결정을 통해 미래의 산업 지형을 짜고, 초기의 인내자본(patient capital)적 공공투자와 장기적 관점의 연구개발을 수행하는 방식으로 리스크를 감수함으로써, 이후 민간 기업들이 진입할 환경을 만들어주는 '혁신국가'(entrepreneurial state)의 역할을 할 수 있다고 강조한다. 그는 특히 기후위기 대처를 위한 탈탄소경제로 전환하는 시점에서 혁신국가의 역할이 절대적으로 필요하다고 강조한

[표 2] 국가의 재정 역량과 혁신 역량에 대한 미신들

국가 재정 역량에 관한 미신(켈튼 2020)	국가 혁신 역량에 관한 미신(마추카토 2021)
정부 예산은 가정 살림처럼 수입에 맞게 짠다.	기업만이 가치를 창조하고 위험에 도전한다.
정부 적자는 과도한 지출의 증거다.	정부 목표는 시장실패 교정에 그쳐야 한다.
정부 적자는 다음 세대에게 피해를 준다.	정부도 기업처럼 경영할 필요가 있다.
정부가 빚을 내면 민간투자가 줄어든다.	공공서비스 외주화는 세금을 절약한다.
사회보장 확대는 재정위기를 초래한다.	정부는 '승자 가려내기'를 하면 안 된다.

다. 왜냐하면 경로의존성과 잠김효과(lock-in) 때문에 화석연료 기반의 기존 경제사회를 탈탄소경제사회 시스템으로 바꾸는 과정에서 엄청난 저항과 비용이 소모되는데, 이때 강력한 국가의 역할이 절실하기 때문이다.

특히 국가는 탈탄소 전환에 대한 확고한 의지와 전망을 보여주는 방향 제시자가 되어야 한다. 그래야 시민들은 물론 시장의 기업들도 탄소집약형 산업에 더는 집착하지 않고 방향을 바꿔야 살 수 있다는 믿음을 갖게 된다. "정책 입안자들은 시장의 예상을 이동시켜야 하며 시간이 지나도 일관된 정책을 통해서 투자자의 신뢰를 지속시켜야 한다."[84] 이것이 마추카토가 규정한 '혁신의 방향 제시자'로서의 국가의 역할이다. 또한 탈탄소 사회로 가기 위해 국가는 방

향 제시와 함께 '최초의 투자 의지처'(investor of first resort)가 되어야 한다. 즉 국가는 녹색 전환을 기술적으로 담보할 녹색기술 혁신과 녹색 인프라를 구축하는 데에 초기부터 중심 역할을 맡아야 한다는 것이다. 그래야 민간 기업들이 뒤따라 투자에 뛰어들 수 있다.

그것이 독일재건은행(Kfw)이 재생에너지 전환에서 했던 역할이고, 중국의 공공 은행이 했던 역할이다. 또 오바마(Barack Obama) 정부의 초기 그린뉴딜정책에서도, 비록 매우 부족하지만, 재정 710억 달러를 그린 투자로 돌리고 200억 달러를 녹색 부문 세금 인센티브로 준 결과, 고용도 늘리고 환경친화적 지속 가능 경제로의 전환을 얼마간 진전시킬 수 있었다.

이처럼 기후위기와 불평등 해소를 위해 국가의 '경제적 역할'은 특별히 더 중요하다. 국가의 재정 역량과 혁신 역량을 재평가하는 것이 필요한 이유다. 이를 이론적으로 뒷받침해주는 현대통화이론과 네오슘페터리언(Neo-Schumpeterian)의 혁신국가이론은 그래서 주목할 만한 가치가 있다. 기후위기와 불평등 문제를 국가가 주도적으로 해결하고 책임지려면, 국가의 능력을 정당하게 평가해야 하기 때문이다.

7 GDP를 국가 목표에서
내려놓자

국가가 재정은 물론 혁신 측면에서 통념보다 더 많은 역할, 더 긍정적인 역할을 할 수 있다고 얘기했다. 다음으로 무엇을 중심으로 국가의 경제정책을 설계하고 국민경제를 평가할지에 대해서도 따져봐야 하지 않을까? 여기에는 이미 따로 설명이 필요 없는 기준점인 국내총생산(GDP) 성장률이라는 것이 버티고 있다. 제2차 세계대전 이후 75년 동안 전 세계 공동 경제 목표로 공인된 GDP를 이제는 내려놓자는 이야기가 늘 논의되었지만, 현실에서는 아직까지 흐지부지 상태다. 심지어 2008년 글로벌 금융위기가 터졌을 때 프랑스 사르코지(Nicolas Sarkozy) 대통령의 요청으로 최고의 경제학자인 아마티야 센(Amartya Sen)과 조셉 스티글리츠가 GDP 대안을 연구하고 제안했지만, 그 이후로도 별로 달라진 것은 없다.

하지만 이번에는 다르지 않을까 기대한다. 코로나19 팬데믹 이후 세계 경제가 'K자 회복'이라는 양극화 경향을 뚜렷이 보이면서 평균적인 경제성장률이 다시 한번 무의미해졌기 때문이다. 자산시장이나 일군의 금융회사, 소수의 플랫폼 기업, 제약회사 들은 오히려 팬데믹 이전보다 성장세가 좋았던 반면 불안정 노동자나 자영업자들은 최악의 불황을 겪었다. 일부는 빠른 회복세를 보이지만, 나머지는 여전히 침체에서 벗어나지 못하는 'K자 회복'이다. 이런 상황에서 평균값에 대한 회의는 깊어진다. 더욱이 과거와 달리 앞으로 한국도 낮은 금리, 낮은 인플레이션, 계속 둔화되는 성장률이 이어질 것으로 전망된다. 그렇다면 과연 1퍼센트포인트 내외의 추가적 성장률 상승이나 하락이 국민 생활에 결정적인 영향을 끼칠지 의문이다.

이런 상황에서 아이슬란드와 뉴질랜드가 국가의 예산을 편성하면서 2018년부터 GDP 대신 복수의 목표를 기준으로 삼은 '웰빙예

[그림 8] 뉴질랜드 예산 수립에 사용되는 삶의 표준 프레임워크(슈밥 2020)

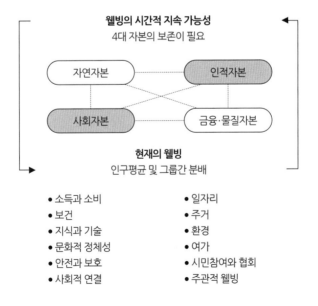

산제' 등 실제 사례가 생기고 있다는 점도 주목할 만하다. 특히 뉴질랜드의 저신다 아던(Jacinda Ardern) 총리는 웰빙의 '지속성'을 측정하는 네 가지 지표로서 자연자본-인적자본-사회자본-금융·물적자본을 제시했다. 그리고 '당면'한 웰빙 지표 열두 개를 제시하고 이를 예산 편성의 기준으로 잡았다. 클라우스 슈밥과 같은 비즈니스계의 여론도 점점 더 GDP 단일 목표제에 의구심을 갖는 목소리를 높이고 있다.[85]

GDP가 말해주지 않는 것들

무엇보다 GDP가 우리 시대의 가장 큰 난제인 기후위기와 불평등을 다루는 데 무력한 지표라는 것이 GDP의 운명을 가르는 데 가장 큰 영향을 줄 것 같다. 진보는 누구보다 앞서서 기후위기와 불평등을 해결하기 위한 더 나은 복수의 지표를 제안하고 정책화하는 데 힘을 기울여야 할 것이다.

잘 알려진 것처럼 GDP를 창안한 경제학자 사이먼 쿠츠네츠(Simon Kuznets) 자신은 GDP로부터는 국가 복지를 거의 유추해내기 힘들다고 밝혔다. GDP는 애초에 제2차 세계대전이라는 전쟁 국면에서 한 국가가 생산할 수 있는 능력을 보기 위한 것이었지, 평화 시기에 국민을 얼마나 행복하게 만들어줄지 알려주는 지표가 아니었기 때문이다. 민간 소비+민간 투자+정부 소비+순수출로 계산되는 GDP는 한 해 동안 국내 경제가 얼마나 소비했는지는 알려주지만 구성원의 '웰빙'에 대해 말해주는 것은 없다.

동시에 국내 경제가 얼마나 생산했는지는 알려주지만, 공해가 얼마나 발생했는지 지구 자원을 얼마나 사용했는지도 알려주지 않는다. 또한 GDP는 정부 소비와 민간 투자의 규모는 알려주지만, 구성원들의 삶의 질에 관한 이야기는 하지 않는다.[86]

결정적으로 GDP는 불평등에 대해 말해주는 것이 없다. 사실 예전에는 경제성장이 불평등에 대해 암시해주는 것이 있었다. '쿠츠네츠 불평등 곡선'이 그것이다. 쿠츠네츠가 1950년대에 분석한 데이터에 따르면, 경제 발전 초기에는 불평등이 악화되지만, 초기 경제성장의 대가로 악화된 불평등 문제는 이후 중진국을 넘어 경제 발전이 이뤄지면 해소되는 경향이 있다는 것이다.

개발도상국일 때에는 불평등이 심화되지만 경제성장을 더 이루어 선진국이 되면 불평등이 해소될 것이라는 논리다. 한국에서 흔히 듣는 선성장-후분배 주장의 배경이 되는 이야기다. 하지만 성장과 불평등에 관한 이 논리는 경제학자 토마 피케티와 최근의 불평등 연구자들에 의해 처참히 무너졌다. 1950년대까지의 서구 경제 자료를 보면 쿠츠네츠의 얘기가 맞지만, 1950년대부터 지금까지 데이터를 추가로 분석하면, 개발도상국만이 아니라 거의 모든 선진국에서 불평등이 다시 심화되었기 때문이다.

현재 소득 불평등과 자산 불평등, 사회경제적 이동성 등 모든 대목에서 불평등이 해소될 기미는 보이지 않는다. 일부에서 세계적 차원에서는 불평등이 줄어들고 있다고 강변하지만, 중국과 인도의 경제성장을 제외하면 세계적 범위에서도 불평등은 줄어들지 않았다. 결국 GDP 성장과 불평등 완화는 아무런 관계가 없다는 결론을 얻게 된다. 따라서 성장률 지표만 쳐다봐서는 불평등에 관한 어떤 해답도 얻을 수 없다.

기후위기에 대해서도 GDP 성장이 말해주는 것이 없기는 마찬가지다. 일부 사람들은 쿠츠네츠 불평등 곡선을 응용해 1970년대 이후 '쿠츠네츠 환경 곡선'이라는 것을 만들었다. 경제 발전 초기에는 고도성장을 위해 환경 악화를 감수하지만, 경제 발전이 일정 단계를 넘어가면 환경 개선을 기대할 수 있다는 것이다. 그러나 이 또한 아무 근거가 없음이 이후 밝혀졌다.

지금 현실을 보더라도 전 세계가 더 높은 성장을 추구하면서 기후위기라는 초유의 글로벌 위기를 맞게 되었지만, 앞으로 추가적인 성장 과정에서 기후위기가 해소될 것이라는 어떤 암시도 얻을 수 없다. 오히려 탈성장을 주장하는 일군의 사람들은 지금까지 경제정책의 목표를 GDP 성장률에만 두는 성장주의(growthism) 중독으로 인해 기후위기가 더 악화되었다고 주장하는 실정이다.[87]

새로운 복합목표제

한국도 선진국 대열에 진입함에 따라 이미 잠재성장률이 2퍼센트 수준으로 떨어진 상황에서 억지로 0.5-1퍼센트포인트 성장률 변동에 얽매일 필요가 점점 더 없어지고 있다. 아울러 21세기에 접어들면서 이미 '고용 없는 성장'이 지속되고 있는 만큼, 성장률 변동이 국민 체감이 큰 '고용'에 별로 영향을 주지 못하는 상황이 되었다는 점도 생각해야 한다. 슈밥의 경고대로 GDP가 정부의 성배가 아니라는 사실을 자각하고 GDP 단일목표제에서 벗어날 필요가 있다.

국가뿐 아니라 기업들도 단기수익 추구라는 단일 목표를 추구하지 말고 보다 전체적인 가치 창조를 측정하는 지표를 개발해야 한다.

어쩌면 국가가 GDP 단일목표제에서 벗어났을 때 경제적·환경적·사회적으로 동시에 더 나은 결과를 성취하는 정책적 선택을 할 수도 있다. 일부에서는 유엔의 지속가능목표(SDGs), OECD의 더 나은 삶의 지표(Better Life Index), 또는 세계경제포럼의 포용발전지표(Inclusive Development Index)를 대안으로 제안한다. 기후위기와 불평등 해결을 국가 목표의 최상위에 놓는다면, 위의 지표들도 적극적으로 고려할 수 있으며, 뉴질랜드와 같이 자연자본·인적자본·사회자본·물질자본(GDP)이라는 네 가지 차원의 복합 목표를 내걸고 국가의 발전과 국민의 복지를 추구할 수도 있을 것이다.

진보는 20세기 산업화의 유산인 'GDP 단일목표제를 대신할 새로운 복합목표제'를 선도적으로 제시함으로써 국민들에게 더 나은 미래를 열어주기 위해 노력해야 한다.

8 4차 산업혁명은
더 나은 미래로 인도할까?

디지털 기술과 인공지능이 우리에게 더 나은 미래를 약속할 것이라는 광고는 이른바 기술 기업들에게 질리게 들어온 서사다. 물론 일부에서는 기술 변화가 몰고올 어두운 미래를 경고하기도 한다. 그런데 기술 혁신이 가져다줄 희망찬 미래를 전망하든 아니면 불길한 전조를 예언하든, 지금 도입되고 있는 기술 혁신이 막을 수 없는 '불가피한 대세'라는 인식은 보수나 진보나 매한가지 같다. 그러니 어떤 미래든 받아들여야 한다는 것이다.

하지만 많은 진지한 식자들은 특정 신기술의 활용 여부는 '우리의 선택'의 문제라고 강조한다. 어떤 기술도 불가피하게 받아들여야하는 것은 아니며, 우리가 기술을 어떻게 활용할 것인지 선택하는 방향에 따라 그것이 사회에 미치는 영향도 달라진다는 것이다. 그런데 적어도 지금까지 플랫폼 기업들이 도입해온 기술이나 인공지능 알고리즘, 그리고 비즈니스 모델 등은 불평등을 완화해주기보다 악화시킨 면이 크다. 그리고 환경 친화적이라는 언술과 달리 기후위기를 실제로 악화시켜왔음을 강조하고 싶다.

이 대목에서 진보는 현재 디지털 기술의 사용 방향과 방법이 어디에서 잘못되었는지 의문을 제기해야 한다. 기술 혁신을 가로막지 말라고 강변하는 일부 벤처기업가들에게 주눅 들지 말고, 기술 혁신이 어떻게 사회적·생태적 이익과 충돌하는지 제대로 보고 문제를 해결할 길을 모색해야 한다.

불평등을 양산하는 디지털 플랫폼 기술

우선 현재 방식의 디지털 혁신이 불평등을 줄여주지 않음을 확인해야 한다. 흥미로운 사실 중 하나는 수많은 벤처기업가들이 혁신을 주장하며 화려한 미래를 얘기하지만 누구도 그 혁신이 불평등을 줄여준다고 약속하지는 않는다는 것이다. 디지털 플랫폼과 인공지능이라는 최첨단 기술이 현실에서는 차별과 불평등을 체계적으로 재생산하고 있음을 앞에서 이미 확인했다. 인공지능은 원래 피드백을 통한 부단한 학습으로 오류를 교정하는 시스템이 강점이라고 한다. 하지만 데이터 분석가인 캐시 오닐이 《대량살상 수학무기》라는 책에서 확인해주듯이, 과거의 데이터가 잘못되었고 차별적이고 편파적일 경우, 그것을 학습한 인공지능은 차별을 '더욱 강화시켜나가는' 경향이 있다.

또한 최신의 공유 플랫폼 기업들과 그들이 사용하는 알고리즘 역시 인종, 성별, 사회계급 면에서 "현존하는 불평등을 제거하기보다는 재생산해주는" 쪽으로 작동하고 있음을 줄리엣 쇼어의 《긱 이후》라는 책은 확인해준다. 예를 들어, 지금은 이케아에 인수된 초단기 일거리 매칭 사이트 태스크래빗에서 사용하는 "플랫폼 알고리즘은 흑인 테스커를 덜 추천"하는가 하면, 유색인종 동네에서 에어비엔비를 하면 체계적으로 불이익을 받는데, 그 결과 임대가격도 낮고 예약도 적고 매출도 적은 쪽으로 심화된다고 그는 분석한다.

심지어 특권도 디지털 플랫폼에서 재생산되고 있다. "공유경제 첫 10년은 1퍼센트에게 부를 집중시키는 패턴을 그대로 따라왔는데, 창업자들에게 환상적인 부의 축적을 가능하게 해주어서 그들 중 일부를 억만장자로 만들어주었다. 2019년 초 기준으로 우버 경영자였던 캘러닉은 60억 달러, 에어비엔비의 공동 창업자들은 35억 달러 이상의 자산을 축적하게 된다."[88] 이렇게 디지털 플랫폼 기술은 상위 1퍼센트에게는 엄청난 부를, 나머지에게는 이른바 '하인 노동'을 양산해냈다.

공유경제는 환경친화적일까?

적어도 지금까지는 디지털 혁신이 기후위기를 완화하는 데 기여하리라는 기대에 미치지 못했다. 대부분 시간 동안 주차장에 머물러 있는 자동차를 공유 플랫폼을 통해 다른 이들에게 대여해주면 너도나도 자동차를 살 필요가 없어지니 환경에 도움이 되지 않을까? 빈방을 여행객에게 빌려주면, 장기적으로 호텔 수요가 적어질 테니이 역시 환경에 도움이 되지 않을까?

디지털 공유 플랫폼은 '저사용 자원의 공유'라는 기치 아래 환경과 생태에 크게 도움이 될 것이라는 홍보를 많이 했다. 여론조사에 따르면, 약 64퍼센트의 조사 응답자들이 공유경제가 환경적 영향을 감소시켜줄 것이라고 믿었다. 심지어 그린 뉴딜 주창자 중 한 사람인 제레미 리프킨(Jeremy Rifkin)은 공유 자동차로 도로 위 자동차가 80퍼센트가량 줄어서 기후위기에 크게 기여할 것이라고 전망했다.

그렇다면 실제로 지난 10년간 디지털 공유 플랫폼의 번성은 기후위기 완화에 기여를 했을까? 전혀 아니다. 이 분야 전문가인 줄리엣 쇼어는 공유경제가 환경에 도움이 될 것이라는 "나무랄 데 없는 논리는 거짓된 것으로 드러났고" 그런 이상주의적 담론은 완전히 잘못된 것이라고 말한다.

사정을 좀 따져보자. 공유 숙박이나 공유 택시가 탄소 배출을 더 늘리지 않거나 줄이려면, 에어비엔비가 숙박업에 뛰어든 다음 숙박 시설 이용자가 다소라도 줄거나 과거와 같아야 한다. 우버가 택시업에 뛰어든 다음 택시 이용자가 줄거나 과거와 같아야 한다. 만약 디지털 공유 플랫폼으로 인해 수요(이용자)의 전체 규모가 팽창한다면 탄소 배출은 필연적으로 증가할 것이기 때문이다. 그런데 영리 공유경제는 주로 서비스 가격을 낮추는 방식으로 소비자들에게 매력을 주었고, 가격 인하는 공유 플랫폼이 확장되는 데 결정적인 영향을 주었다. 문제는 이렇게 가격이 낮아지면 시장경제에서는 자연스럽게 수요가 증가한다는 것이다. 이른바 환경에서 잘 알려진 반등 효과 또는 제번스 효과(가격이 하락하면 소비량이 늘어나는 효과)가 작동하는 것이다. 결국 실제로도 그렇게 되었다.[89]

공유경제가 가장 번성한 숙박 시설과 이동 수단에서 특히 반등 효과가 심했는데, 여행과 운송이야말로 탄소집약적 활동이 아닌가? 디지털 공유 플랫폼이 하필 탄소집약적 산업에 번성의 터를 잡은 그 순간부터 기후위기와 멀어질 운명이었다. 예를 들어, 미국의 도시들에서 우버와 리프트가 차별적으로 도입되었던 상황이 일종의 자연실험실 역할을 해주었는데, 시카고 대학 경제학자들이 미국의 2955개 도시를 대상으로 조사한 결과, 공유 택시의 도입은 자동차 대수와 주행거리 모두를 증가시켰다. 공유 택시 도입 후 주행거리가 3퍼센트 증가해 연료 소비가 1.7퍼센트 늘었고, 자동차 등록대수도 약 5퍼센트 늘었다. 왜 자동차 등록대수마저 늘어났을까? 공유 자동차 이용으로 인해 소비자 개인이 자동차를 더 많이 구매하지는 않았지만, 우버 운전자가 우버 영업을 위해 자동차를 새로 구입했던 것이다. 샌프란시스코를 기준으로 보았을 때, 우버와 리프트가 생기기 이전인 2010년에 비해 2016년에 자동차 주행거리도 13퍼센트 증가했는데, 그 절반은 공유 플랫폼 탓이라고 한다.[90]

더욱 한심한 현실도 있다. 여론조사에 따르면 응답자의 61퍼센트는 개인 승용차를 운전하는 대신 공유 차를 이용한 것이 아니라, 대중교통을 이용하거나 걷거나 자전거를 타는 대신 공유 차를 이용했다. 그 결과 지난 10년 동안 미국 전체에서 뉴욕을 제외하고 대중교통 이용이 7퍼센트 줄었고 샌프란시스코에서는 무려 12.7퍼센트나 줄었다. 결국 우버 같은 자동차 공유 회사는 개인 승용차가 아니라 저탄소 대중교통 시스템을 잠식한 것이다. 환경친화적이라고 홍보했던 첨단의 공유 플랫폼 기업들이 남긴 환경적 영향에 대해 줄리엣 쇼어는 이렇게 결론을 맺는다. "공유 플랫폼은 소비자에게는 부담 없는 서비스를 제공해주었을지 모르나 기후에게는 전혀 그렇지 못했다."[91]

기후위기 해결에 도움이 되는 디지털 기술

그렇다면 기술 혁신은 불평등 문제와 기후위기 해결에 무용한 것일까? 당연히 그렇지 않을 것이다. 현재의 디지털 플랫폼 기업들이 결과적으로 불평등을 악화시켰다고 해서 디지털 플랫폼 자체를 거부할 수는 없다. 문제는 플랫폼 기업이 단지 수익성을 위해 기존의 노동권을 마음대로 무시하거나, 규제차익을 이용하거나, 비용을 사회로 전가하는 행위에 대해 어떻게 대응하는가에 달렸다고 생각한다. 혁신이라는 이름으로 노동권을 낡은 것으로 취급하는 행태에 진보가 제대로 대응해야 한다는 것이다. 그래야만 플랫폼 기업들이 노동권 사각지대에 안주해 수익을 추구하는 대신 혁신으로 생산성을 올려 경쟁력을 갖추려고 할 것이다.

기후위기에 대처하기 위해서도 사실 디지털 기술 혁신은 절대적으로 필요하다. 현재의 긴급한 대규모 탄소 배출 감축을 위해 단지 수요 축소로만 대응한다는 것은 말이 안 되기 때문이다. 태양광 풍력 기술의 혁신, 고성능 대용량 배터리 등 저장장치 개발, 스마트 그리드(지능형 전력망) 기술 등에는 디지털 기술이 매우 다양하게 연관되어 있다. 대규모의 재생에너지 생산과 관리, 에너지 효율화를 위해 필요한 디지털 기술 혁신에 공공투자를 집중하도록 진보가 노력해야 하는 이유가 여기에 있다.

나는 진보가 디지털 기술을 포함해 기술 혁신과 늘 함께해야 한다고 생각하는 편이다. 다만 그 기술 혁신이 기후위기와 불평등 해결을 위해 어떻게 적절히 활용될 수 있을지 더 많이 고민해야 할 것이다.

9 수소경제의 환상과 현실

디지털 분야에서 블록체인만큼이나 한국 정부 정책에서 기이하게 남용되는 기술이 하나 더 있다. 바로 녹색 분야에서 '수소경제'가 무모할 정도로 과장되고 있는 것이다. 한국에서는 탄소경제를 수소경제로 바꾸는 것이 기후위기에 대처하는 핵심으로 알고 있을 정도로 정부와 지자체의 그린 뉴딜에 빠짐없이 수소경제가 등장하며 수소경제에 열광한다. 이미 수소법도 제정되었고, 수소경제위원회라는 조직까지 출범되었으며, 더 나아가 수소발전의무화제도(HPS)라는 전무후무한 제도까지 도입된 상태다. 심지어 '수소드론'까지 개발하자는 언론 기사가 나올 정도다.

특이한 것은 말만 수소경제지 실제로는 그 응용 분야 중 하나에 불과한 수소차가 중심에 있다는 점이다. 배터리 전기차보다 수소전기차가 더 우대받을 정도다. 2020년 말 기준 수소차는 약 1만 1천대고, 전기차는 약 13만 5000대다. 현재 1:13 정도로 전기차가 많은데, 이것도 수소차 비중이 과도한 것이다. 외국에서는 1:1000 정도로 전기차가 압도적이다. 예를 들어 전기차가 가장 많이 보급된 중국은 2019년 기준으로 수소차는 1000대가 조금 넘는데 전기차는 무려 180만 대다.

그런데 우리 정부 목표에 따르면, 2025년에는 수소차를 20만 대까지 보급해 20배 늘리겠다고 한다. 반면 전기차는 113만 대로 열 배가 조금 안 되는 목표를 잡았다. 2030년까지를 놓고 보면, 수소차를 무려 85만 대까지 끌어올려 10년 안에 85배를 늘리겠다고 한 반면, 전기차는 2030년까지 300만 대로 늘리겠다고 하여 10년 동안 약 22배 늘리는 것으로 되어 있다. 그 결과 2030년이 되면 수소차와 전기차 비율이 약 1:3 정도로 확 줄어들게 된다. 확실히 수소차 우대 정책이다.

전기차보다 수소차?

"수소는 에너지원이 아니라 에너지 저장 형태다. 천연가스나 물과 같은 원료에서 수소를 추출하는 데 필요한 전력을 생성하려면 태양, 풍력, 천연가스, 우라늄과 같은 에너지원이 필요하다."[92] 우리나라에서 《에너지혁명 2030》(*Clean Disruption of Energy and Transportation*, 교보문고)의 저자로 잘 알려진 에너지 전문가 토니 세바(Tony Seba)의 얘기다. 세바의 말에 수소와 관련된 대부분의 이야기가 잘 녹아 있다.

우선 혼돈을 피하려면 수소를 '에너지원'이 아니라 '에너지 저장 장치'로 봐야 한다는 것이다. 수소가 태양광이나 풍력과 동급이 아니라 배터리와 동급이 된다는 뜻이다. 이유는 간단하다. 자연 상태에서는 수소가 독립적으로 존재하지 않으므로 수소는 화석연료처럼 우리가 채취하면 되는 게 아니다. 자연에서는 대체로 화석연료(C-H의 화합물) 또는 물(H-O-H의 화합물) 안의 성분으로 수소가 존재하기 때문에, 이들 화합물에 '에너지를 투입해' 화학적 연결을 떼내야만 수소를 얻을 수 있다.

이때 수소를 얻기 위해 물이 아니라 화석연료를 이용하거나, 물을 이용하더라도 화석연료로부터 생성한 전기를 써서 수소를 얻으면 모두 '그레이 수소'가 된다. 탄소 배출을 수반한 수소가 된다는 것이다. 지금 한국에서 활용되는 수소는 천연가스를 개질/추출해서 얻으므로 전부 '그레이 수소'다.

반면에 태양과 풍력을 사용해서 얻은 전기로 물을 분해해 수소를 얻으면 '그린 수소'가 된다. 하지만 그린 수소를 얻는다고 끝이 아니다. 거의 절대온도 -273도에 가까운 -250도까지 온도를 내려서 액화수소를 만들 수 있어야 한다. 그리고 안정적으로 누수 없이 대량으로 수소를 저장하고 이동시킬 수 있어야 한다(〔그림 9〕 참조). 이렇게 그린 수소를 생산하고 압축·액화·저장·운송하는 기술이 수소에너지의 업스트림 분야다. 그리고 이렇게 만들어진 수소를 응용해 수소 전기차에 활용하는 등 다양하게 활용하는 것은 다운스트림 분야다.

문제는 한국의 자칭 수소경제가 "수소 전기차 등과 같은 다운스트림 분야에서 앞선 것으로 평가되지만, 수소 생산·운송과 같은 업스트림 분야에선 선도국보다 뒤쳐진 게 현실"이라는 것이다. 현재 그린 수소 계획은 2030년까지도 불분명한 채 당분간 그레이 수소

[그림 9] 그린 수소의 생성과 유통 과정

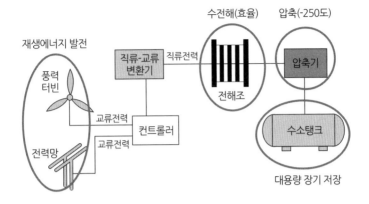

에 의존하게 될 것인데, 업스트림 기술은 부실한 상황에서 다운스트림, 그것도 주로 자동차에만 집중한다는 것이다.[93]

그러면 자동차 분야에서 특별히 수소차가 경쟁력이 있을까? 전혀 아니다. 앞서 인용한 토니 세바에 따르면, "수소로 에너지를 충전하는 방식은 배터리를 사용하는 것보다 비효율적이다. 저품질 에너지(수소)를 생산하기 위해 고품질 에너지(전기)를 사용하고 다시 고품질 에너지를 생산한다는 것인데, 이 때문에 수소연료 전기차는 동일한 거리를 주행하는 데 전기차보다 최소 세 배 더 많은 에너지를 사용한다. 수소차가 전기차와 경쟁할 수 없다."

아울러 "수소는 저장과 운송이 어렵고 비용이 많이 든다. 수소경제를 위한 전문 인프라를 구축하고 운영하는 데에도 많은 투자가 필요하다. 소위 '수소경제'를 구축하려면 대규모 공장, 정유소, 파이프라인, 트럭, 저장 시설, 압축기, 수소 주유소 등을 갖춘 인프라를 구축해야 한다."[94]

이처럼 배터리 전기차보다 수소 전기차가 훨씬 비싼 것은 물론 수소 충전소 하나 건설하는 데 약 30-50억 원이 들어갈 정도로 인프라 투자 비용도 만만치 않다. 통상적인 자동차를 배터리 전기차가 아닌 수소차로 바꿔야 할 이유가 많지 않다.

초점이 어긋난 수소기술

그러면 수소 기술은 필요 없다는 얘기인가? 물론 그렇지 않다. 정작 수소경제에서 주력할 분야는 "재생에너지 발전 잉여전력 저장"이다. "재생에너지를 생산하는 것까지는 문제가 없으나, 이를 옮기는 과정에서 한계가 나타나고 있다. 기존의 송전 용량을 넘는 에너지가 만들어지면 버려지는 에너지가 생기고 있다. 수소는 이 문제를 해결할 수 있는 하나의 대안이다."[95]

비록 수소의 에너지 전환 효율이 다소 떨어지더라도 배터리보다 일정 기간 안전하고 밀도 높게 에너지를 저장할 수 있는 장점이 있다. 하지만 이를 위해서는 먼저 재생에너지 발전과 생산이 풍부히 이뤄지고, 이를 보완하기 위해 수소기술이 붙어야 한다. 그런데 우리는 희한하게 태양·풍력 발전 기술의 생산과 설치도 제대로 신경 쓰지 않아 낙후되어 있으면서 맥락도 없이 수소경제만 강조하는 '매우 불균형적인 수소 편향'을 보이고 있다. 수소경제에 집착하기 전에 먼저 태양·풍력 등 재생에너지 생산을 지금의 열 배, 스무 배 이상 키우는 데 주력하자. 그래야 그린 수소가 만들어질 수 있다. 수소기술에서도 먼저 업스트림 분야에 투자하자. 그래야 활용 이야기를 자유롭게 할 수 있다.

그린 수소가 만들어진다면 활용해야 할 중요한 분야가 또 있다. 수소의 주요 적용 분야 중 하나는 제철사업이다. 지금까지 제철 과정에서 환원제로 쓰인 것은 석탄에서 추출한 코크스인데, 제철산업의 탈탄소화를 위해서는 코크스를 대체해야 한다. 이때 수소가 코크스를 대신해 환원제로 사용될 수 있다. 한국의 포스코는 지난 2020년 12월, 수소환원제철공법으로 탄소 배출량을 획기적으로 줄여 탄소 배출 중립에 동참하겠다고 발표했다. 물론 기술은 아직 실증 단계 수준이다.

요약하면, 수소기술은 전체 그린기술 분야 중 일부에 특화된 기술로 활용될 수 있다. 그 가운데에서도 특히 재생에너지의 잉여에너지를 저장하는 분야와 제철소 환원제 대체용으로 긴요하게 사용될 수 있다. 수소자동차는 배터리 전기자동차에 비해 생각보다 경쟁력이 높지 않다. 그런데 우리나라는 그린 수소 생산 목표가 사실상 없다. 그린 수소 생산과 액화·저장 및 운송 기술이 부족한 반면, 생산된 수소를 수소연료전지로 만들어 자동차 등에 활용하는 기술은 확보되어 있다. 이렇게 초점이 어긋난 수소기술을 조정하는 것이 시급하다. 또한 '수소경제'라고 하며 잔뜩 거품이 들어간 부분을 대거 덜어낼 필요도 있다.

나오미 클라인, 《이것이 모든 것을 바꾼다》, 이순희 역(열린책들, 2016).

니콜라스 게오르게스쿠 뢰겐, 《엔트로피와 경제》, 김학진 역(한울아카데미, 2017).

더글라스 러쉬코프, 《구글버스에 돌을 던지다》, 김병년 역(사일런스북, 2017).

마리아나 마추카토, 《가치의 모든 것》, 안진환 역(민음사, 2020).

――――――――, 《기업가형 국가》, 김광래 역(매경출판, 2015).

마이클 만·톰 톨스, 《누가 왜 기후변화를 부정하는가》, 정태영 역(미래인, 2017).

마이클 제이콥스·마리아나 마추카토, 《자본주의를 다시 생각한다》, 정태인 역(칼폴라니사회경제연구소, 2017).

브랑코 밀라노비치, 《홀로 선 자본주의》, 정승욱 역(세종서적, 2020).

사이먼 루이스·마크 매슬린, 《사피엔스가 장악한 행성》, 김아림 역(세종서적, 2020).

스테파니 켈튼, 《적자의 본질》, 이가영 역(비즈니스맵, 2021).

앤드류 니키포룩, 《에너지 노예, 그 반란의 시작》, 김지현 역(황소자리, 2013).

얼 엘리스, 《인류세》, 김용진·박범순 역(교유서가, 2021).

오동희·최석환·황시영·장시복·김남이, 《수소사회》(머니투데이, 2019).

윌리엄 노드하우스, 《기후카지노》, 황성원 역(한길사, 2017).

전용복, 《나라가 빚을 져야 국민이 산다》(진인진, 2020).

케이트 레이워스, 《도넛 경제학》, 홍기빈 역(학고재, 2018).

크리스티아나 피게레스 외, 《한배를 탄 지구인을 위한 가이드》, 홍한결 역(김영사, 2020).

토마 피케티, 《자본과 이데올로기》, 안준범 역(문학동네, 2020).

팀 잭슨, 《성장 없는 번영》, 전광철 역(착한책가게, 2015).

허먼 데일리, 《성장을 넘어서》, 박형준 역(열린책들, 2016).

James K. Boyce, *The Case for Carbon Dividends* (Polity, 2019).

Jason Hickel, *Less is More: How Degrowth will Save the World* (London: William Heinenmann, 2020).

J. R. McNeil·Peter Engelke, *The Great Acceleration* (Belknap Press, 2016).

Juliet B. Shor, *After the Gig: How the Sharing Economy got Hijacked and how to win it back* (University of California Press, 2020).

Klaus Schwab, *Stakeholder Capitalism* (Wiley, 2021).

Lucas Chancel, *Unsustainable Inequalities: Social Justice and the*

Evironment (The Belknap Press of Harvard University Press, 2020).

Mariana Mazzucato, *Mission Economy: A Moonshot Guide to Changing Capitalism* (Penguin Books Ltd., 2021).

Michael E. Mann, *The New Climate War* (PublicAffairs, 2021).

미래 진보정치는
어떻게 준비되는가

3장에서는 기후위기와 차별, 불평등에 맞설 진보정치의 중요한 몇 가지 정치 전략을 제안한다. 진보정치가 제도권 안에서 보수정치와 경합하는 방식은 매우 다채로울 수 있다. 지금까지는 얼마간 보수 세력의 정치 스타일을 흉내 내며 유권자의 단순 선호를 모으는 여론조사에 과도하게 의존하거나, '시민들의 표를 얻기 위한 경쟁적 투표' 게임 안에 머무르는 경향도 있었다. 그러다가 유권자들이 멀어지면 주민발안, 전체 투표, 오픈프라이머리 같은 직접민주주의 방식을 간헐적으로 동원하기도 했다.

하지만 정치제도 안에서 지금까지와는 다른 다양한 방식으로 정치 행동과 경합 구도를 새롭게 형성하는 것이 얼마든 가능하다. 우선 토마 피케티가 최근 분석했던 것처럼, 개혁 세력의 엘리트 기득권화를 상징하는 '브라만 좌파'가 한국의 더불어민주당에서도 기본적으로 유사하게 나타나는 변화에 주목할 필요가 있다. 그리고 이에 대응해 이들과 제도 안에서 새롭게 경합적 정치 구도를 형성하고 독립적인 진보의 정치적 헤게모니를 만들어야 한다.

새로운 진보의 헤게모니를 위해 여전히 '노동 중심'이나 '자주 평화' 같은 과거의 틀로 경합과 헤게모니의 경계선을 그어야 할까? 그보다는 '기후위기−차별−불평등'이라는 3대 기본 과제 안에서 중심 기표를 잡아냄으로써 정치 구도와 정책 구도를 만들어야 할 것이다. 새로운 과제에 에너지를 불어넣기 위해서는 전통적인 분배투쟁과 인정투쟁이 함께 가야 할 뿐만 아니라 정치 변화에 대한 반응성이 높고 미래에 이해관계가 큰 청년세대가 정치 공간에 더 적극적으로 진입하는 것이 필수이기 때문이다.

또한 진보가 추구하고 실천하는 민주주의도 기존의 엘리트 대의제와 직접민주주의라는 이분법을 넘어서, 다수의 시민 공론장 형성을 통해 이뤄지는 숙의민주주의를 더 적극적으로 실험해야 한다. 이를 위해 주민 공론장을 활성화해 주민 속에서 삶의 의제를 숙성시키고 토론을 통해 주민의 힘을 조직해야 한다. 미래 진보정치의 조직 기반은 기존의 노동 또는 노동조합과 더불어 앞으로는 지역 또는 주민조직이 대단히 중요한 또 하나의 중심이 될 것이다. 이를 기반으로 진보는 중앙정부의 개혁만 바라보지 말고 일차적으로 '진보 지방정부'를 책임지고 운영하고 성과를 내는 것이 필요하다.

1 더불어민주당을 '범진보'로 보는
심각한 오분류

2021년 현재 한국 정치에 관한 이야기는 대체로 2017년 박근혜 전 대통령 탄핵과 그 결과 형성된 정치 구도 반경 안에 갇혀 있다. 그러다 보니 정치 담론이 이른바 '적폐 청산'의 틀에 머물러 좀 더 큰 맥락의 변화를 놓치고 있는 것은 아닌지 의심하게 된다.

토마 피케티는 2019년에 펴낸 책 《자본과 이데올로기》(*Capital and Ideology*, 문학동네)에서 아주 중대한 정치적 화두를 던졌다. 나는 그것이 한국의 진보 향방을 정하는 데에 큰 의미가 있을 수 있다고 생각하는데, 여기에 대한 토론이 많지 않아 아쉽다. 다시 그가 던진 화두로부터 한국 정치를 생각해보려 한다(사실 피케티는 이 책에 앞서 2018년에 이미 논문 형태로 문제를 제기했었다).

피케티의 문제의식은 '100년 만에 거의 모든 나라에서 경제적 불평등이 매우 심각해졌는데, 정치가 이를 해결하는 데 왜 그토록 무능력한가?'에서 시작된다. 그리고 그가 찾은 답은, 불평등으로 피해를 보는 사회계급과 전통적 진보좌파 정당들 사이를 연결하는 정치적 연결고리가 끊어졌기 때문이라는 것이다.

21세기 정치에서 개혁 세력의 변질

피케티가 제2차 세계대전 이후 지난 70여 년의 주요 국가 선거를 분석한 결과를 먼저 따라가보자. 그에 의하면 미국의 민주당이나 유럽의 사회민주당 등 좌파 정당들이 제2차 세계대전 후 1970년대까지는 대체로 저학력층 서민이나 노동자를 대변했고, 서민과 노동자도 이들에게 투표했다고 한다. 그러던 것이 1980년대에 들어서면서부터 최근까지 상황이 바뀌어 이들 좌파 정당에 주로 고학력 엘리트 유권자들이 투표하게 되었다는 것이다. 그 결과 현재 우파 정당들이 대개 소수 부자 엘리트를 대변하는 동안(상인 우파), 좌파 정당들은 고학력 엘리트를 대변하게 되었고(브라만 좌파), 결국 서민과 노동자 시민들을 아무도 대변하지 않게 되었다는 것이다. 이것을 피케티는 양대 엘리트가 지배하는 '다중 엘리트 체제'라고 부른다.

"브라만 좌파는 학문적 노력과 능력을 믿는다. 상인 우파는 사업에서의 노력과 능력을 강조한다. 브라만 좌파는 학력, 지식, 인적자본 축적을 지향한다. 상인 우파는 무엇보다도 화폐, 금융자본의 축적에 의거한다." "두 진영 모두 현재 경제 체계와 경제·금융 엘리트에게만큼이나 지식인 엘리트에게도 사실상 매우 큰 이득이 되는 현재의 세계화 양상에 대한 강한 애착심을 공유한다."

결국 기존 유력 정당들은 좌우를 불문하고 모두 상위 20퍼센트 이내의 '엘리트'들을 대변하고 있으니, 아무도 하위 80퍼센트를 대

변해 불평등을 해결하려는 정치적 지향도 조직적 의지도 보이지 않는다는 것이다. "유력한 다중 엘리트들이 주로 구성하는 1990-2020년의 선거제도는 항상 사회적 균열들을 무대로 끌어올리지만, 재분배 논의를 전반적으로 희미하게 만든다."⁹⁶

어쩌다 이런 일이 생겼을까? 피케티에 따르면, 1970년대까지는 어느 정도 사회적 계층 이동을 활발하게 도와준 '능력주의'가 1980년대 이후부터는 제대로 작동하지 않았고 그 결과, 고자산·고학력 엘리트 자녀들에게 체계적으로 능력을 세습시키는 상황이 되었기 때문이다. 이와 같은 피케티의 정치 분석은 능력주의 문제를 제기한 마코비츠나 샌델의 주장과 절묘하게 연결된다. 즉 기존 좌파 정당의 구성원들조차 사실상 엘리트 지위에 오르자 자신의 지위를 자녀에게 세습시키는 데 집중하면서, 그 대열에서 멀어져간 80퍼센트 국민들에게 점점 더 무관심해진 추세를 정치적으로 반영한 것이 브라만 좌파로의 정치적 변신이라는 것이다. 불평등이 정치 공간에서 오직 '레토릭'으로만 소비될 뿐 한 번도 실천적인 평등화 방향으로 제도 개혁을 이루지 못한 이유가 바로 여기에 있다는 것이다.

브라만 좌파와 한국 정치

사실상 불평등을 심화시킨 원인이 정치에 있음을 인정한다면, 정치는 앞으로도 불평등 해결에 무관심한 채 계속 지금과 같은 양상을 이어갈까? 피케티는 그렇지 않을 것이라고 진단한다. 다중 엘리트 기득권 정치 구조가 최근 붕괴 과정에 들어섰기 때문이다. 우선

상인 우파가 분열하고 있는데, 그 대표적 징후가 우익 포퓰리즘이다. 그들은 역설적으로 반엘리트주의를 내세우며 외국인 배타주의, 우월적 정체성주의로 자신의 세력을 세계적 차원에서 키우고 있다.

한편 피케티는 브라만 좌파 역시 기존의 '시장 친화적 중도 좌파'로부터 '재분배를 지향하는 급진 좌파'가 마땅히 새롭게 분화되어야 한다고 믿는 것 같다. 그리고 그 초기적 형태로서 미국 민주당의 버니 샌더스나 영국 노동당의 제러미 코빈(Jeremy Corbyn)을 꼽는다. 하지만 브라만 좌파의 분열은 아직 초기 단계여서 상인 우파의 엄청나고 파괴적인 분열에 훨씬 미치지 못한다고 피케티도 인정하는 것 같다.

사실 세계적 차원에서 보면, 최근 20년 동안 정치 영역은 정말 큰 변화를 겪었다. 미국을 보면, 2016년 트럼프의 등장에서부터 그의 퇴임 직전 일부 지지자들의 의회 난입 사태에 이르는 4년간의 정치 혼란은 분명 흔한 일이 아니었다. 유럽을 보아도 프랑스 사회당의 사실상 붕괴를 포함해 스웨덴에 이르기까지 여러 나라에서의 극우 포퓰리즘 부상은 정치사적으로 확실히 이례적인 현상이라 할 만하다. 그 결과 선진국가들에서 새삼스럽게 민주주의의 후퇴를 걱정하게 된 상황은 가볍게 볼 일이 아니다.

이와 같은 21세기 정치 격변에서 한국 정치는 얼마나 떨어져 있을까? 나는 세계 정치 추이와 한국 정치가 그리 멀리 떨어져 있다고 생각하지 않는다. 이유는 간단하다. 한국의 불평등 악화 추이는 적어도 1997년 이후부터는 세계적 추이와 비슷하거나 더 빨리 가고 있다. 또한 한국도 선거제도가 정착되고 경제적으로 OECD 국가로 편입된 지 벌써 25년이 넘은 상황임을 감안할 때, 서구와 유사한 궤적을 보이리라고 전망할 수 있기 때문이다.

특히 한국도 세습적 능력주의가 고착되면서, 1970년대 산업화 세력은 물론 1980년대 민주화 세력을 대변하는 정치 그룹들이 대체로 능력주의의 수혜자임을 고려해야 한다. 이들 모두 한국 사회 상위 20퍼센트 이내의 엘리트 집단으로서 자녀들에게 자신의 위치를 대물림하기 위해 교육에서부터 사회 진입까지 모든 역량을 쏟고 있다.

그 결과 한국의 양대 거대 정당인 더불어민주당과 국민의힘이 모두 경제·사회에서 상위 20퍼센트를 대변하는 기득권 엘리트 정당으로 점점 진화하고 있다. 그들이 언제는 가진 자들을 대변하지 않았느냐고? 물론 그렇게 일반화할 수도 있다. 하지만 가진 자들이 어떻게 자신의 모습을 변화시키고 거기에 정치가 어떻게 부응해나가는지 추적하는 데까지 문제의식을 좀 더 전진시켜볼 필요가 있다.

더불어민주당은 신기득권 엘리트 집단

특히 한국 정치에서 집권 세력으로 입지를 굳힌 더불어민주당의 실체가 주목된다. 전통적으로 한국 정치에서 민주당은 서구의 사회민주당보다 오른쪽에 있었다. 미국 민주당이 현재 버니 샌더스나 오카시오 코르테스(Alexandria Ocasio Cortez) 의원까지 포괄하는 현실에 비추어보면, 한국의 민주당은 이제 미국의 민주당보다도 훨씬 오른쪽에 위치한다. 적어도 현재까지 자신의 울타리에 샌더스나 코르테스 정도의 진보적 스펙트럼도 소화하지 못하고 있기 때문이다.

그런데 피케티가 유럽의 사회민주당이나 미국의 민주당조차도 모두 무늬만 진보고 실제로는 엘리트를 대변하는 '브라만 좌파'로 변질되었다고 비판하는 맥락을 대입해볼 때, 한국의 민주당 역시 진보나 개혁으로 부르기는 쉽지 않다.

하지만 지금까지 한국의 민주당은 자칭 그리고 언론의 호명에서 '범진보 정당'으로 불렸다. 심각한 오분류다. 더욱이 미국 민주당이나 영국 노동당이 '시장 친화적 중도 좌파'에서 '재분배를 지향하는 급진 좌파'로 분화되는 조짐을 보이는 것과 달리 한국의 더불어민주당은 아예 순수하게 시장 친화적인 엘리트 집단으로 동질화되고 있는 게 아닐까? 더불어민주당은 2020년 4월 총선에서 174석의 거대 정당이 됨으로써 중앙정부와 국회는 물론 지방정부와 교육감 등 모든 선출 권력을 장악한 상황이다. 반면 국민의힘은 이명박·박근혜 정부의 실정과 2017년 탄핵으로 정치적 기반의 상당 부분이 무너져 사실상 70년 가까이 유지한 한국 정치의 지배적 위치를 잃어버린 것으로 보인다. 2022년 대선을 앞두고 30대 대표를 내세워 보수 혁신을 시도하고 있지만 아직은 그 결과를 예단하기 어렵다.

그런데 지배권을 확립한 민주당은 재산세는 감면하면서도 전면적 부동산 투기 억제 정책은 끝까지 뒤로 미루고, 청와대 인사들조차 다주택을 포기하지 않을 만큼 부동산 자산에 이해관계를 보였다. 사모펀드 금융 투기와도 엮여 있고, 본인들이 철석같이 약속한 주식양도차익과세를 포함해 금융과세의 문턱에서 스스로 뒤로 물러서는 모습 역시 그들이 금융자산과 깊은 이해관계에 있음을 보여준다.

검찰 개혁 등을 외치며 마치 기득권 관료와 학계, 그리고 경제계의 보수 세력과 다툼을 벌이고 있는 듯한 모습을 보이지만, 이는 상당 부분 '민주 대 반민주의 세력 경쟁'이라기보다는 밥그릇 경쟁에 더 가까운 것 같다. 또한 그들이 기어코 핵심 입법 취지를 훼손하고 2020년에 통과시킨 공정경제 3법 개정, 노동법 개정, 중대재해법 등의 사례를 볼 때, 그들은 매우 명백하게 '친기업적 성향'을 보여준다. 이 정도 사례만으로도 더불어민주당이 한국 정치에서 '신기득권 엘리트 집단'이 되었다고 보아도 무리가 없지 않을까? 그들은 여전히 80년대 세계관에 갇혀 자신들이 진보라고 생각하지만, 2020년대 불평등 현실이나 기후위기와 같은 새로운 위험을 제대로 인식하지 못한 채, 과거적 민주화 과제를 완수하겠다는 주관적 열망에 몰두하고 있는 것은 아닐까?

심지어 70년대 세계관에 갇힌 국민의힘과 80년대 세계관의 미몽에서 깨어나지 않는 더불어민주당 주류는 물론이고 이와 인적·정서적 공감대를 나누고 있는 관료계-학계-경제계와 일부 시민사회까지 모두 기득권화되어가고 있는 것이 아닐까? 게다가 현재 더불어민주당은 자신들의 대외적 존립 명분을 '국민의힘'보다 조금이라도 나으면 된다는 것에서 찾는 것 같다. 아마도 대내적 존립 명분은 자신들의 엘리트적 지위 유지일 테다. 더불어민주당의 엘리트적 태도가 국민의 정서로부터 멀어져갈수록 국민의힘의 부활 가능성은 높아질 것이며, 심지어 보수의 재집권 기회를 열어주게 될 것이다.

그렇다면 현재 진보는 기득권 엘리트 양당들로부터 선을 긋고 이들 모두와 정치적으로 경합하는 모양새를 취해야 하지 않을까? 비록 역학 구도가 불리하더라도 '거대 범보수'에 맞서 진보의 에너지를 다시 만들어야 하지 않을까? 한국 정치사의 오랜 전통이었던 '민주대연합'이라는 정치 구도는 바로 이렇게 해서 '역사적으로 소멸'하게 되는 것 같다.

2 진보 포퓰리즘의 에너지는 있는가

최근까지 진보 개혁을 주장하는 식자들은 '관념적 비판'을 넘어 '실현 가능한 정책'을 기획하는 데 강조점을 두었다. 그러다 보면 다소 국지적이고 점진적인 효과를 볼 수 있는 정책들이 주로 현실 대안으로 선별된다. 만약 현재 작동하는 시스템을 크게 바꾸는 정책을 제안하면, 보수 세력들은 예전에 앨버트 허시먼(Albert Hirschman)이 적절히 짚었던 것처럼 '역효과 명제' '무용 명제' '위험 명제'를 총동원해 진보가 내놓은 정책을 무력화시킨다. 그런데 가끔 진보도 스스로 이런 덫에 빠지는 것은 아닐까 하는 생각이 든다.

대표적인 정책이 문재인 정부에서 약 2년 정도 모습을 드러냈던 소득주도성장이 아닐까? 물론 문재인 정부는 소득주도성장을 끝내 방어하지 못했고, 결국 보수화되었다. 경제정책 패러다임을 완전히 달리하는 이 정책은 제대로 시행되지도 못하고 자영업에 부담을 준다는 식의 역효과 명제 등을 비롯해 다양한 공격에 노출되어 결국 좌절된 것이다. 그런데 최근 들어 점점 더 많은 이들이 '점진주의적 개혁'에 회의적으로 변하는 것 같다. 특히 기후위기와 불평등 심화라는 난제 앞에서 소소한 정책들의 나열은 무력할 수밖에 없기 때문이다. 어쩌면 진보의 정말 큰 문제는 구체적 방안도 없이 '헛되게 과격한' 데 있는 것이 아니라, 정말 혁명적이야 할 시점에 답답할 정도로 오십 보 백 보의 대안을 두고 지루한 절차에 매달리는 데 있다고 생각한다.

그러면 구조적 해결을 지향하면서도 제대로 설계된 정책 대안은 없는 것일까? 사실 많은 이들이 오랫동안 이야기해왔다. 일부 식자들의 주장과 달리 정책이 없는 것이 아니라 정치적 의지가 부재한 것이라고. 이미 벌어진 현실의 위험을 회피하지 않을 의지와, 정책 실행으로 미래에 닥칠 책임과 위험을 모두 감당할 수 있는 정치적 돌파 의지가 없는 것이라고.

시장경제를 닮아가는 정치

소소한 정책적 변화가 아니라 근본적 개혁을 추구하려면 정치 지형을 크게 바꾸려는 시도가 있어야 한다. 조금 더 나은 몇 개의 입법을 위해 경쟁할 때에는 정치 지형을 크게 바꿔야 할 필요가 없을지 모른다. 하지만 근본적 개혁은 다르다. 그런데 요즘 정치를 보면, 근본적으로 사회·경제적 상황이 나빠지고 있는 가운데 현실주의 또는 전문성이라는 이름 아래 소소한 변화에 전념한다는 느낌이 강하다. 마치 진보의 핵심 과제가 보수와 견주어 손색 없는 '세련됨과 전문성'을 보여주어야 하는 것처럼 여기는 것 같다. 그 사이 사회적 악화의 추세는 거대한 반면 개선시킨 양화의 흐름은 지루할 정도로 너무 느리다.

그 배경에는 시장주의적 정치 현실이 있다고 생각한다. 최근 정치 패턴을 보면, 여론조사라는 이름 아래 개인들의 단순 선호 동향을 계속 사진 찍듯 수집한 후 거기에 감각적으로 반응하는 식으로 정치가 이뤄진다는 느낌이다. 기업들이 시장에서 고객 동향에 반응하는 것과 크게 다르지 않다. 이런 방식으로는 장기적 시야를 가지고 정치 구도를 바꾸는 혁명적 개혁안이나 사회·경제적 문제를 정면 돌파할 개혁안이 나오기 어렵지 않을까? 영국의 경제학자 가이 스탠딩은 정치가 이런 식으로 상업화되는 추세를 다음과 같이 논했다.

오늘날 선거는 정교한 (정치)선전 기법을 구사하는 컨설팅 기업들이 좌지우지하는 경우가 점점 늘어나고 있다. 그 기법들이 정교해질수록 민주주의는 더욱더 상업화되고, 전통적으로 이해되던 민주주의의 정신은 점점 더 사라지기 마련이다. 정치 컨설팅은 다국적 산업이 되었다.[97]

이 구조에서는 여론시장에서 정치 상품을 히트시키기 위해 무한히 경쟁하게 된다. 국민(고객) 개개인의 반응을 주기적으로 살피는 여론조사, 여론에 반응할 수 있는 단기적인 입법 상품 경쟁, 정치와 여론을 중개하며 정치시장 구도를 짜는 미디어와 정치 컨설팅 기업들, 그리고 특정 여론을 강제하는 팬덤 정치가 보태지면 지금 우리가 보는 정치 현실이 대략 그려진다.

특히 선거가 다가오면 시민의 민주적 소통과 토론이라는 '뻔한 텍스트'는 무시될 것이고, 각종 정치 컨설팅 업체들이 그저 시민들의 표면적 선호를 수집해 브랜딩이나 마케팅으로 색칠하고, 일시적 프레임 짜기로 흔들어서 '표 수집'에 나서는 비즈니스·선거시장이 늘 반복적으로 재연된다. 과연 이런 정치 풍토 안에서 진보가 성장할 수 있을까? 마치 차고에서 아이디어를 상품화시켜 혁신 벤처 기업이 만들어지듯 정치시장에서도 진보가 이런 식으로 작은 정치 세력에서 유력 정당으로 우뚝 성장하길 기대할 수 있을까? 많이 회의적이다.

대항 헤게모니를 어떻게 만들 것인가

주기적인 여론조사에 그저 수동적으로 각자의 선호를 응답하는 일반 국민이 한쪽에 있다고 가정하면 반대쪽에는 여론 지형을 만들어내는 고도의 전문가 엘리트 정치집단이 있고, 이들의 영향력은 점점 더 커질 개연성이 높다. 이 대목에서 정치 이론가 샹탈 무페(Chantal Mouffe)는 최근의 정치 현실을 이렇게 표현한다. "시민들이 다양한 정치 기획들 사이에서 실제 선택을 할 수 있는 공간이 사라지면서 시민들의 역할은 그저 전문가들이 고안한 '합리적' 정책들을 승인하는 데 그치고 말았다." 또한 "정치란 당파적 대립이 아니라 공공 사무에 대한 중립적 관리라는 생각에 따라 정치가 기술관료적 형태로" 변질되었다.[98]

'여론조사를 통한 개인들의 단순 선호 → 미디어의 필터링·정치 컨설팅→ 경쟁하는 단기적 입법상품들→ 엘리트 정치집단 영향력 강화'라는 현대 정치의 전달 메커니즘은 진보에게 절대적으로 불리하다. 시민들의 적극적 참여와 토론을 유도하지 않은 채 권력을 가진 미디어와 일부 전문가들에게 정치 해석을 독점당하기 때문이다. 또한 당장 여론에 반응하는 입법상품들은 진보의 구조 개혁을 담기 어렵기 때문이며, 시민들이 움직이고 참여하는 정치가 아니라 엘리트 중심의 정치로 변질될 수 있기 때문이다.

흔히 칼 슈미트(Carl Schmitt)식으로 상대편과 우리 편으로 나눠 정치를 대하는 방식과, 위르겐 하버마스(Jürgen Habermas)식으로 충분한 의사소통을 통해 합의를 이뤄내는 과정으로 정치를 대하는 방식이 있다. 대체로 식자들은 둘을 분리해서 보는 것 같지만, 한국 정치에는 둘 다 필요하다. 특히 급진민주주의자 에르네스토 라클라우(Ernesto Laclau)와 샹탈 무페의 주장대로, 무엇보다 현실 정치의 역학을 근본적으로 바꾸고자 한다면 먼저 정치 공간에서 상대와 '우리'로 경계를 명확히 짓고 일정한 규칙 안에서 헤게모니 싸움을 하는 방식을 추구해야 한다.

상대를 소멸시키는 적대적 방식도 아니고, 시장경쟁 공간에서 마케팅을 통해 개별적 선호를 모으는 방식도 아니며, 전문가주의를 들먹이며 '중립적 영역에 있는 엘리트들 사이의 경쟁'으로 정치를 포장하지도 않는, 상대와 우리로 경계 짓는 정치 방식이란 무얼 말하는 것일까? 라클라우와 무페는, '①서로 다른 가치·이해관계·정체성을 추구하는 세력들 사이의 대결과 경합으로 정치를 이해하고, ②자신의 가치를 사회적으로 관철하기 위해 시민들 속에서 서로 헤게모니를 구축하는 방식으로 정치적 힘을 만들며, ③대의제 아래에서 선거를 통해 권력경쟁을 함으로써 자신들의 가치와 정책을 실현한다'는 프레임을 주장하는 듯하다.

이렇게 보면 진보는 이제 세부적인 복지정책들을 촘촘히 추가하는 방식의 정치를 뛰어넘어 상대방과 '우리 편'의 정치 구도를 크게 경계 지을 수 있는 '기후위기와 불평등 해소, 차별 철폐'라는 새로운 경계 틀과 중심 기표를 형성해, 거대 기득권 양당과 선명하게 경합해나가야 할 것이다. 이런 정치 전선의 구도 아래, 다양한 사회집단은 물론 개인과도 연결하고 연대하는 방식으로 대항 헤게모니를 짜나가는 방법적 모색이 필요하다. 풀뿌리 민주주의, 참여 민주주의, 토론 민주주의, 그리고 정치 캠페인의 다양한 국면을 풍부하게 살려내면서 시민과 정치의 간격을 무한히 좁히려는 노력을 통해.

민주주의에 대한 위협 또는 계기로서의 포퓰리즘

말은 좋지만 어느 세월에 가능할까 의구심이 들 수 있다. 그런데 우익 포퓰리스트들은 이를 이미 해내고 있는 것 아닐까? 미국을 보자. 2008년 글로벌 금융위기 이후 티파티운동(Tea Party)에서 시작되어 도널드 트럼프가 부상하기까지 그리 긴 시간이 걸리지 않았다. 유럽을 봐도 대체로 우익 포퓰리즘을 중심으로 정치 역학이 매우 빠르게 변동했다. 오히려 기존 정치시장에서 입법·행정 기술자들과 문구를 조정하고 씨름해 조금 더 나은 정책과 법을 준비하고, 그것을 통과시키기 위해 또 보수 정당들과 타협과 조정의 시간을 보내는 것에서 희망을 찾는 것이 더 어려운 것 아닐까? 이에 대해 무페는 이렇게 비판했다.

"오늘날 존재하는 '중도적 합의'의 정치가 찬양받는 것은 대단히 우려스러운 일입니다. 그런 탈정치적 시대정신이 우파 대중주의가 부상하기에 유리한 지형을 창출하고 있음을 절감합니다."[99]

무페가 주장하는 경합적 정치대결구도는 일종의 '좌파 포퓰리즘'이라고 불리는 대중적 운동의 에너지를 새롭게 만드는 방식으로 추진할 수도 있다. 미국 저널리스트 로버트 커트너(Robert Kuttner)는 현재의 정치가 어떤 포퓰리즘으로 흐를지 미국의 사례를 들어 이렇게 주장한다.

"경제적 부정의와 관련된 대중의 불만은 그들로 하여금 좌파를 지지하게 할 수도, 우파를 지지하게 할 수도 있다. 트럼프와 샌더스는 무엇이 경제와 정치를 망쳤는지에 대한 매우 다른 이야기를 가지고 동일한 유권자의 일부에게 호소했다."[100]

그러면 지금 미국은 물론 세계적으로 이른바 포퓰리즘적 계기가 있다고 판단해야 할까? 일단 무페는 그렇다고 보는 것 같다. "'포퓰리즘적 계기'는, 빠르게 증가하는 불만족스러운 요구들로 인해 정치적 혹은 사회경제적 전환에 대한 압박에 처한 지배 헤게모니가 불안정해진 때이다. 이런 상황에서 기존 제도들은 기존 질서를 지키면서 대중들이 계속해서 이것들을 따르도록 지켜내는 데 실패하게 된다."[101]

이때 "시급한 것은 포퓰리즘 계기를 민주주의에 대한 위협으로만 보는 것이 아니라, 이 계기가 또한 민주주의의 급진화를 위한 기회를 제공하기도 한다"는 사실이다. 진보의 입장에서, "사회질서를 재배열할 수 있는 새로운 주체를 구성하는 가능성이 발생"한다는 점에 주목하라는 거다. 낸시 프레이저(Nancy Fraser) 역시 '진보적 포퓰리즘'으로 신자유주의에 맞선 대항 헤게모니를 구축하자고 주장한다.

직관적으로도 공감이 안 될 것은 없다. 지금 오히려 "우파 포퓰리즘 정당들이 엘리트들에 의해 박탈당해온 목소리를 '대중에게 되돌려'주겠다면서 시민들의 불만을 '국수주의적'으로 탈바꿈시켜 정치적으로 조직하고 있지 않은가? 이렇게 일반 시민들과의 연계선이 끊어지고 그들로부터 멀어진 정치가 엘리트 기득권화되는 상황에서는 흔히 말하는 '소명으로서의 정치'는 구조적으로 작동되지 않을 가능성이 높다. 샹탈 무페에 따르면, 이 대목에서 진보의 역할은 다시 시민들과 접촉해 그들의 목소리를 공론장에 불러냄으로써 그들의 불만을 민주적으로 해석하고 조직하는 데 있다.

그리고 지금은 혁명에 준하는 개혁 노선, 즉 혁명적 개혁주의가 필요할 수 있다는 것인데, "이 개혁들이 비록 민주주의 수단을 통해서 추구되지만, 사회경제적 권력관계 구조의 커다란 전환을 추구한다는 사실"을 강조한다. 무페는 계속 이렇게 주장한다. "노동자, 이민자 그리고 불안정한 중산층은 물론 LGBT 공동체의 요구들과 같은 또 다른 민주주의 요구들과 함께 등가사슬(a chain of equivalence)을 형성해야 한다." 그 결과 노동자들과 중산층의 분배 요구 등에 더해서 "이주민이나 페미니스트들의 요구와 같은 다른 민주주의 요구들과의 등가 관계에 들어오게 될 때, 비로소 이 요구들은 급진 민주주의 차원을 획득"한다. [102]

솔직히 지금 한국 정치에 좌파 포퓰리즘의 계기가 있는지 반문한다면, 쉽게 대답하기 어렵다. 그럼에도 불구하고 사회계층별, 세대별 균열과 단절의 조짐은 어느 때보다 깊어지고 있는 것 역시 사실이다. 미래의 불확실성 역시 갈수록 심화되어 누구도 미래 삶의 전망을 확신 있게 말하기 어려운 국면이다. 이런 상황에서 과거와 같은 타협적 정책 조합을 통해 진보의 희망을 이야기하는 것이 오히려 더 어렵지 않을까? 정치의 시야와 호흡을 그 어느 때보다 크게 가져야 할 시간이다.

3 세대교체를 막을 수는 없다

2010년대를 통틀어 사회적으로나 정책적으로 가장 민감했던 주제 중 하나가 청년과 세대 이슈였다. 흙수저, 이생망, 헬조선, N포 세대 등 2010년대처럼 청년을 일컫는 신조어가 이렇듯 압도적이고 다양했던 시기가 또 있었을까? 그 탓인지 정치나 정책 영역에서 심심치 않게 '청년'이 반복적으로 호명된 시절도 2010년대였다.

정치가 청년을 호명하는 경우는 당연히 선거철이 제일 많을 것이다. 다음으로 '정책 대상'으로서 청년이 처한 어려운 현실을 외면할 수 없을 때다. 아니면 젠더나 공정 이슈처럼 기성세대와 청년세대가 사회적 태도나 정치적 성향을 두고 큰 차이를 드러낼 때 새삼스레 청년이라는 집단의 독특함에 주목하기도 한다. 또는 드물게 '사회적 주체'로서 지금 청년세대들이 경제와 사회, 정치 등 각 영역에서 어떤 능동적인 역할을 할 것인지 질문할 때에도 청년은 정치적 관심을 받는다.

하지만 돌이켜볼 때 진보 쪽에서 청년을 불러들이는 과정은 그

다지 지속적이지도 확장적이지도 못했다. 진보야말로 가장 선도적이고 적극적으로 청년, 그리고 필연적으로 청년과 연결되는 미래에 관심을 기울이지 않을까 예상되는데도 말이다. 심지어 극히 일부지만 청년을 '어리고 서툰' 존재로 폄하하면서 자연스러운 세대교체를 거부하기도 한다. 이런 현상도 인구구조의 고령화 탓일까? 어쨌든 이 대목은 개인적으로 도저히 풀리지 않는 의문이다.

소수 주변 집단이 된 청년세대

우선 '청년'을 연상했을 때 떠오르는 이미지 자체가 기성세대와 지금 청년 당사자들 사이에서 여전히 너무 다르다. 그리고 이점이 세대 간 소통을 막는 문제 중 하나라고 생각한다. 기성세대에게 연상되는 '청년'의 이미지는 주로 능동적이고 도전적인 것으로서, 청년은 사회 변화의 동력이고 '사회문제의 해결 주체'였다. 그러다 보니 으레 지금 청년들도 마땅히 그래야 한다고 '착각'한다. 그러나 기성세대, 특히 86세대가 청년시절 문제해결 능력을 갖춘 조직적 집단으로 역할을 했던 것은 아주 특수한 환경 탓이었다고 생각한다.

예를 들어보자. 첫째, 1977-1996년까지 20년 동안 우리나라 중위 연령대는 20대였다. 그 뒤로 15년 동안인 2014년까지는 30대가 중위 연령대고, 2021년 지금은 44.3세가 중위 연령이다. 그리고 20대가 중위 연령이던 시절 20대를 보낸 86세대와 그 인접 세대는 인구 규모로도 가장 많은 인구수를 가진 베이비부머 세대다. 인구학적으로 이들이 청년 시절일 때 사회적 힘이 두드러질 수밖에 없었다는 것이다. 반면 지금 청년들은 중위 연령에서도 한참 벗어나 있고 수적으로도 점점 더 소수화되고 있다. 한마디로 현재 청년은 인구학적으로만 보면 '소수 주변 집단'이라는 말이다.

둘째, 1960년대부터 1997년 외환위기 전까지는 한국 경제가 거의 8-10퍼센트 전후의 초고도 성장을 했기 때문에 늘 구직보다 구인 인구가 많았다. 소득은 빠르게 상승했고 새로 사회에 진입하는 당대의 청년세대들이 이 혜택을 많이 누렸다. 당시에도 청년들 내부에서 격차가 없었던 것은 아니지만 경제적 기회는 꽤 넓게 열렸다. 이 점도 지금과 완전히 다르다. 셋째, 상대적으로 '개천에서 용 나는' 능력주의 순기능이 어느 정도 작동했던 유일한 세대가 넓게 잡아서 1970-1990년 시기에 고등학교나 대학을 다닌 세대다. 이들이 청년일 때, 특히 대학생이었다면 다양한 출신성분을 가진 가장 조직화된 인텔리 집단으로서 사회적 힘을 가지는 것이 쉬웠다.

반면 지금은 어떤가? '흙수저' 이야기가 나올 정도로 능력은 세습화되고, 대학진학률은 이미 정점을 지나 다소 하락세를 보이고 있다. 대학생보다 지적으로나 조직적으로 큰 목소리를 가진 그룹이 사회에 넘쳐나니 청년들의 정치·사회적 발언권이 돋보일 리 없다. 이처럼 기성세대가 살았던 청년시절과 2000년대 이후 청년이 된 세대가 살아온 청년시절은 여러모로 다르다. 특히 한국의 각 세대는 완전히 '다른 세계'라고 해도 좋을 정도로 그 사회적·문화적 차이가 큰 환경에서 성장하고 활동해왔다. 기성세대 중 많은 이들이 이 대목을 여전히 잘 인정하지 않는 것 같다.

지금 청년의 문제는 미래 사회 전체의 문제

우리 사회의 균열선이 세대를 중심으로만 나뉘었다는 말은 아니다. 한국 사회가 세대로 갈등하는가 아니면 계급으로 갈등하는가 하는 흔한 질문은 초점을 완전히 잘못 짚은 것이다. 현실에서는 둘 다 작용하고 있기 때문이다. '흙수저-금수저'라는 비유가 그 증거다. 이 표현은 상위 20퍼센트 미만 기득권 엘리트의 부모 세대가 자신들의 자산과 소득, 교육적 불평등을 그대로 자신의 자녀들에게 조직적으로 복제해주고 있다는 말이다.

더욱이 과거에 비해 현재 청년세대 안에서의 계급적 분열은 매우 심각한 형국이다. 상위 20퍼센트 청년들과 그외 80퍼센트 청년들은 성장 과정에서부터 서로 소통하고 공감할 기회조차 갖지 못했고, 각자 다른 공간에서 완전히 분리된 유형의 삶을 살았기 때문이다. 그 결과 지금 청년들은 상위 계층과 하위 계층 사이에 소통과 공감의 접점을 만들기가 매우 어려운 상태다. 이는 사회 통합 측면에

[그림 10] 계급·세대에 의해 나뉜 한국 사회 대분열 구도(김병권 2020)

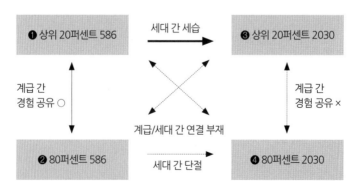

서 대단히 중대한 문제다. 특히 최근 수년간 언론을 통해 보도된 청년들의 목소리 중 적지 않은 경우가 80퍼센트 다수 청년의 목소리라기보다는 사실상 상위 20퍼센트 미만의 주장인 경우가 많았다. 그런데 (부모들에 의해 만들어진) 청년 내부의 계급적 균열을 보지 않고 이들 상위층 소수 청년들의 목소리가 마치 전체 청년을 대변하는 것처럼 오도된 경우도 있다. 인천국제공항 비정규직 정규화에 반대했던 정규직 청년들처럼, 공정의 이름으로 동료 청년들을 배제해온 주장들이 그렇다.

세대와 계급의 단층선을 모두 종합할 때 진보는 무엇을 중요하게 포착해야 할까? 엘리트 집단으로 '만들어져온' 소수 상층 청년 그룹을 제외하고 다수의 청년들은 현재 극도로 미래 전망이 불확실한 상황에서 사회에 진입하고 있다. 직장과 소득이라는 자원도, 물적 자산이라는 자원도, 정치·사회적 지위라는 자원도, 심지어 사회적 네트워크도 상대적으로 매우 취약한 소수집단인 80퍼센트 청년들이 처한 가혹한 현실에 집중해야 한다는 말이다

그런데 다른 소수집단과 달리 '청년'이 갖는 특별한 위치가 있다. 원하든 원치 않든 결국은 자연적 과정에서 세대는 교체될 것이고, 현재 다수 청년의 모습이 우리 사회의 미래를 결정할 것이기 때문이다. 지금의 청년들 모습이 결국 미래의 우리 사회 모습이 될 것이라는 말이다. '만들어진 소수 엘리트 청년 그룹'을 제외한 다수 청년들이 여러 측면에서 삶의 어려움을 겪고 있다면, 그것은 단순히 청년 문제만이 아니라 우리 사회가 장차 맞이할 사회 전체의 문제라는 것이다. 그것을 가장 앞에서 청년들이 미리 어렵게 경험하고 있다고 봐야 한다. 이 대목에서 청년 문제를 온 사회가 함께 풀어야 할 정당

성과 이유가 나온다.

미래 세대와 함께 가는 진보

어쩌면 지금 시대는 한편으로 20세기식 삶에 한 발을 담그고 있으면서 다른 한편으로는 21세기 삶의 방식에 다른 발을 놓아야 하는 전환기다. 20세기의 삶은 화석연료-전기-상하수도-도로-자동차를 인프라로 해서 현대적 도시화가 진행된 삶이다. 20-60세까지 평생직장에 취직한 가장이 4인 가족을 부양하고, 은퇴 뒤에는 사회보험으로 노후를 보장받았던 사회다. 평생직장은 대량생산-대량소비의 거대 생산 시스템에 의해 지탱되었고, 여기에 적합한 인력을 양산하기 위해 공립의 초·중·고등 교육 체계가 확립되었다. 그리고 이 위에 '고용 기반 복지국가' 시스템이 탑재되었다. 지금 진보가 정책으로 내걸고 있는 복지국가, 노동시장정책, 각종 사회보장정책, 가족정책 등은 이처럼 20세기 삶의 방식을 전제하고 있다. 이시스템은 2021년 현재까지도 우리 사회의 구성 부분이며 우리 삶의지배적 부분이다.

하지만 기존에 익숙했던 것과 전혀 다른 삶의 방식이 최근 밀려들어오기 시작했다. 플랫폼 노동으로 상징되는 불안정한 노동 양식, 전통적 4인 가족 해체와 1-2인 가구 주류화, 사회 진입-연애-결혼-출산과는 완전히 다른 삶의 전망들, 개인화 추세와 사회적 관계를 맺는 다른 방식들 등등. 이처럼 기존 시스템과 미래 시스템이중첩되어 우리 삶에 투영되는 전환기적 시점에 앞으로 성장하는 세대들은 모두 기존 시스템에 편입되기보다는 미래 시스템으로 진입할 가능성이 높다. 하지만 온갖 사회제도와 규범들은 여전히 청년세대가 아닌 기성세대에게 편향적으로 작동하고 있다. 따라서 모든 자원 접근도 기성세대에게 유리하게 배분되고 있다. 이런 측면에서 지금 청년의 문제는 미래를 여는 고민을 가장 앞장서서 해야 할 진보가 풀어야 할 문제 그 자체일지 모른다.

진보란 과거에 쌓아온 지식이나 경험으로 미래를 정교하게 설계하는 기획이 아니다. 진보는 미래를 상상하며 현실에서 그 단서를 찾아나가는 거친 과정이다. 아무리 지금의 청년이 중위 연령대에서 한참 벗어났고, 인구 규모로도 소수화되었으며, 자신을 넘어 사회적 고민을 할 물적·정치적 자원이 부족하다고 하더라도 미래가 그들의 것이라는 사실은 여전히 확고부동한 사실이다.

정말 미래를 고민하는 진보가 되려면, 그 미래를 자신의 문제로 안고 있는 차세대들이 대거 진보 영역 안으로 들어와 직접 자신들의 미래를 이야기하고 삶을 설계하도록 여지를 크게 넓혀주어야 한다.

카를 만하임(Karl Mannheim)은 "세대문제"라는 짤막한 글에서 세대교체의 당위성을 강조했는데, 100년이 지난 지금도 그 의미가 생생하게 살아 있다. 만약 세대가 교체되지 않고 한 세대가 영원히 사는 사회는 어떤 모습일지 사고 실험을 해보자고 했던 만하임의 제안을 우선 살펴보자. 그가 묘사한 '세대교체가 중단된 세상'은, '영원히 사는 세대'가 초창기에 한 번 확립한 경험이나 지적 경향들이 시간이 지나고 세상이 달라져도 거의 변하지 않은 채 유지되면서 변화무쌍한 세상과 끊임없이 마찰을 일으키게 된다. 딱 지금 우리 사회가 그렇다.

왜 그럴까? 만하임에 따르면, 사람들이 어렸을 때 배우는 "초기 인상들은 자연적 세계관으로 확립되는 경향이 있다. 그다음부터 이후의 모든 경험들은 이러한 초기 인상과 자연관의 결합을 바탕으로 그 의미를 받아들이는 경향"이 있을 만큼, "초기 인상들의 결정적인 영향은 여전히 생생하며 현저"하기 때문이다. 우리는 지금 진보와 보수를 가릴 것 없이 모두 86세대가 그들이 젊었을 때 고착시킨 80년대 세계관 속에서 현실과 정치를 해석하고 실행하는 것을 보고 있는 것이 아닐까?

만하임이 생각하는 '세대교체가 되어야 하는 이유'는 이렇다. "우리 자신은 문화적 창조와 축적이 동일한 개인들 속에서 완성되는 것이 아니라, 새로운 동년배가 끊임없이 출현한다는 사실에 의해 특징지어진다." 즉 기성세대에 의해 축적된 문화유산에 대해 '새롭게 대면'하는 다른 세대가 등장해야 사회는 발전한다는 것이다. 그 이유는 "문화 과정에 새로운 참여자가 들어옴으로써 태도의 변화가 일어나고, 역사적으로 새로운 참여자가 이전 세대에 의해 유증된 문화에 동일한 태도를 취하지 않기 때문이다." 이렇게 세대교체는 사회를 계속 바꿔내고, 의식과 사조를 바꿔내는 사회적 역동성의 핵심 기제라고 할 수 있다.

세대교체란 사실 특별한 의미를 담고 있는 게 아니라 기성세대들이 '시대가 변했음을 인정'해주는 과정이다. 그리고 새로운 시대의 환경에서 태어난 세대들이 자신의 눈으로 기성세대가 만들어놓은 유산을 재해석하고 선별하도록 해주는 것이다. 독일 물리학자 막스 플랑크(Max Planck)가 섬뜩하지만 이런 얘기를 했단다. "새로운 과학적 진리는 상대방을 설득해 빛을 보게 해서 승리를 거두는 것이 아니다. 그보다는, 상대방이 결국 죽고 새로운 세대가 새로운 진리에 익숙해지면서 승리를 거둔다." 우리는 자연의 법칙이 세대 교체를 시켜줄 때까지 버티지 않았으면 좋겠다.

두 국회의원의 세대 호명

지난 2020년 9월 세대가 다른 정의당의 두 국회의원이 국회 연설을 통해 서로 다른 방식으로 세대를 호명했다. 청년 의원 장혜영과 4선의 심상정 의원이 그들인데, 세대와 정치를 고민하는 데 시사하는 바가 있어 일부를 소개해본다. 먼저 1987년생인 장혜영 의원은, 상당수가 87년 민주화 세대에 속할 동료 국회의원들을 향해 청년들이 직면한 현실을 제대로 아는지 물었다.

87년생인 저는 독재의 두려움을 피부로 알지 못합니다. 그 두려움은 그 시대를 온몸으로 살았던 여러분만이 아는 두려움일 것입니다. 아무리 많은 책과 영상을 본다 해도, 그 두려움을 제가 감히 잘 안다고 말할 수는 없을 것입니다. 그러나 저는 다른 두려움을 압니다. 무한한 경쟁 속에 가루가 되어버릴 것 같은 두려움, 나날이 변화하고 복잡해지는 세상 속에 내 자리는 없을 것 같은 두려움, 온갖 재난과 불평등으로부터 나와 내가 사랑하는 사람들을 끝까지 지켜줄 수 없을 것 같은 두려움, 무사히 할머니가 될 수 없을 것 같은 두려움. 누구를 타도해야 이 두려움이 사라지는지 알 수 없는 두려움입니다.

87년의 정의가 독재에 맞서 싸우는 것이었다면, 지금의 정의는 불평등과 기후위기에 맞서 싸우는 것입니다. 여러분께서 청년 시절의 젊음을 바쳐 독재에 맞섰듯, 한때 우리를 번영하게 했지만 지금은 지구상 모든 인류의 생존을 위협하는 탄소 경제에 맞서, 청년들에게 꿈을 빼앗고 인간성을 나락으로 빠뜨리는 지긋지긋한 불평등에 맞서, 우리를 덮쳐오는 온갖 불확실한 위기들에 맞서 모두의 평등하고 존엄한 삶을 지키기 위해 저 또한 저의 젊음을 걸고 이 자리에 서 있습니다.

지난 2017년, '이게 나라냐'를 외치며 문재인 정부가 출범했을 때 많은 시민들은 기대에 부풀었습니다. 저 또한 그중 한 사람이었습니다. 민주화의 주인공들이 민주적인 방식으로 권력을 잡을 때, 그 권력이 지금껏 우리 사회의 케케묵은 과제들을 깨끗이 청산하고 새로운 시대에 우리가 마주한 도전들에 용감히 부딪쳐갈 것이라고 기대했습니다.

그러나 지금 우리가 마주하고 있는 것은 한때 변화의 가장 큰 동력이었던 사람들이 어느새 시대의 도전자가 아닌 기득권자로 변해 말로만 변화를 이야기할 뿐 사실은 그 변화를 가로막고 있는 존재가 되어버린 안타까운 현실입니다. 모두가 평등하고 존엄하게 살아가는 세상을 위해서라면 사랑도 명예도 이름도 남김없이 싸우겠다던 그 뜨거운 심장이 어째서 이렇게 차갑게 식어버린 것입니까.

한편 심상정 의원은 2020년 가을 대표연설에서 기성세대가 미래세대를 어떤 눈으로 이해하고 공감해야 하는지에 대해 설득력 있는 화두를 던졌다. 이런 식으로 서로 다른 세대가 미래를 위해 마음을 모으고 연결될 수 있지 않을까?

독일 총리 빌리 브란트가 갈파했듯이, 청년들은 오늘의 현실과 어제의 비참함을 비교하지 않습니다. 오늘의 현실과 내일의 가능성을 비교합니다. 반면 우리 세대는 어제의 비참함과 오늘의 현실을 비교합니다. 지금 우리가 가진 민주주의와 80년 5월 광주를 비교합니다. 우리 세대의 눈은 과거에 머물러 있습니다.

하지만 저 심상정도 청년이었던 시절이 있었습니다. 그때 저와 우리 세대의 눈이 미래로 향하지 않았다면 독재와 억압의 현실은 바뀌지 않았을 것입니다. 노동조합조차 만들 수 없었던 어둠의 시대는 바뀌지 않았을 것입니다.

우리 청년들의 불안한 눈동자는 재난의 시대를 통과하기 위한 안간힘 속에서도 미래로 향해 있습니다. 전례 없는 불평등과 기후재난에 저마다의 방식으로 맞서고 있습니다. 저와 정의당은 우리 청년들의 투쟁에 팔 걷어붙이고 어깨를 걸겠습니다. 그들과 함께 싸우는 바로 그곳에서 정의당과 심상정은 다시 일어설 것입니다.

4 분배투쟁과 인정투쟁은
함께 갈 수 있을까?

"어째서 오늘날 정치 엘리트들은 통제 불능의 시장이 가하고 있는 파괴행위로부터 사회와 자연은 말할 것도 없고, 심지어 자본주의 경제 시스템을 구출하기 위한 각종 규제계획들조차 제대로 밀고 나가지 않는 것일까?"

"사람들의 살림살이가 위험에 처해 있고 공동체는 타격을 입고 있으며, 생태 서식지는 절멸 위기에 처해 있건만, 어째서 각종 사회운동은 이를 수호하기 위한 대안적 헤게모니의 기획으로 집결하지 않는가?"

"노동조합, 실업자들, 불안정 노동자들, 여성주의자들, 생태주의자들, 반제국주의자들, 사회민주주의자들, 민주적 사회주의자들까지 모두 포괄하는 폭넓은 동맹은 왜 없는 것일까?"

진보를 고민하는 누구든 해보았을 법한 질문들이다. 2008년 글로벌 금융위기 이후 신자유주의의 문제가 만천하에 드러났을 때, 이제 칼 폴라니(Karl Polany)의 시나리오대로라면 사회의 중심이 '규제 풀린 시장'에서 다시 '시장의 규제와 사회복지'로 옮겨와야 했다. 그런데 현실에서는 왜 이런 방향 전환이 일어나지 않는지 의문을 제기하며 페미니스트 정치철학자 낸시 프레이저가 던진 질문들이 위의 인용문이다.[103]

오늘날 우리가 사는 사회가 조금이라도 나은 방향으로 변화하려면, 이미 기득권화된 엘리트들의 선의를 기대하는 것이 아니라면, 변화에 대한 평범한 시민들의 열망과 정치적 에너지를 발견해야 할 텐데, 시스템을 흔들 만한 변화의 정치적 에너지는 어디서 만들어질 수 있을까? 특히 우리 시대의 가장 중요한 사회적 과제인 기후위기−불평등−차별을 해결해나가는 교차점에서 어떻게 시민들의 정치적 에너지를 만들어낼 수 있을까? 때로는 '가치'에 공감해서, 때로는 '이해관계'의 단층선을 따라, 또 때로는 '정체성'의 응집력에 따라, 사람들 마음속의 변화 에너지는 어떤 식으로 정치적 힘이 될 수 있을까?

지금 가장 중대한 과제

미리 짚어두고 싶은 것은, 기후위기, 불평등, 차별의 문제가 현재 가장 중대한 과제라고 모두가 말하고 있지만, 여기에 대한 공감의 깊이는 천차만별이라는 것이다. 그리고 많은 경우 이 세 가지 과제를 너무 관성적으로 받아들이는 것 같다. 우선 기후위기 이슈는 이제 지금까지의 환경운동과 차원이 달라졌다. 과거 국가안보나 평화 이슈를 대하던 수준으로 전 사회적 과제로 설정할 것인지 확실히 결정해야 한다는 뜻이다(미국은 이미 기후위기를 중요한 국가안보의 하나로 보고 있다).

좀 더 과감하게 기후위기의 의미를 확장시키면, 체제 변화 수준의 변화 압력을 현대 사회에 가할 수 있는 가장 강한 힘이 현재로서는 거의 유일하게 기후위기가 아닐까 생각한다. 불평등 경제사학자 발터 샤이델(Walter Scheidel)이 역사적으로 불평등을 감소시켰던 실제적 힘은 전쟁, 전염병, 혁명, 국가 붕괴 정도밖에 없었다고 했는데, 이런 것들을 21세기에 다시 불러들일 수는 없지 않나? '녹색성장' 수준의 그린 뉴딜만으로도 1930년대 뉴딜정책 같은 위로부터의 대단한 개혁이 필요하다. 더욱이 '탈성장' 버전의 그린 뉴딜이라면, 아예 위로부터 개혁과 아래로부터 혁명이 동시에 필요할 정도로 강력한 시민적 에너지가 필요하다. 그런데 과연 지금 기후위기에 대해 모두가 이 정도 수준으로 생각하고 있을까? 지금 그린 뉴딜을 그런 수준으로 기획하고 있나?

불평등 문제도 마찬가지다. 흔히 진보적이라고 생각하는 사람들은 자신이 불평등 문제에 대해 잘 안다고 생각한다. 계급사회에서는 언제나 있었던 문제이므로 지금까지 서구에서 해왔던 것처럼 사민주의적 분배정책 확대로 불평등을 해소할 수 있다고 암묵적으로 생각하는 관성도 있는 것 같다. 하지만 현재의 불평등은 우리가 일찍이 경험하지 못한 세기적 수준으로 악화되었다. 어쩌면 지금까지 알던 분배 해법으로는 문제가 해결되지 않을 수도 있다. 제2차 세계대전 이후 시행된 '농지개혁'을 다시 호명하는 배경도 여기에 있지 않을까?

온갖 차별을 없애고 서로를 동등하게 인정하는 문제도 마찬가지다. 현재 글로벌 차원에서도 인종과 종교, 젠더 등 정체성 이슈는 가장 심각한 갈등과 충돌의 요소로 작동하고 있다. 이미 21세기 벽두에 터진 9·11사태부터, "종교, 민족, 젠더를 둘러싼 투쟁들이 상호 중첩되면서 더 이상 인정의 문제는 무시될 수 없게 되었다. 차이라는 횡단축이 매우 강력하게 정치화되고 있기 때문에 인정 문제는 앞으로도 지속적인 논란의 중심에 서게 될 것"이라고 일찍이 예상한 사람들도 있었다.[104] 그리고 지금 그 예상대로 현실이 진행되고 있다.

요약하면, 앞으로 진보의 가장 넓은 외곽은 '기후위기' 대처로 울타리가 만들어질 것이다. 여기에서 진보의 역할은 기후위기 대처를 위한 넓은 시민적 에너지 흐름 안에서 가짜 그린 운동을 제압하고 기후위기를 근원적으로 해결하기 위한 시스템 차원의 변화를 추진하는 것이다. 또한 그 안으로 '분배투쟁'과 '인정투쟁'의 에너지를 끌어들여야 한다. 복잡하게 다층화된 사회에서 경제적 불평등 해소와 사회적으로 무시당한 사람들의 '동등한 사회적 인정' 투쟁은 사회 변화의 열망을 향한 두 개의 큰 줄기다.

특히 인정투쟁의 역할이 현대사회에서 중요하다. 여기서 인정투쟁이란, "부정적 낙인, 물리적 폭력, 문화적 평가절하, 사회적 배제, 정치적 주변화, 일상생활에서의 괴롭힘과 비난, 완전한 시민권 부여 및 시민권에 대한 보호의 거부"에 저항하는 일체의 사회적 움직임으로 이해해보자.

프레이저식 분석에 따르면, 현실에서 분배와 인정 문제는 원래 하나로 통합되어 있었다. "사실상 모든 사람은 경제적인 구성요소와 지위적 구성요소를 갖는다. 따라서 사실상 모든 사람은 불인정과 불평등 분배 모두를 경험하게 된다." 예를 들어 여성은 일상에서 계급문제와 젠더문제를 동시에 겪게 되는데, 직장에서 여성의 임금은 남성보다 낮고 진급도 늦으면서 동시에 지위 서열에 따른 성희롱 등에 노출된다.

프레이저는 이렇게 표현한다. "하나의 렌즈를 통해서 보면 젠더는 계급과 친연성이 있다. 다른 하나의 렌즈를 통해서 보면 젠더는 지위와 더 밀접한 관련이 있다. 각각의 렌즈는 여성의 종속에 관한 중요한 측면에 집중하도록 해준다. 하지만 각각의 렌즈 하나만으로는 결코 충분하지 않다." 이렇게 "종속과 관련된 거의 모든 현실적인 축들은 이차원적인 것으로 간주될 수 있다. 거의 모든 종속들은 불평등 분배와 무시 모두를 포함하고" 있다. 따라서 "정치이론에서의 과제는 불평등 분배와 무시 모두를 치유할 수 있는 일련의 제도적 배치와 개혁정책들을 구상하는 것"이 필요하다.[105]

사실 개념으로 설명하면 다소 복잡하지만 현실 생활에서는 그렇지 않을 수도 있다. 정의당 장혜영 의원은 언론과의 인터뷰에서 "노동과 젠더를 따로 떨어트려 보는 건 굉장히 무리한 도식화"라며 다음과 같이 확인한다. "수많은 여성 노동자가 자신의 일터에서 성폭력을 경험한다. 이걸 여성문제로 봐야 할까, 노동문제로 봐야 할까. 당연히 둘 다에 해당한다. 삶에서 일은 떼려야 뗄 수 없으며, 노동 안에서 사람들의 다양한 정체성은 함께 숨 쉰다. 분리해서 보지 않았으면 한다."[106]

분배에서 후퇴한 인정투쟁의 역사

그런데 문제가 그리 간단치 않은 현실적인 사정이 있다. 과거에 분배와 인정을 잘 결합하지 못한 아픈 역사적 경험이 있기 때문이다. 프레이저는 미국의 1980-1990년대 경험을 지적하며 당시 "신자유주의가 부상하는 가운데 인정투쟁이 분배투쟁을 오히려 대체"해버림으로써, "분배와 인정 모두를 포괄하는 더 광범위하고 풍부한 패러다임에 이르는"데 실패했다고 평가한다.[107]

미국의 여성주의자들이 재분배에서 인정으로 관심을 돌렸던 시기는 바로 우파들이 재분배정책에서의 후퇴에 대한 관심을 분산시키기 위해서 퇴행적인 문화정치를 활용하는 전략을 완성시키고 있던 시기였다. 이 양자가 일치한 것은 정말로 불행한 일이었다. 미국의 여성주의자들과 다른 진보운동들이 정치경제를 상대적으로 소홀히 취급한 결과 우파들이 득세를 하게 되었으며, 그들이 문화적 전회의 중요한 혜택을 차지하게 되었다.[108]

왜 이렇게 되었을까? 쉽게 판단할 사안은 아닐 것이다. 사실 20세기 사회복지 시스템은 (백인)남성 가장 중심의 위계적 질서 안에서의 분배정책에 기초를 두었다. 그것은 가정에서의 가부장 질서, 노동시장에서의 남녀 직업 차별, 그리고 전 사회적인 인종차별과 성소수자 불인정 등을 해결하지 않은 채로 봉합한 시스템이었다. 그런데 분배와 복지를 강화해나가는 과정이 이전처럼 인종이나 성적 차별을 그대로 덮어두고 해나갈 수도 있지만, 반대로 차별을 해체해나가면서 동시에 복지 강화에 기여하는 방법도 분명 있었다. 이를테면 북유럽의 복지국가들이 복지 체제를 무너뜨리지 않으면서 차별을 철폐해나가는 데 비교적 성공한 측면이 있다. 하지만 미국처럼 실제 역사 과정에서 차별을 해체한다고 하면서 엉뚱하게 기존 복지도 같이 해체해버린 경우가 있었다고 프레이저는 진단한다.

그러다 보니 1970년대 이후 서구 중심으로 (그리고 최근 한국 사회에서) 폭발한 젠더와 다양성 인정투쟁이 분배투쟁과 잘 호흡하며 가기보다는 분배 운동에서 분리될 가능성을 우려하는 목소리가 지속적으로 나오고 있다. 즉 시장규제−사회복지를 주창해온 전통적 노동운동·사회운동과 거리를 두고, 일부에서 오히려 자유계약, 능력주의, 개인화된 소비주의 또는 유연성을 강조한 시장주의자들과 친화성을 보이며 인정투쟁을 해왔다는 것이다(프레이저가 말하는 자유주의적 페미니즘이나 급진적 페미니즘).

그 결과 앞서 지적한 것처럼 1980년대 이후 신자유주의가 세계를 휩쓸면서 분배제도를 무너뜨리고 시장지상주의를 퍼뜨릴 때, 젠더와 소수자 인정운동이 여기에 맞서기보다 일정하게 '편승'한 대목도 있지 않냐는 것이 프레이저의 문제의식이다. 이렇게 갈 경향적 위험성, 즉 '재분배 정치에서의 후퇴'와 젠더를 축으로 한 '인정정치'로의 편향은 사실 언제나 발생할 개연성이 숨어 있다고 생각한다. 물론 정반대의 측면에서 기존에 존재하는 차별을 덮어둔 채 재분배 요구만을 전면에 내걸었던 옛 관성이 얼마든 부활할 가능성도 있음은 물론이고.

정치적 에너지를 이루며 함께 가는 길

어떻게 하면 분배투쟁과 인정투쟁이 함께 갈 수 있을까? 일단은 대전제로서 "공식적인 경제 시스템을 넘어서 보다 넓은 사회적 재생산의 영역"까지 시야를 확대해보면, 사회 변화를 위한 정치적 에너지로서 인정투쟁은 앞으로도 여전히 가장 중요한 요소가 될 것이다. "오늘날 대중 동원의 주된 기초로 기능하는 것은 바로 '사회적 지위관계'다. 젠더, 섹슈얼리티, 종교, 언어, 인종, 문화적 혈통, 민족성 등을 둘러싼 투쟁들이 오늘날 저항 행동의 지배적인 문법이라고 할 수 있는 '인정'의 정치를 통해 조직되고 있다."[109] 왜냐하면 "위계적이고 배제적이며 공동체 지상주의적인 방식으로"는 되돌아갈 수 없기 때문이다.

이렇게 인정투쟁이 놓칠 수 없는 현대의 정치적 에너지라는 전제 아래, "계약, 능력주의, 개인적 출세 등을 천진난만하게 신봉하는 태도"와 단절하도록 도와야 한다고 프레이저는 제안한다. 결국 인정투쟁이 시장주의적이고 개인주의적인 흐름으로 빠지지 않도록 함으로써, 분배투쟁과 인정투쟁을 하나의 흐름 안에 합류시켜야 비로소 사회 변화를 위한 정치적 에너지가 형성될 수 있다는 것이다.

기후정의를 위한 투쟁, 분배투쟁, 인정투쟁이 상탈 무페의 표현대로 중심 기표 아래 어떻게 서로 동등한 연계성을 갖고 하나의 정치적 헤게모니 집단을 이룰 것인지는 사실 개념으로 대충 뒤섞을 일은 아니다. 굉장히 어려운 실천적 이슈이기 때문이다. 현재 진보의 실천적 최대 난제는 여기에 있다. 노동이냐 젠더냐 하는 저차원적 논쟁 때문에 이론과 실천을 모두 비생산적으로 퇴행시키지 말아야

한다. 새로운 양식의 정치가 불안하고 두렵다고 예전으로 돌아갈
수는 없다.

5 '투표하는 민주주의'에서
'토론하는 민주주의'로

"민주주의는 활기찬 시민사회와 역동적인 정치적 공론장을 먹고 산다. 주변화된 층을 정치적 공동체 속으로 포용하여, 목소리를 잃은 사람들에게 정치적 목소리를 되돌려주기 위해선 시민사회와 정치적 공론장으로부터 끊임없는 자극이 나와야만 한다."

위르겐 하버마스가 《사실성과 타당성》(*Faktizität und Geltung*, 나남) 한국어판 서문에 썼던 것인데 지금 아주 필요한 얘기 같다. 과거에는 물리적 억압과 강제 때문에 사회적 약자들의 목소리가 사라졌다면, 최근에는 자원을 독점한 엘리트 집단들의 목소리가 정치 공론장을 지배하는 탓에 80퍼센트 약자들의 목소리가 사라진 것 아닐까? 엘리트 세습사회가 되면서 사회적 서열이 고착되고 사회적 역동성이 떨어진 상황에서, 요즘 공론장이 과거보다 더욱 소수 힘 있는 엘리트 집단에 의해 지배되고 있다. 지난 수년간의 검찰 개혁이나 부동산 개혁, 비정규직 의제 등이 논의되던 공론장이 그러했다고 생각한다. 그러므로 그 어느 때보다 진보는 여기저기서 시민들의 토론 공간을 적극적으로 열고 다양한 목소리가 공론장에 나올 수 있도록 돕는 것이 중요하다. 흔히 말하듯 진보는 '투표중심'(vote-centric)에서 '토론중심'(talk-centric)으로 더 무게중심을 옮겨야 한다는 말이다.

또 다른 대안으로서의 숙의민주주의

어떤 대목에서는 요즘 정치에서 민주주의가 '선호'와 '경쟁', 이 두 단어로 꽤 설명되는 것 같다. 경제 논리에 등장하는 핵심어와 완전히 같다. 이때 시민들 각자는 자신의 이익을 추구한다고 간주하고, 정치란 경제와 마찬가지로 시민들이 각자 좋아하는 선호들을 모으고 경쟁하는 과정이라고 본다. 정치인들도 각자 자신의 이익을 추구하기는 마찬가지다. 그들은 더 많은 유권자의 선호를 얻기 위해 시민들에게 호소한다. 이런 차원에서 보면 정치인은 사업가나 중개인들과 다를 바 없으며, 그들의 행동 역시 시장 마케팅 방식과 큰 차이가 없게 된다.

각자 자기 이익을 추구하는 시민들, 역시 자기 이익을 추구하는 정치인들이 투표장에서 가장 최적으로 만나게 된다. 흔히 표를 얻기 위한 경쟁을 부각시킨 탓에, 정치학자들은 이를 '경쟁적 민주주의' 또는 '선호집합 민주주의'라고 한다.[110] 여기에서는 이기적 개인의 합리적·전략적 행동은 보이지만 의사소통 행위의 무게는 잘 보이지 않는다. 그런데 각자의 이기적 "합리성(rationality)이라는 얇은 개인주의적 형식"으로 만들어진 위와 같은 민주주의는 사실 진보가 취해야 할 모습은 아닐 것이다. 비록 보수 정치가 지배하는 한국 정치사회에서 전체 방향이 이렇게 흘러가더라도 진보는 다른 실험을 하기 위해 노력해야 한다.

언제부터인지 대의제 민주주의가 답답할 정도로 약자의 목소리를 외면하고 힘 있는 자들의 이해관계에만 귀를 기울일 때, 진보는 여기에 대항해 흔히 주민발안이나 주민투표 또는 오픈프라이머리 같은 직접민주주의 제도를 떠올린다. 하지만 매우 드문드문 진행되는 이런 방식 역시 상당히 제약이 많다. 한편 숙의민주주의(deliberative democracy)가 경쟁적 민주주의의 대안으로 자주 얘기된다. 흔히 배심원제나 플래닝셀(planning cell) 또는 숙의조사처럼 엄격하게 대표를 뽑아 체계적으로 진행되는 숙의 절차를 생각하기 쉽지만, 좀 더 느슨한 공론장 활성화까지 포함하면 좋을 것이다. 그러면 공론장이란 뭘 말하는 걸까? 하버마스는 '의견의 소통을 위한 네트워크'로 축약한다.

"공론장을 기술하는 최선의 길은 내용과 태도 표명의 소통을 위한, 따라서 의견들의 소통을 위한 네트워크로 기술하는 것이다. 여기서 의사소통 흐름들이 걸러지고 종합되어 주제별로 묶인 공적 의견 더미로 집약된다."[111]

요즘 하루가 멀다 하고 여론조사를 하는데 이걸로 충분하지 않을까? 여론조사는 특정 시점에서 개인들 각자의 선호를 사진 찍듯 찍어 보이는 것이지 상호 토론과 설득 등을 전혀 필요로 하지 않는다. 그래서 정제되지 않은 여론(raw public opinion)이라고도 표현하는데, 이는 초보적 여론일 수도 있지만 오염된 여론일 수도 있다.

[그림 11] 하버마스가 제안하는 의사소통 공간과 공론장

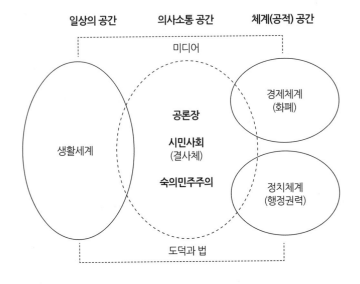

따라서 공론장은 "여론조사 결과와 혼동될 수 없다. 정치적 여론 조사는 공론장 속에서 특정한 주제에 관해 이미 의견이 형성되어 있 을 때, 공적 의견에 대한 일정한 거울상을 제공할 뿐이다."[112] 공론 장을 강조하는 이들은 사적 생활세계에서 시작해 공식적인 정치기 구에 이르기까지 다양한 중간지대에서 일어나는 소통과 토론의 장 이 활성화하기를 기대하는 것 같다. "공론장의 의사소통 채널은 사 적인 삶의 영역과 연결되어 있다. 즉 가족과 친구라는 조밀한 상호 작용망에 연결되어 있고, 이웃, 직장동료, 친지 등과의 좀 더 느슨한 접촉망에 연결되어 있다."[113]

소통하고 토론하는 공론장

공론장을 중요하게 간주하려면 먼저 개인 이익을 위해 행동하는 이기적 인간 말고 서로 '의사소통하는 인간'이라는 또 다른 면을 중시해야 한다. 아울러 '토론하는 시민'들에 대한 상당한 신뢰를 가져야 한다. 개인들이 다른 사람들과의 정치적 대화에 참여함으로써 자신의 선호와 가치, 그리고 판단에 대해 심사숙고할 수 있는 능력을 가졌음을 믿어야 한다는 것이다.

그러면 진보는 이런 공론장에서 무슨 일이 일어나길 기대해야 할까? 토론을 통해 자신의 초기 선호를 바꿀 수 있고, 동의는 하지 않더라도 다른 의견을 이해할 수 있으며, 개인의 이익과 공적 이익을 더 근접시킬 수 있는 과정을 조직해야 한다. 페미니스트 정치철학자 아이리스 영(Iris Marion Young)은 이렇게 강조한다.

> 다른 맥락에 위치해 있는 사람들과 다양하게 뒤섞인 공적 토론 과정을 통해, 사람들은 흔히 새로운 정보를 얻거나, 집합적 문제에 대한 상이한 체험을 배우거나, 자신의 기존 의견이 편견이나 무지에 근거했음을 또는 다른 사람들과 맞물려 있는 자신의 이해관계를 미처 잘못 알고 있었음에 눈뜨게 된다.[114]

특히 공론장에서 형성된 여론의 정치적 힘을 만들기 위해 공론장과 정치조직이 연결되어야 한다. 이 대목에서 정치조직의 역할이 중요하다. 특히 진보적 정치조직은 지역이나 생활 현장에 가까운 곳에서 다양한 방식으로 공적 토론 공간을 형성하는 공론장의 조직자 역할을 해야 한다.

그것은 정기적인 모임일 수도 있고 일회적인 토론포럼일 수도 있다. 다양한 방식으로 공적 의제들을 소통하고 깊게 숙의하여 더 합당한 결론을 유도할 수 있는 기회를 만들어야 한다. 이런 토론 기반을 풍성하게 가질 때 비로소 진보는 다양한 사회적 약자들의 목소리를 정치적 공론장과 대의적 공간으로 끌고 들어와 힘을 발휘할 수 있을 것이다.

그런데 최근의 경향을 보면 진보조차도 '경쟁적 민주주의'에 휩쓸려 보수 정치에게 압도적으로 유리한 정치 구조와 미디어 구조 아래 단순 득표 경쟁을 하고 있다는 생각이 든다. 그러다 보면 진보가 추구하는 다양성을 충분히 드러내지 못하고 쉽게 정체성 갈등에 휩쓸리게 된다. 또한 시민들의 변화 열망을 진보적 에너지로 상승시키기보다는 보수적 포퓰리즘으로 흘러가게 할 수도 있다. 그러므로 진보는 시민들의 생활세계 근접거리에서 학습과 토론의 기회를 여는 활동에 더 많은 노력을 투입할 필요가 있다.

공론장에서의 충분한 의사소통과 토론을 통한 합의를 요구하는 방식은, 정치가 서로 대립하고 상충하는 지향 사이의 첨예한 쟁투라는 점을 가려버리지 않을까? 라클라우나 무페는 그럴 수 있다고 주장한다. 하지만 나는 공론장에서의 숙의를 강조하는 것과 정치에서의 첨예한 쟁투성과 경합성을 함께 살려내는 것이 가능하다는 아이리스 영의 주장에 공감한다.[115] 비록 어렵더라도 토론의 정치를 통해 더 많은 힘없는 이들의 목소리를 담아내는 한편 현대사회가 안고 있는 온갖 "부정의, 탐욕, 편견, 가치의 차이 등에서 파생된 갈등"을 대충 말로 얼버무리지 않고 정치 공간에서 치열하게 쟁투하는 진보의 전투성이 동시에 갈 수 있는 길을 찾아야 한다고 생각한다.

온라인 공론장의 잠재성과 한계

요즘 같은 인터넷 시대에 '비트로 된 공론장'이나 '전자적 아고라' '전자적 커피하우스' 방식의 공론장은 얼마나 유효할까? "평범한 시민이 수동적 수용자가 아닌 참여자가 되고, 단지 개인용 컴퓨터 비용이나 네트워크 접속을 위한 약간의 요금 정도만 지불할 수 있다면" 서로에 대해서나 권력에 대해서조차 상시로 말하고 교류하는 시대가 왔다고 많은 이들이 주장한다.

특히 "현대의 대규모 군중이란 직접적으로는 단지 일부의 동료와만 상호작용하기 때문에, 정확하게 '상상의 공동체'가 된다. 미디어는 시민을 대신해서 상징을 배치하고 확산시키며, 공적 토론과 문화적 친교의 무대를 선별적이지만 만들어줌으로써 그러한 연계를 원활하게 한다."[116] 이미 '디사이드 마드리드' 같은 거대 온라인 공론장이 다양한 차원에서 설계되고 응용되는 것을 보면, 온라인 공론장의 효율성은 입증되었다고 볼 수도 있다. 하지만 이 분야에 대해 과도한 의미 부여를 하던 시기는 이제 좀 지난 것 같고, 그렇다고 반대로 무의미하다고 치부할 필요도 없는 것 같다.

특히 미시 공론장의 세계로 오면, 요즘에는 대부분 온라인과 오프라인이 '믹스'된 형태로 공론장과 조직화가 진행되는 추세이고 그것이 자연스럽다. 사실 온라인 공론장도 오프라인에서의 '면대면 접촉'을 통한 '관계의 힘'을 축적해 형성하는 것이 중요하지 않을까?

언어나 문자를 통한 온라인 의사소통 행위는 관계와 교류에 중요한 영향을 주지만, 어떤 대목에서는 매우 제한된 일부에 불과할 수 있기 때문이다.

미시 공론장이나 커뮤니티 조직화를 위해 카톡방을 만들든 페이스북 그룹을 만들든 다양한 최신 통신과 정보 기법을 활용하는 것이 마땅하고 유익하지만, 그 핵심이 '관계의 축적' '신뢰의 축적'이라는 차원에서 볼 때 언어나 문자를 넘어 정서와 분위기로 전달되는 더 많은 것들이 또한 도움이 될 것이다. 그래서 미시 공론장이 열리는 주민 총회에 직접 발품을 팔아야 하고, 실제로 만나서 커뮤니티를 조직해야 하는 게 아닐까? 비록 기술이 발품을 조금 줄여주겠지만 말이다. 직접 만나서 토론하고 설득하여 더 나은 결론을 만들어 보라는 뻔한 이야기를 요구하는 거냐고? 그렇다.

6 읍·면·동에서
주민자치와 함께하는 진보

진보의 대전제가 평범한 시민의 잠재력을 신뢰하는 것이라면, 그것은 또한 시민들의 소통과 토론 능력을 신뢰할 뿐 아니라 시민들의 자기결정능력을 신뢰하고 존중하는 것이다. 숙의민주주의와 풀뿌리 민주주의, 결사체 민주주의에 대한 진보의 강력한 존중은 여기에서부터 나오지 않았을까? 진보의 가장 근본에는 이처럼 흔히 말하는 '민중에 대한 믿음'이 깔려 있어야 한다고 생각한다.

주민의 직접 참여가 가능한 풀뿌리 민주주의가 특히 기득권 엘리트 정치나 극우 포퓰리즘 정치를 견제하는 중대한 지렛대가 될 수 있다는 분석도 있다. 미국 정치학자 마이클 린드(Michael Lind)는 최근 저서 《새로운 계급전쟁》(*The New Class War*, 2019)을 통해 경제·정치·사회 분야에서 엘리트 기득권에 맞서는 '대항력'(countervailing power)을 어떻게 형성할 것인지에 대해 질문하면서, 특히 정치에서는 수만 명 수십만 명 단위의 로컬리즘을 복원해 일반 시민들이 정치 구경꾼의 자리를 벗어나 정치 참여를 하도록 하자고 제안한다. 한국의 경우 산술적으로만 보면 시·군·구 자치 정부의 다양한 의사결정에 주민들이 참여하도록 하자는 것으로 읽힐 수 있다. 하지만 원래의 취지를 살린다면 주민참여가 조금 더 직접적일 수 있는 읍·면·동 주민자치회가 오히려 더 어울릴 수 있다. 이처럼 풀뿌리 민주주의를 강조하는 것이 이제는 단순히 개념적으로 '이상적'이기 때문만은 아니다. 극우 포퓰리즘에 대한 대안으로도 제시되고 있는 것이다.

지방정부에서 진보의 효능 검증받기

2020년 21대 국회에서 지방자치를 다루는 가장 포괄적인 법률인 "지방자치법"이 1988년 이후 32년 만에 전부 개정되었다. 이 개정안에는 원래 "주민자치회 운영과 기능 수행에 필요한 행정적·재정적 지원을 한다"라는 내용이 명시되어 있었다. 그런데 이 조항이 국회 상임위와 법안심사 소위에서 통째로 삭제되었고, 그 결과 '기관자치 또는 단체자치' 관련된 새로운 내용은 많이 추가되었지만 '주민자치' 관련된 부분은 진전이 없게 되어버렸다.

많은 마을 활동가들과 주민자치 운동가들이 거세게 항의했지만 정작 진보는 이에 대해 특별히 반응하지 않았다. 주민자치의 전진이 결정적으로 가로막혔는데 왜 가장 민감해야 할 진보가 무감했을까? 노동조합이나 통상적인 시민사회 조직 들의 탄생과 소멸에는 민감했던 진보가 주민자치 조직을 만들고 발전시키는 문제에는 왜 이토록 둔감할까? 그냥 넘어갈 일은 아니다.

그동안 진보는 주로 노동조합이나 농민회 등에 조직적으로 의지해 성장한 면이 있다. 반면 한국 사회에서 지역 커뮤니티 조직화의 전통과 경험은 일부 빈민운동이나 철거민 싸움 등을 제외하면 극히 미미하다. 그러다 보니 주민 조직화에 대한 진보의 경험과 의지가 매우 불충분하다고 생각한다. 한때 진보 진영에서 커뮤니티 조직의 전설 사울 알린스키(Saul Alinsky)에게 관심을 두는가 싶더니 금방 사그라졌다.

노동조합이나 시민단체 등은 앞으로도 여전히 진보의 의지처로 남겠지만, 2020년대 이후 진보의 조직적 운명은 읍·면·동 공간에서 만들어지는 주민자치회 등 주민 조직화에 의해 결정될 것이라고 나는 생각한다. 이는 대규모 산업지대나 노동조직의 약화, 기후위기 운동의 지역 분산화, 마을공동체와 사회적 경제 등 생활권에서 저공으로 활동하는 결사체들이 강화되는 추이에 비추어볼 때 불가피한 면도 있다.

또한 진보의 당면과제는 실질적으로는 중앙정치에 앞서 지방정부를 책임지고 운영해 주민들에게 진보의 효능을 검증받는 것이다. 그러므로 2022년 지방선거에 임하는 태도는 과거와 달리 더욱 특별해야 한다. 그럼에도 불구하고 유력 '진보 지방정부'를 목표로 하는 것이 여전히 진보에게 그저 모호한 희망사항인 것은 주민 조직화에 대해 진보가 막연하게 생각하고 있기 때문이다.

주민자치회의 중요성과 필요성

우리나라는 특별한 독재정권의 유산을 가지고 있다. 독재정부 시절부터 읍·면·동−통−반으로 연결되는 천천히 하향식으로 조직되는 주민 근접 공간의 행정체계가 그 유산이다. 그러다 보니 중앙정부의 정권이 교체되고 광역단체와 기초단체의 인물이 여러 차례 바뀌어도 읍·면·동 행정단위는 여전히 보수적인 직능 단체나 유지들의 견고한 아성으로 남았다. 이런 상황에서 주민과 밀착해 진보가 활동한다는 것 자체가 난센스였을 수 있다. 하지만 지난 10년의 변화를 잘 살펴볼 필요가 있다. 2010년대로 접어들면서 시민사회와 시민들의 자발적 결사 가운데 가장 두드러진 것은 지역에서 마을공동체 만들기와 사회적 경제 만들기였다.

이들 운동을 토대로 주민자치를 제도화하고 여기에 참여하는 초기적인 주민 주체가 형성된다. 그리고 그 정점이 읍·면·동 단위에서 만들어지고 있는 '주민자치회'다. 서울시가 선도해 '주민자치회'를 구성하고 '주민총회'를 실험하면서 확산된 시도들이 이제 전국의 3500여 개 읍·면·동 가운데 2020년 4월 기준 626개 주민자치회(18퍼센트)로 늘어났다(2018년에는 95개에 불과했다). 짧은 기간에 굉장히 빠른 속도로 늘었는데, 조만간 서울은 425개 행정동에서 모두 주민자치회가 만들어지고 해마다 주민총회가 열릴 전망이다. 참고로 전국에는 17개 광역단체와 226개 기초단체가 있고, 그 아래 3500여 개의 읍·면·동이 있다. 읍·면·동은 작으면 수백 명 규모에서 통상 몇만 명 정도로, 이 자체도 규모가 상당히 크지만 현재 시점에서는 시·군·구 기초단체의 말단 행정조직에 불과할 뿐이다.

2013년부터 "지방자치분권 및 지방행정체제 개편에 관한 특별법"에 따라 시범적으로 주민자치회를 조금씩 운영해오던 것을 서울시에서 신규로 조례를 제정해 대거 확대하기 시작했고, 2018년부터는 행정안전부의 지원 아래 꾸준히 전국으로 확대하는 작업을 해왔다. 행정안전부에서 주민자치회 업무를 맡고 있는 하경환 과장에 따르면, 주민자치회의 민주적 특성은 계속 진화하고 있다. 위원 구성의 다양성(여성, 청년, 직장인 비중 상승), 위원회의 대표성 확보(자치위원 추첨제 실시), 운영의 민주성(자치계획 수립과 주민총회), 예산의 주민 결정(주민세 부분)이 진전되고 있는 것이다. 주민자치회뿐 아니라 읍·면·동장 공모제나 민간인 읍·면·동장제도 등도 일부에서 실험되고 있다. 2020년 "지방자치법" 전면 개정 당시 '주민자치' 부분를 통째로 빼버린 것은 이러한 주민자치 발전 과정에 찬물을 끼얹은 것이나 다름없다. 어쨌든 이를 보완하기 위해 2021년 현재 새롭게 "주민자치 기본법"이 준비되고 있다고 하니 그나마 다행이다.

앞으로 우리 사회의 민주주의는 강력한 주민의 결사 방식으로 나가야 한다. 향후 민주주의 조직화에서 가장 중요한 과제는 여기에 있고, 진보의 미래도 여기에 달려 있다. 특히 코로나19로 인해 원거리 이동이 차단당하고 재택근무나 원격교육, 온라인 토론, 온라인 주문과 판매 등이 크게 활발해지면서 적어도 동네 생활권에서의 접촉과 관계 형성의 필요성은 더 커졌다. 그런데 주민자치나 주민공동체 형성 정도가 낮다보니 자원이 부족한 주민들이 제대로 도움을 받지 못하는 상황이다.

그 와중에 온라인 플랫폼 기업들만 동네로 파고들어 돈벌이에 여념이 없다. 공동체는 오히려 파괴되어갔고 보이지 않는 플랫폼 기업의 망에 종속되는 주민들의 삶이 펼쳐지고 있다. 애초에 주민 조직화에서 분리되어 있었던 진보는 그저 관망할 따름이니 안타까울 뿐이다.

주민자치에 뿌리 내린 진보가 미래다

앞으로 진보 활동의 중심 거점은 읍·면·동에서 주민과 공론장을 구성하고 주민자치를 돕는 데 있다고 확신한다. 앞서 확인한 대로 기존의 진보는 주로 노동조합이나 농민회 등 조합조직의 지지와 참여를 기반으로 조직력을 키워왔다. 그러나 상황이 변하여 지금은 조합조직들과 함께 또 하나의 근간으로 지역 커뮤니티에 진보정당의 뿌리를 내리는 것이 긴요하다. 조만간 진보의 조직 목표에는 '노동과 지역'이라는 양대 축이 들어설 것이다.

경험도 매개도 없는데 어디서부터 시작할 수 있을까? 조직가 알린스키는 이렇게 말한다. "조직가로서 나는 내가 원하는 모습의 세상이 아니라 있는 그대로의 세상에서부터 시작해나간다." 그렇다, 동네에 가서 어떻게 돌아가는지 먼저 부딪혀봐야 한다. 물론 쉽지 않을 것이다. 알린스키는 이렇게 이어간다. "변화는 움직임을 의미한다. 움직임은 마찰을 의미한다. 갈등의 마모적인 마찰 없이 움직임이나 변화가 일어나는 것은 현실에서는 존재하지 않는 추상적 세계의 마찰 없는 진공에서나 가능한 일이다." 그렇게 현실의 낯섦과 갈등과 지루함을 이겨낼 것을 요구한다. 그리고 말한다. "주민들은 행동하고 상황을 바꿀 진정한 기회를 가지게 될 때에야 비로소 자신

들의 문제를 충분히 생각하기 시작할 것이다."¹¹⁷

　　주민자치회가 주도해 주민총회를 만들어내고, 읍·면·동 단위의 주민참여예산 활동도 활발해지는 과정에 함께해야 한다. 이제는 거주지역에서 지역 커뮤니티 활성화와 주민자치 활동에 능동적으로 참여함으로써 주민들의 지지와 공감을 이끌어내는 것이 지역 정당 활동의 핵심 과제가 되어야 한다. 그리고 이를 토대로 지방선거 전략을 만들어야 한다. 요약하면, 주민자치! 진보가 앞으로 가장 헌신해야 할 민주주의의 과제다.

7 '국가 중심적 사고'라는
'생각의 감옥'에서 벗어나기

얼마 전까지만 해도 '글로벌화'에 열심이던 한국의 엘리트들이 갑자기 '국가'를 강조하며 국가를 중심으로, 국가 간 경쟁과 갈등의 언어로 세상을 다시 해석하기 시작했다. 많이 당황스럽다. 예를 들어, 글로벌 생산체인을 열심히 주장하던 이들이 2019년 한·일 관계 갈등이 불거지자 돌연 태도를 바꾸었고, 우리 사회에 경제적 애국주의 열풍이 불었다. 코로나19로 증시가 폭락하던 2020년 3월에는 느닷없이 '동학개미'라는 거창한 이름을 달고 주식 투자 분위기가 고조되었다. 자산으로 돈을 버는 주식 투자가 애국이라니! 그리고 언제부턴가 정치인을 비난할 때 '토착왜구'라는 희한한 이름붙이기가 성행한다. 도대체 21세기 세 번째 10년이 시작되는 시점에서 어떤 이유로 '국가주의'라는 복고바람이 다시 불어오는 것일까?

국민이 행복해야 국가도 강해진다

사실 해외에서도 비슷한 일들이 있었다. 세계 역사상 유례없이 국경을 무시하고 세계를 떠돌아다니며 정복을 일삼던 '진정한 글로 벌주의자' 영국이 느닷없이 문을 걸어 잠그고 유럽에서 떠나겠다고 '브렉시트'를 선언한 것이 5년 전이다. 또한 같은 해 미국의 도널드 트럼프는 글로벌화를 정면으로 부인하며 멕시코 국경에 장벽을 세 우겠다고 하고, 중국 상품에 고율 관세를 매기고, 글로벌 차원에서 대처해야 하는 파리기후협약을 파기하는 등 '아메리카 퍼스트'라는 구호에 어울릴 국가주의를 내세웠다. 영국과 미국의 국가주의적 반 전은 지금 생각해도 극적이었다.

현실의 정치권력이 '국민국가'라는 범주를 한 번도 떠난 적이 없 었던 만큼, 나 역시 국민국가가 여전히 모든 정책의 중심이어야 한 다는, 어쩌면 '낡은' 사고를 가지고 있다. 그런데 확실히 최근 40년 동안 자본은 다르게 움직였다. 그들은 수익을 위해 일찍이 국경을 무시했고, 국경을 넘나드는 자본의 활동을 국민국가가 방해하면 국 제 기구나 조약을 이용해 위협하며 세계적인 생산·유통 채널을 구 축해나갔다. 더 싼 노동과 더 낮은 세금을 찾아 생산기지를 해외로 옮기고 자유롭게 자본을 이동시키면서 국민국가의 경제정책이나 노동정책, 조세정책 등을 속수무책으로 만들었다. 물론 2021년부 터 글로벌 차원의 법인세 최저한세(15퍼센트)를 설정하고 글로벌 디 지털 기업들이 본사의 소재지와 무관하게 매출이 일어난 곳에 세금 을 내도록 하자는 중요한 반전이 일어나고 있지만.

사실 70년대 산업화 세계관에 젖은 세대나, 80년대 민주화 세계관에 젖은 사람들 모두 매우 강한 국가주의적 관성이 있다고 생각한다. '국가가 잘나가야 국민도 잘나갈 수 있다'는 관점 아래 국가경쟁력이나 국력, 국가 위상, 그리고 얼마 전까지는 국격 등을 전 국민적 가치의 맨 앞에 두는 것이 자연스럽게 받아들여졌다. 그러다가 21세기로 넘어오면서 우리 사회도 점차 '하나로 뭉뚱그려진 국가'가 아니라 그 '구성원들의 삶'으로 조금씩 초점이 옮겨갔다. 사회구성원들의 복지 증진에 더 관심을 기울이고, 국가 안의 소규모 사회집단들의 우수함이나 경쟁력 등을 보게 되었다.

특히 복지국가 관점은 하나의 덩어리로서 국가의 능력이 다른 국가에 비해 얼마나 우수한가보다 그 구성원들 각각이 실제로 얼마나 복지를 체감하느냐에 방점을 둔다. 더욱이 불평등이 심화되면서 국가가 아무리 잘나가도 그에 비례해 구성원들이 행복해질 수 없다면, 국가경쟁력이란 사실 의미 없는 얘기가 된다. 그래서 알게 모르게 '국가가 잘나가야 국민도 잘나갈 수 있다'는 관점을 뒤집어 '국민이 행복해야 국가도 강해질 수 있다'는 생각이 조금씩 확산된 것이 아닐까?

다극 체제와 다문명의 세계

자본이 국경을 넘어 글로벌화되는 사이 다른 많은 단위들도 국경에 얽매이지 않게 되었다. 과거에는 도시의 변화도 국가경쟁력을 매개로 외국과 비교되었지만, 이제 서울처럼 글로벌 차원에서 도시들을 직접 연결하고 협력하는 일이 빈번하다. 시민사회 역시 아시아 또는 글로벌 차원에서 협력과 연결을 모색하고 있다. 또한 한류가 붐을 일으키면서 아시아 차원에서 그리고 최근에는 글로벌 차원에서 문화적 공감대가 빠르게 확산되고 있다. 이런 식으로 어느덧 국경을 넘어 글로벌 차원에서 상당히 다차원적이고 중층적인 관계 구조가 생겨나고 있으며, 이런 대목은 긍정적이라고 생각한다. 그런데 이런 것조차 최근 '국가주의' 열풍으로 뭔가 역진하는 느낌도 있다.

물론 예외가 있다. 외교나 국제 정책을 구상하는 쪽을 들여다보면, 여전히 대외관계는 오직 국가와 국가의 관계로만 해석하는 경향이 있다. 그것도 특히 동북아 국가 사이의 역학에만 집중하는 편이다. 미·중 관계, 한·미·일 관계, 중·러 관계, 그리고 그 속에서 남북관계를 해석하는 사람들을 보면, 마치 지구에서 동북아 외부는 없는 것 같다. 또한 동북아에서는 국가들의 '전략게임'만 존재하는 것 같다.

많은 국제 외교 분석가들의 글을 보면, 현실이 아니라 동북아 전략 비디오 게임 안에 들어가 게임을 하고 있다는 느낌이다. 이 대목에서만큼은 보수나 진보나 모두 비슷하다. 예전에 문명충돌론이 너무 협소한 시야를 대표했던 것처럼, 패권 중심의 미·중관계론도 글로벌 상황을 극히 좁힌다고 나는 생각한다. 관련된 '투키디데스 함정'(신흥 강국이 부상하면서 기존 패권국가와 충돌하는 상황을 의미한다) 이야기도 비슷하다. 21세기 지구 역시 특정 대국이 지배하는 것이 당연하다는 과거 경험을 그대로 현재와 미래에 투영하는데, 뭔가 맞지 않는 느낌이다.

이 대목에서 국제관계 전문가 파라그 카나(Parag Khanna)가《아시아가 바꿀 미래》(*The Future is Asian*, 동녘사이언스)에서 주장하는 논점들을 참고할 필요가 있다. 그는 아시아를 볼 때 지나치게 중국 중심으로 보지 말아야 하며, "아시아는 '중국에 다른 국가를 더한 것' 이상의 의미"를 지니기에, 동아시아에서 서아시아에 이르는 넓은 아시아를 보라고 권한다. 또한 세계의 변화 역시 미국이 약화하고 중국이 부상한다는 식으로 특정 국가 패권 중심으로 보기보다는, "미국-유럽-아시아가 병존하는 체제"가 오리라고 전망한다.

"세계 질서의 중심은 현재 점차 힘을 잃어가는 서양의 자유주의 국제 질서처럼 반드시 하나의 국가나 하나의 가치 체계일 필요는 없다. 대신 새롭게 등장하는 세계 질서의 토대는 미국, 유럽, 아시아 체제가 될 것이다." 그러면서 그는 "각각의 체제가 전 세계에 군사적 보호, 자금 투자, 기반 시설 개발 등 핵심적인 서비스를 제공하고 있다. 우리는 사상 처음으로 북미-유럽-아시아가 각각 권력을 공유하는 진정한 다극 체제와 다문명 질서 속에서 살아가고 있다. 다극 체제에서는 하나의 초강대국이 다른 후속 국가로 대체되면서 사라지지 않는다. 아시아가 미국이나 서양을 대체하는 것이 아니라, 서양이 아시아에 영향을 미쳤던 것처럼, 이제는 아시아가 서양에 영향을 미치고 있다."[118]

이런 관점에서 볼 때 진보는 세계 50억 인구의 다양한 종교와 문화가 혼재한 범아시아를 입체적으로 통찰하는 지식을 쌓으면 좋겠다. 중국은 물론 베트남·태국·말레이시아·인도네시아·필리핀 같은 동남아시아를 구체적으로 들여다보아야 한다. 더 나아가 인도를 필두로 한 방글라데시·파키스탄·아프가니스탄 등 남아시아가 시야에 들어와야 한다. 그리고 터키·사우디아라비아·이라크·이란을 포함한 서아시아와 카자흐스탄을 필두로 하는 실크로드 라인의 중앙아시아까지 사고의 지평을 넓힐 필요가 있다.

우리는 이미 이들 아시아 국가들과 경제적으로 깊숙히 연결되어 있다. 어떤 대목에서는 미국이나 유럽보다 더 깊은 무역관계로 얽혀 있다. 더욱이 앞으로 아시아 각국의 성장률이 세계에서 가장 높을 것으로 전망되므로 이런 추세는 당분간 계속될 것이다. 현실이 이러한데 관성 탓인지 해외라고 하면 자꾸 미국이나 유럽 또는 동북아로 시야를 좁히고 있다.

범아시아에서 중요한 플레이어로서 한국이라는 국가와 한국의 다양한 시민들을 고려한다면, 아시아의 중요한 구성원으로서 앞으로 미국이나 중국 등 특정 국가의 패권주의에서 빠져나온 제3지대를 상상하는 것이 훨씬 현실적이지 않을까? 특정 국가가 만드는 '단선적인 위계적 질서' 대신 경제-문화-정치-군사의 각 층위에서 (서로 완전히 분리할 수는 없다고 하더라도) 얼마간 독립적이고 '중층적인 국가와 시민 네트워크 관계'를 수립하는 것도 상상할 수 있지 않을까?

특히 새롭게 다뤄야 할 중심 의제인 '기후위기-차별-불평등'은 국민국가 차원에서 책임지고 대처해야 하기도 하지만, 이를 넘어서 글로벌 차원의 시야를 가질 필요가 있다. 기후위기 자체는 글로벌 차원의 공유자산인 대기를 어떻게 관리하는가의 문제다. 최근에는 난민과 이주민 이슈를 포함해 차별과 갈등 문제가 특히 국경을 가로지르는 경우가 많다. 오늘날 불평등을 심화시키는 요인 중 자본은 값싼 노동력을 찾아 세계를 누비고 다니는 데 비해 노동은 그렇지 못한 현실도 무시하기 어렵다. 이 문제를 해결하기 위해서는 국가 사이의 관계뿐 아니라 국경을 가로지르는 다양한 노동과 시민사회 네트워크가 필요하다.

앞으로는 특히 미래세대의 시야로 세계를 바라보면 좋겠다. 지금 25세인 청년들은 태어났을 때부터 이미 자신의 조국인 한국이 OECD 국가의 일원이었다. 그들 눈에 삼성전자나 현대자동차 같은 기업은 싸구려 제품을 해외로 수출하는 기업이 아니다. 반대로 그들은 베트남 등 아시아 국가들에 진출한 첨단 한국 기업들이 노동분쟁을 일으키는 광경에 더 익숙할지 모른다. 아시아 청년들의 눈에도 한국은 개발도상국이 아니다. 제조업 강국이자 강력한 문화 콘텐츠를 생산해내는 나라로 인지될지 모른다. 적어도 아시아의 청년들에게 한국의 드라마와 음악 등은 강력한 문화 공유 코드로 자연스럽게 받아들여지고 있다.

이렇게 엄청난 변화를 감안하지 않고 여전히 국제관계를 예전의 '제국의 지배-(신)식민지' 구도나 또는 동북아 강국들에 둘러싸인 약소국이라는 틀에서 바라본다면 문제가 될 수 있다. 그런데 한반도와 주변 강국들을 해부하는 기존 식자들의 관점들에서 여전히 이런 시각을 종종 발견한다. 그 탓인지 대외관계에 대한 고민 역시 딱 동북아에 갇혀 있다. 나머지는 비즈니스나 문화 쪽 사람들의 관심사로 치부되어 진지한 정치적 관심사가 되지 않기 일쑤다.

낡은 생각에서 벗어나자

다시 이야기를 돌려보자. 나는 정치권력의 현실 소재지인 국민

국가가 중요하다고 생각한다. 하지만 국민국가 구성원의 복지가 제대로 되어야 '결과적'으로 국가의 경쟁적이나 지위도 만들어지는 것이지 그 반대는 아니다. 또한 더 이상 국제관계가 국가 간 전략게임처럼 단순하지 않다. 더 넓고 다층화되어 연결되어 있고 때로는 국가를 매개로 때로는 국가의 매개 없이 서로 소통하고 연결한다. 심지어 코로나19 상황임에도 불구하고 그렇다.

그래서 최근의 과도한 '국가주의'적 언사들, '토착왜구'나 '동학개미' 등의 표현이 매우 낯설게 느껴진다. 사회구성원들을 다시 국가라는 틀에 파묻어버리는 게 아닐까 하는 걱정도 된다. 대외관계도 여전히 동북아라는 좁은 국가 게임으로만 해석하는 게 아닐까 하는 생각도 든다. 특히 기성세대들이 국가라는 낡은 '생각의 감옥'에 갇혀 있는 것 같다.

이 책의 맨 앞에서 인용했던 케인스의 말을 다시 옮기며 마무리하고 싶다.

"어려움은 새로운 생각을 하는 데 있는 것이 아니라 낡은 생각에서 벗어나는 데 있다. 우리 대부분이 길러진 방식 그대로 길러진 사람들에게는, 낡은 생각이 정신의 구석구석에까지 가지를 뻗치고 있기 때문이다."

가이 스탠딩,《불로소득 자본주의》, 김병순 역(여문책, 2019).

김병권,《사회적 상속》(이음, 2020).

낸시 프레이저,《전진하는 페미니즘》, 임옥희 역(돌베개, 2017).

_____,《지구화시대의 정의》, 김원식 역(그린비, 2010).

낸시 프레이저·악셀 호네트,《분배냐 인정이냐》, 김원식 역(사월의 책, 2014).

데이비드 런시먼,《자만의 덫에 빠진 민주주의》, 박광호 역(후마니타스, 2018).

로버트 커트너,《민주주의는 글로벌 자본주의에서 살아남을 수 있는가》, 박형신 역(한울아카데미, 2020).

루크 구드,《민주주의와 공론장》, 조항제 역(컬처룩, 2015).

마이클 자코비 브라운,《창의적 그룹으로 문제를 해결하고 세상을 바꾸기 위한 개인 가이드》, 위성남 역(책숲, 2019).

사울 알린스키,《급진주의자를 위한 규칙》, 박순성 역(아르케, 2016).

_____, 《래디컬》, 정인경 역(생각의힘, 2016).

샹탈 무페, 《경합들》, 서정연 역(난장, 2020).

_____, 《좌파 포퓰리즘을 위하여》, 이승원 역(문학세계사, 2019).

아이리스 매리온 영, 《포용과 민주주의》, 김희강·나상원 역(박영사, 2020).

앨리 러셀 혹실드, 《자기 땅의 이방인들》, 유강은 역(이매진, 2017).

야스차 뭉크, 《위험한 민주주의》, 함규진 역(와이즈베리, 2018).

에릭 올린 라이트, 《21세기를 살아가는 반자본주의자를 위한 안내서》, 유강은 역(이매진, 2020).

위르겐 하버마스, 《사실성과 타당성》, 한상진 역(나남, 2007).

유창복, 《도시에서 행복한 마을은 가능한가》(휴머니스트, 2014).

제임스 피시킨, 《숙의민주주의》, 박정원 역(한국문화사, 2020).

주디스 버틀러 외, 《불평등과 모욕을 넘어》, 문현아 역(그린비, 2016).

카를 만하임, 《세대 문제》, 이남석 역(책세상, 2020).

토마 피케티, 《자본과 이데올로기》, 안준범 역(문학동네, 2020).

토머스 프랭크, 《민주당의 착각과 오만》, 고기탁 역(열린책들, 2018).

파라그 카나, 《아시아가 바꿀 미래》. 고영태 역(동녘사이언스, 2021).

Michael Lind, *The New Class War* (Portfolio, 2020).

4장

세상을 보는
더 나은 관점을 찾아서

1장에서는 디지털 혁신이 만들어갈 미래의 양면성을 살펴보았고, 2장에서는 더욱 예측 불가한 기후위기라는 세기적 도전과 그에 대응해 '그린'의 미래를 어떻게 만들어나갈 수 있을지 살펴보았다. 그리고 3장에서 기후위기와 차별, 불평등에 맞서기 위해 어떻게 새롭게 정치적 에너지를 형성할 수 있을지 몇 가지 국면을 짚어보았다. 이제 종합적으로 이 모든 것을 관통하는 관점을 성찰해볼 차례다.

기성세대 진보 일부는 자신들이 과거부터 의존해온 유물론 세계관이나 몇몇 변증법 도식 또는 자연사적 역사관 등의 흐릿한 흔적으로 세상을 해석하고 있는 것은 아닌지 질문을 던져보았다. 혹은 반대로 어느 사이엔가 자신의 독자적 관점을 잃어버린 채 보수적 세계관의 영향 아래 좀 더 나은 기능적 개혁방안을 찾는 수고에 에너지를 쏟고 있는 것은 아닌지도 반문했다.

지금도 변하지 않는 진보의 가장 큰 지적 장점은 '세상을 다르게 바라보는 관점'이 아닐까? 그래서 진화론의 본래 의미를 충실히 담아 미래를 가능성으로 탐색하는 역사관을 살폈다. 단순한 몇 개 변증법 도식이 아니라 복잡성이론이 말해주는 무수한 변화의 패턴을 사회 변화에 적용하라고 제안했다. 개인과 사회가 어떻게 주고받으며 서로를 변화시킬 수 있는지도 짚어보았다. 그리고 이들 관점이 특히 미래의 기술 변화나 기후변화에 얼마나 더 적절히 활용될 수 있는지도 검토했다.

한편 진보가 오랫동안 의심 없이 수용해온 산업주의적 노동관을 성찰해봄으로써 노동과 일과 활동, 나아가 여가에 대해 더 폭넓게 고려해보자고 제안했다. 그럴 때 미래의 인공지능 사회나 지구 한계를 고려해야 하는 그린 사회에 적절히 대처할 수 있지 않을까 질문을 던졌다.

특별히 진보가 가장 의심 없이 내재화시킨 '능력주의'가 개인주의와 만나고 시장주의 안에서 극단적으로 작동한 결과 '세습자본주의'를 재생산하는 강력한 기제가 되었음을 밝혔다. 그 결과 온갖 교육 개혁과 불평등 완화 정책이 무력화되고 있음을 지적했다. 이에 대해 부모가 키워주고 시장에서만 통하는 좁은 능력의 울타리를 넘어 사회에 다양하게 기여하는 다채로운 능력을 인정하자는 정의관을 제안했다.

경제학자 미누슈 샤피크(Minouche Shafik)는 《우리가 서로에게 빚진 것》(*What we Owe Each Other*, 2021)이라는 최근 저서에서 "사회가 모든 것이다"라고 강조했다. 여기에는 우리 사회가 각자의 노력만으로 미래 전망을 만들어가기 어려운 지경에 이르렀다는 문제의식이 담겨 있다. 더 이상 부분적이고 점진적인 개혁을 쌓아가는 방식으로는 사회 변화를 기대할 시기를 넘어선 것이 아닐지, 전면적 개혁의 시기가 다시 온 것이 아닐지 질문을 던져보았다. 이 모든 질문과 문제의식과 새로운 관점들이 우리 사회가 직면한 기후위기와 불평등, 차별의 문제를 더 강력하고 날카롭게 해석주리라 믿으면서.

1 역사는 '우리 편'이
아닐 수도 있다

진보의 눈으로 세상을 읽고 행동한다는 것은 어떤 것일까? 쿠바의 혁명가 피델 카스트로(Fidel Castro)가 독재정권에 체포된 후 남겼다는 유명한 최후진술, "역사가 나를 무죄로 선고할 것"이라는 방식의 믿음을 갖는 것이 진보일까? 비록 어둡고 불만 가득한 현실에 있더라도 모두를 위한 자유와 복지의 방향으로 '역사가 필연적으로 가도록 예정'되어 있다고 확신하는 것이 진보일까?

이처럼 역사 발전의 필연성을 신뢰하고 그 필연에 따라 현재의 어려움을 돌파하기 위해 온갖 희생을 감수하며 기득권에 저항하는 것이 진보일까? 심지어 역사가 반드시 발전의 방향으로 움직이는 필연성을 보일 뿐 아니라 필연이 관철되는 일련의 법칙적 경로와 경로에 이르는 법칙적 방법까지 정해져 있는 것일까? 진보는 그와 같은 법칙을 발견하고 이해하고 학습하여 법칙이 알려준 대로 행동에 옮기면 되는 것일까? 이것이 진보가 세상을 보는 기본적인 접근법이고 사회를 이해하는 관점일까?

사회 변화의 불가능성 혹은 불가피성

이야기를 바꿔서, 경제학자 앨버트 허시먼이 1991년에 쓴 책《보수는 어떻게 지배하는가》(*The Rhetoric of Reaction: Perversity, Futility, Jeopardy*, 웅진지식하우스)에서 다음의 인용문을 살펴보자. "아무리 의도가 좋다고 하더라도 관대한 복지정책들은 '나태와 타락'을 조장하고, 의존을 부추기고, 보다 건설적인 국가의 다른 부양제도들을 파괴하고, 결국 가난한 사람들을 더욱 가난 속으로 빠뜨리게 될 것이다."

허시먼이 이른바 '역효과 명제'를 설명한 대목이다. 진보가 아무리 개혁과 변화를 얘기해도 "그래봐야 체제가 바뀌지 않음"은 물론 오히려 더 나빠질 수도 있다는 것인데, 보수가 진보를 공격할 때 자주 써먹은 수법 중 하나라는 것이 허시먼의 설명이다. 예를 들어 시장경제가 만들어내는 결과는 매우 균형적이고 안정적인 '법칙'과 같은 것이어서, 그 결과가 설사 부정의한 실업 상태나 불평등한 분배 상태로 보인다고 해도 수용해야 하며, 이를 완화하겠다고 국가가 복지정책으로 간섭해봐야 역효과만 난다는 것이다. 마치 시장이 만들어내는 확고한 균형법칙을 깨는 것이 불가능하다는 식이다.

그런데 여기서 주목할 대목은, 보수가 사회 변화의 '불가능성'을 고수하기 위해 '법칙'을 끌어온 것처럼 진보는 정반대로 사회 변화의 '불가피성'을 논증하기 위해 '필연의 법칙'을 끌어들인다는 지적이다. 즉 허시먼에 따르면, 진보는 "세상이 진보가 주장하는 어떤 방향으로 어쩔 수 없이 움직인다"고 믿는다는 것이다. 예를 들어, 전쟁에 참여하는 중세 기사들이 '신은 우리 편'이라는 명분으로 용

맹하게 전쟁에 나섰듯 오늘날 진보는 '역사는 우리 편'이라는 믿음으로 변화를 만들고자 어려운 환경 속에서 분투해온 것 아니냐는 것이다.

역사에 필연은 없다

반드시 관철되는 법칙 같은 역사적 필연성이 과연 존재할까? 그리고 이런 필연성을 확신해야만 변화를 향한 행동에 기꺼이 나설 수 있는 것일까? 나는 둘 다 그렇지 않다고 생각한다. 인간 사회를 포함해 세상의 '진화'를 믿는다면, 진화의 과정과 방향에서 그 무슨 진보를 향한 정해진 필연 따위가 없음을 쉽게 인정할 수 있을 것이다. 진화의 첫 단계는 매우 우연적인 요소에 의해 생겨나는 수많은 '변이'들이다. 찰스 다윈(Charless Darwin)은 그의 책 《종의 기원》(*The Origin of Species*) 첫 두 장에서 실험실과 자연에서 일어나는 변이를 아주 상세하게 설명했다.

자연과 사회에서 돌발적으로 일어나는 수많은 우연적 변이들 가운데 주어진 환경에 더 유리한 생존능력을 지닌 변이가 나타나면, 그것이 '자연선택'되어 기존 종을 도태시키고 새로운 주류 종으로 번식하게 된다. 이것이 극단적으로 단순화시킨 진화의 전개 과정이다. 복잡성 경제학자 존 밀러(John H. Miller)는 진화를 이렇게 요약한다. "번식할 때의 오류(변이)가 자연선택이라는 방앗간에 빻을 곡식을 제공하여, 결과적으로 가장 아름답고 경이로운 형태로 끝없이 이어진다는 개념에 기초한 다윈의 진화론은 무작위성에 바탕을 두고 있다.”[119]

　사실 45억 년 지구의 역사에서 우리 인간 자체가 우연의 존재다. 지구에서 다양한 생물이 등장했다가 멸종하는 과정에서 고도의 지능을 가지고 의식적 활동을 하는 인간이라는 생명체가 발생한 것이 진화의 역사에서 아무 필연적 근거가 없다는 말이다. 철학자 로이 바스카(Roy Bhaskar)의 말대로 “인간은 자연에 대해서 우연적인 현상이며, 지식은 우주적 규모에서는 말하자면 우발적인 것이다.”[120]

　여기에 그 무슨 '필연적으로 예고된' 방향이 관철될 리 만무하다. 그러니 인류 역사가 나선형으로라도 늘 진보하리라 기대해야 할 필연은 어디에도 없다. '내일은 오늘보다 나을 것'이라는 필연도 없다. 우리가 기후위기에 잘못 대처한다면 지금 당장이라도 인류는 진보는 고사하고 그냥 멸종해버릴 수 있다. 지구 역사에서 과거 다섯 번의 대멸종이 그 개연성을 명확히 보여준다. 역사가 후퇴하는 정도가 아니라 아예 없어지는 것이다. 그러니 누군가가 발견했다고 하는 또는 진보를 자처하는 어떤 집단이 보증하는 역사적 필연성에 의지해 진보적 사회운동을 한다는 것은 시작부터 특정한 주관적 인식에 갇혀 행동하려 하는 것과 같다.

　이를 확장해 해석해보면, 사회 위기가 극복되는 방식도 특정한 경로나 법칙을 따르기보다는 무한히 다양한 우연 속에 가려져 있다고 봐야 한다. 위기가 심화되면 기존 제도가 무너지고 새로운 변혁의 조건이 성숙된다는 식의 필연은 있을 수 없다는 얘기다. 현재 우리 사회가 기후위기에 직면했고, 불평등이 날로 심화되고 있으며, 정치적으로 민주주의의 위기라고 말한다. 이 중첩된 위기가 다행스럽게도 탄소 배출을 줄이고, 불평등을 완화하며, 민주주의의 후퇴를 막는 식으로 해소될 수도 있다. 하지만 꼭 그래야 할 필연성이 있는 것은 아니다. 반대로 극우 포퓰리스트들이 민주주의의 발전을 중단시키고 국가 간 갈등을 부추기며 불평등을 외부로 떠넘기는가 하면 기후위기를 회피하는 방식으로 상황을 지연시킬 수도 있다. 또는 예상과 달리 수많은 방식으로 위기가 반전되거나 폭발하거나 해소될 수도 있다. 역사가 어디로 튈지 정해진 운명 따위는 없다는 것이다. 사실 아주 명확해 보이는 '북극성' 같은 좌표를 따라 필연의 길로 행진하는 풍경보다는 온갖 우연과 불확실함, 모호함과 예측 불허로 가득 찬 곳을 뚫고 나가는 쪽이 세상의 현실에 더 가깝다.

다양한 가능성 모색하기

역사가 우리 편이라는 필연의 의지처가 없다면, 진보를 향한 열성적인 사회운동은 일어나지 못할까? 그렇지 않다. 다양한 우연이 복잡하게 교차하는 세상 속에서 오히려 '정해진 필연'이 없어야만 우리가 원하는 미래를 열어나갈 여러 가능성을 상상하고 기획할 수 있지 않을까? 우리가 진실로 원하는 삶을 상상하면서 아직 아무도 예상하지 못했던 경로와 방법으로 가능성을 점점 더 넓혀가며 미래를 향한 의지와 행동을 얼마든 이뤄낼 수 있지 않을까?

물론 상상한다고 다 길이 열리지는 않을 것이다. 최첨단 컴퓨터칩이 하나도 개발되지 않은 상황에서 인공지능을 상상하는 것이 그저 공상에 불과한 것처럼, 물질적 조건이 갖춰지지 않은 상태에서 원하기만 한다고 되는 일은 없기 때문이다. 우리의 상상

자체가 크게 보면 물질적 환경에서 도움을 받기 마련이다. 카를 마르크스(Karl Marx)의 《정치경제학 비판을 위하여》(*Grundrisse der Kritik der polistischen Ökonomie*, 중원문화) 서문에는 이런 구절이 나온다. "인류는 그가 해결할 수 있는 문제만을 제기한다. 자세히 관찰해보면 그 문제 자체가 그 해결의 물적 조건들이 이미 주어져 있거나, 또는 적어도 생성과정에 처해 있는 곳에서만 출현하기 때문이다."

어쨌든 진보는 '필연성'에 의지하기보다는 '가능성'에 희망을 걸고 미래를 모색해나가야 하지 않을까? 물론 진보가 추구해야 할 가능성이란 허시먼의 지적대로 "확률적으로 있을 법한"(probable) 뻔한 것은 아니어야 할 것이다. 지금은 설령 불가능한 것처럼 보이지만, 또는 있을 법한 것들을 포기하면서까지 "잠재적으로 가능성이 있는"(possible) 미래를 상상하고 도전하는 것이어야 한다. 그러기에 "사회적 과정에서 예견되지 않았던 변화를 일으킬 수 있는 가능성들을 열정적으로 발견해내는 것"[121]이 진보일지도 모른다. 1퍼센트의 가능성으로부터 시작해 다양한 경로를 탐색하며 그 가능성을 넓혀가는 과정이 진보의 길이 아닐까? 그 다양한 가능성을 탐색하기 위해 엄청난 실험과 경험을 쌓고 또 지식을 쌓는 것이 아닐까? 기후정책가 크리스티아나 피게레스는 《한배를 탄 지구인을 위한 가이드》(*The Future We Choose*, 김영사)에서 이렇게 말한다. "역사를 통틀어 민중은 늘 희박한 확률을 뚫고 정치적 변화를 이끌어냈다." 청소년 환경운동가 그레타 툰베리도 2019년 4월 유럽의회 연설에서 이렇게 강조했다. "최선을 다하는 것만으로는 더 이상 충분하지 않습니다. 우리 모두 불가능할 것 같은 일을 해내야 합니다."

요즘처럼 불평등이 심화되고 세상이 거꾸로 가는 것 같은 어두운 시기에 정말 필요한 것은 '역사는 우리 편'이라는 믿음보다 더 나은 미래에 대한 다양한 가능성을 상상하며 공유함으로써 힘을 모아나가는 것이라고 생각한다. 그 가능성을 믿고 낙관적 상상력을 키워가야 할 때다. 피게레스는 낙관적 태도에 대해서도 다음과 같은 인상적인 말을 남겼다.

"낙관은 말랑말랑한 감성이 아니다. 낙관은 거친 근성이다. 매일같이 암울한 소식이 들려오고, 세상이 곧 망할 것이라고 하는 사람들이 줄을 잇는다. 우리는 부끄럽게 굴복할 수도 있다. 아니면 당당하게, 불확실한 세상 속에서 중심을 잡고 나갈 수도 있다."

2 복잡성이론, 세상의 변화를
더 낫게 설명하기

과거나 지금이나 진보라는 말 안에 들어 있는 핵심 키워드는 사회 현실을 변화시키고자 하는 기대와 의지라고 생각한다. 이 대목에서 세상의 변화를 어떻게 이해하고 설명할 것인지에 대한 문제가 대두된다. 어찌 보면 세상은 고도로 안정된 균형을 유지하고 있고, 설령 여기에 외부 압력을 가한다 해도 일시적으로 이탈할 수는 있지만 곧 제자리로 돌아온다고 생각할 수도 있다. 주로 경제학자나 과거의 물리학자 들이 그렇게 생각했다. 대표적으로 신자유주의 경제학자 들은 '시장'(market)이라는 아름다운 자동기계가 개별 상품 시장에서 수요와 공급의 최적 지점을 찾아주는 방식으로 가장 효율적인 자원 배분을 해주리라 믿었다. 그리고 이러한 개별 상품 시장의 효율적 작동이 전체 시장에도 적용된다고 생각했다.

하지만 2008년 금융위기와 그뒤 이어진 장기 경제 침체를 겪으며 그런 믿음은 퇴색했다. 그 결과 착오 없이 물질적 자원을 잘 배분해주는 '보이지 않는 손'은 존재하지 않는다고 생각하는 사람들이 점점 늘었다. 대부분의 사람들이 지금의 불평등과 차별, 지구온난화 상황을 안정적인 최적점이라고 절대로 생각하지 않을 것이다.

인공지능은 사회를 계획할 수 있을까?

정반대 입장에서 또 다른 기계적 사고방식이 존재할 수 있다. '시장'이라는 아름다운 자동기계가 아니라 최고도로 발전된 인공지능의 계산능력에 기대어 사회구성원 모두를 만족시킬 최적의 자원 배분 계획을 세운다면 어떨까? 이미 그 어렵다는 바둑에서도 최고수의 인간을 이길 만큼 인공지능이 발전하지 않았는가?

결론을 먼저 말하면, 이런 가정도 잘못된 생각이다. 19X19 바둑판 격자에서 파생되는 경우의 수가 엄청나게 많은 것은 사실이지만, 사람이 사는 사회와는 비교가 안 된다. 예를 들어보자. 계획경제 아래 있던 1930년대 소련에는 상품의 품목 수가 크기와 디자인까지 고려했을 때 약 2천만 개였다고 한다. 거기에 각자 다른 취향을 가진 인구를 곱하고 시간 차원까지 감안하면, 일찌감치 바둑판과는 비교가 안 되는 경우의 수 폭발이 일어난다. 8X8 격자로 이뤄진 체스판에서 바둑판으로 가는 계산에도 인공지능의 엄청난 도약이 있었다지만, 우리 사회의 복잡성을 생각하면 금세기 안에 78억 인류사회를 계획해줄 컴퓨터의 출현은 상상조차 불가능하다는 말이다.

이런 것을 '계산량 폭발'이라고 하는데, "원리적으로 계산 가능한 계산이라도 실제적으로 계산할 수 있다고는 장담할 수 없는" 경우다. 다른 말로, "지극히 우수한 두뇌와 웅대한 조직, 거대한 자원 투입을 통하여서도 넘을 수 없었던 제어 불가능성이라는 문제"라는 것이다.[122] 더구나 어떤 사회든 이웃 사회와 이웃 나라의 영향까지 감안해야 하는 '열린계'로 이뤄져 있기 때문에, 계산량 폭발은 문자 그대로 '지수적 증가'를 하게 된다. 경제도 비슷하다. 그런데 이런 상황을 무시하고 엄밀함을 추구한다는 명분 아래 현재의 세상을 아름답게 모델링하고 미래에 대한 사람들의 기대까지 예측해 사회 변화를 전망한다는 것은 얼마나 허구적인 일일까? 모두 세상의 변화를 기계적 운동 정도로 치부한 결과들이다. 미래의 변화는 대개 엄밀한 계산과 예측의 영역이 아니라 '상상력과 의지'의 영역에 속한다.

예상과 반대로 움직이는 소수자 게임

일찍이 진보는 세상의 변화를 이렇게 기계적으로 보지는 않았다. 오히려 진보는 기존 사회의 가능성을 불안정성 또는 부정의를 간파하고 사회 변화의 역동적 가능성을 확신했다. 그리고 이 과정을 주로 '변증법'과 같은 변화의 논리로 설명해왔다. 사실 넓게 보면 다윈의 진화론도 매우 포괄적인 변화의 논리다. 심지어 엔트로피 법칙으로 알려진 열역학 제2법칙은 기계적 운동과 전혀 다른 불가역적 변화를 설명하는 매우 강력한 이론이다. 이처럼 변화를 이해하고 설명하는 방식은 매우 다양할 뿐 아니라 계속 발전해왔다. 그 최신 버전 중 하나가 예전에는 주로 카오스(chaos)라고 불렸던 '복잡성이론'(Complexity Theory)이다.

복잡성의 관점은 현대 사회의 변화 양상을 설명하는 데 강력한 통찰을 준다. 복잡성이론은 특히 상호작용하는 다수의 개체나 행위자들의 집합체 안에서 일어나는 무수히 다양한 변화를 설명하는 데 탁월하다. 보통 복잡한 사회문제를 이해하려 할 때 그것을 작은 요소로 분해한 후 그 개별 요소의 특징을 이해하는 방식을 취한다. 특정 물질을 이해하기 위해 원자 구조를 살피는 것처럼 말이다. 하지만 구성 요소를 먼저 파악한 후 그 산술적 합으로 전체 시스템을 이해하는 식의 '환원주의'로는 전체로서의 세상을 제대로 이해할 수 없다. 개별 요소를 안다고 그 요소들이 결합된 시스템 전체를 알 수는 없기 때문이다. 주식시장에서 투자자들이 서로 영향을 끼치며 투자를 하는 상황, 얽히고 얽힌 도로에서 자동차들이 체증을 일으키는 상황을 연상해보면 금방 이해될 것이다.

1993년 뉴멕시코주 산타페에 엘 파롤이라는 술집이 있었다. 사람들은 목요일 저녁 엘 파롤이 한산하면 그곳에 가고 붐비면 집에서 쉬려고 생각했다. 그런데 여기에서 역설이 발생했다. 즉 만약 '이번 주 목요일에는 엘 파롤이 붐빌 것'이라고 많은 이들이 예측하게 되면, 그 예측에 따라 많은 이들이 집에서 쉬게 될 것이고, 그 결과 실제로는 예측과 반대로 술집이 한산하게 된다. 반대로 '이번 주 목요일에는 엘 파롤이 한산할 것'이라고 많은 이들이 예측하면, 그 예측에 따라 많은 이들이 이번에는 술집을 찾을 것이므로 그 결과 역시 예측과는 반대로 술집이 붐비게 된다. 이 사례는 경제학자 브라이언 아서(Brian Arthur)가 산타페 연구소에서 행했던 실험이다.[123]

개인들의 합리적 기대 자체가 전체로 보면 그 기대를 거스르는 반대의 결과를 만들어내는 역설의 하나로서, 나중에 학자들이 이를 게임이론으로 정형화해 '소수자게임'(minority game)이라고 이름 붙였다. 모두가 소수가 되기를 기대하며 각자 행동하지만 집합적으로 전체 결말은 개인들의 의도나 행위와 정반대로 늘 다수가 되어버린다는 것이다. 설날에 귀향하거나 귀성하는 사람들은 늘 한산한 길을 찾고 싶어한다. 그런데 교통방송에서 한산한 도로를 안내하는 순간 그 방송을 들은 많은 운전자들이 그 안내한 도로로 몰려 바로 그 도로가 붐비게 되는 경험을 생각나게 해주는 사례다.

세상은 복잡하다

이처럼 개별 요소들의 단순 합이 전체의 모습이 아니고, 각 개인의 경제적 선택이나 정치적 선택의 합이 전체 경제나 정치의 결과도 아니다. 이는 전체 세상의 변화를 보기 위해 개인들만을 뜯어보는 환원주의 또는 방법론적 개인주의가 잘못된 관점임을 뜻한다. 복잡성이론은 개인의 의도나 개별 행동이 집단으로 행해지고 움직이면 전혀 다른 결과가 나오는 현상에 대해 '자기조직화'(self-organization)나 '창발현상'(emergence)이라는 개념으로 포착하기도 한다.

이렇게 복잡성이론은 세상의 변화를 제대로 보기 위해 개인을 고립시켜 보는 것이 아니라 사람들의 관계와 상호작용이 어떻게 전개될지 주목해야 한다고 강조한다. 그래서 존 밀러는 "세상을 재구성하기 위해서는 구성 요소들이 합쳐졌을 때 어떻게 상호작용하는지에 대한 이론을 가지고 있어야 한다"[124]고 강조한다. 《카오스》

(*Chaos*, 동아시아)의 저자 제임스 글릭(James Gleick)도 "하나의 분자, 하나의 세포, 한 명의 개인 등과 같이 하나의 존재가 무슨 일을 하는지에 대한 지식과, 이런 개별 존재들 수백만이 모여 나타나는 작용 형태의 지식 사이에 놓여 있는 커다란 간격을 복잡성이론"이 연결해줄 수 있다고 지적한다.

특히 복잡한 인과관계가 얽히면서 상호작용이 일어나면 변화가 선형적으로 전개되지 않고 이상한 끌개(strange attractor), 양의 되먹임(positive feedback) 운동 등에 의해 예측하지 못한 비선형적 뒤틀림이나 급격한 폭발로 귀결되기 일쑤라는 점을 강조한다. 또한 입력에서의 미세한 차이가 출력에서 엄청나게 큰 차이로 귀결되기도 한다. 이것은 초기조건 민감성이라는 현상인데 흔히 '나비효과' (butterfly effect)로 알려져 있다. 이렇게 복잡성이론이 설명하는 변화의 비선형성이나 예측 불가능성은 기계적 공식으로 단순화되기보다는 '일정한 변화의 패턴'으로 유형화되기도 한다.

변화에 대한 복잡성이론의 접근과 설명 방법은 현대 사회에서 디지털 기술 혁신이 만들어낼 미래나 다가오는 예측 불가능한 기후위기 양상에 훨씬 더 유용하게 적용될 수 있을 것이다. 또한 점점 더 복잡해지는 현대 사회를 진보적 방향으로 변화시키고자 하는 전략과 기획 등에도 도움을 줄 수 있다. 이제 복잡성의 관점에서 세상을 관찰해보자.

3 우리는 사회 안에서 태어났다

이제 사회 변화에 대한 진보의 기존 관점을 성찰해볼 차례다. 혁명주의자들은 구조적 변화 없이는 변화가 불가능하다고 보는 반면 보수주의자들은 애초에 구조적 변화가 별개로 존재하지 않는다고 보는데, 아마도 이것이 사회 변화에 대한 양극단의 관점일 것이다. 이렇게 극단적인 관점이 아니더라도 우리가 살아가는 공동체인 이 사회에는 늘 크고 작은 문제가 발생하며 이를 개선하는 방법도 무수히 많은 것처럼 보인다.

처음에는 사회구조나 제도를 통째로 바꿔야 구성원의 삶이 획기적으로 개선될 수 있다는 기대를 품었을지 모른다. 하지만 갈수록 사회가 복잡해지고 좀처럼 구조적 변화가 일어나기 쉽지 않다는 경험이 쌓이면서, 소소한 변화라도 실질적으로 구성원들에게 도움이 되는 개선을 이루자는 점진주의적 경향으로 그동안 많이 기울어져 온 것도 사실이다.

하지만 작은 제도 개선이나 사회 변화 들을 쌓아 올리는 방식으로 우리 삶의 처지를 근본적으로 바꾸기에는 최근 드러나고 있는 사회의 거대한 역진적 힘이 너무 빠르고 광범위하다. 오랫동안 보수 세력들까지 불평등을 완화하는 '포용정책'과 '복지 확대' 정책을 입에 달고 홍보했지만 날로 악화되는 불평등을 막는 것은 고사하고 더욱 심각해지지 않았는가? '지속 가능'이라는 용어가 공식 정책 문서에 등장한 지도 꽤 오래되었지만 기후위기는 나날이 수렁으로 빠져들고 있지 않은가? 도대체 소소한 사회 변화들을 누적시켜 거대한 사회문제에 대응한다는 것이 이제는 완전히 난센스로 보일 정도다. 사회 변화에 대한 진보의 관점을 바닥부터 다시 성찰해야 하는 이유다.

세상은 우리가 경험하는 것 이상이다

사회 변화에 대한 관점을 다시 세우기에 앞서 오랜 철학적 논쟁이었던 존재론을 잠시 들여다볼 필요가 있다. 우리의 인식 저편에 객관적 사물이 실재하고, 직·간접적 방법을 동원해 우리가 근사로라도 그 사물을 이해하는 데 도달할 수 있음을 여전히 인정할 수 있는가? 물론 인식 지평 너머의 객관적 사물의 존재에 대해 우리가 확신할 수 있는 것은 없다고 선을 그어버릴 수도 있다. 그렇게 되면 우리가 경험하는 것들이 전부고, 우리가 아는 두 사건의 인과적 관계역시 두 개별 사건이 연속해 발생한 것을 규칙적으로 경험한 것에 불과하다고 해석해야 한다. 그런데 이처럼 객관적 사물의 존재를 부정해버리거나 설사 인정하더라도 우리가 접근할 수 없다고 간주하면, 수많은 사회문제의 인과관계를 찾아내 근원적으로 해결한다는 발상이 무의미해질 수 있다. 다만 우리가 경험한 것들을 다양하게 개념화하고 모형화하거나 이를 토대로 예측하는 데 머무를 수밖에 없다는 것이다. 최근 이런 경향이 대세라고 한다.

하지만 로이 바스카 같은 철학자들은 '비판적실재론'(critical realism) 등의 관점을 발전시켜 존재론을 다시 살려내고 있다. 나는 진보가 여기에 주목할 가치가 있다고 생각한다. 이에 따르면 세상은 늘 우리가 직접 경험하는 것 이상이다. 사람의 인식 지평 너머에 그 자체의 자연과 사회가 실재한다. 우리는 세상에서 숱하게 일어나고 있는 사건들 가운데 일부만 실제로 관찰할 수 있을 뿐이다. 실재론에 따르면 세상에는 우리의 경험보다 더 많은 사건들이 일어난다. 나아가 세상에서 발생하는 각종 사건은 그것을 일으키는 배후의 인과적 기제나 힘 들 가운데 일부만이 실제로 현상화된 것에 불과하다. 즉 세상에서 작동하는 모든 인과적 기제들이 늘 우리가 알아볼 수 있게 사건화되거나 관찰될 수 있는 것은 아니다. "힘이 센 사람이 그 자신의 힘을 늘 행사하는 것은 분명히 아니며, 인간의 욕망이 그것이 충족될 때에만 존재하는 충동인 것도 아니다."[125]

포함관계로 표현하면 '경험 〈 사건 〈 인과적 기제'의 순서로 배열될 것이다. 따라서 비록 관찰하지 못하고 경험하지 못하더라도, 심지어 세상에 사건이 일어난 적이 없을지라도, 그 배후에 존재하는 인과적 힘을 파악하고 온전히 이해하려고 노력해야 한다고 비판적 실재론은 말한다. 잠재된 인과적 힘은 상황이 바뀌면 언제든 현실이 될 수 있고 우리 삶에 영향을 주어 우리가 경험하게 될 수 있기 때문이다. 이렇듯 단지 우리가 경험한 것으로만 세상에 대한 이해

[그림 12] 비판적실재론이 제시하는 실재와 현상, 경험의 영역(바스카 2021)

	실재의 영역	현상의 영역	경험의 영역
기제	✓		
사건	✓	✓	
경험	✓	✓	✓

를 좁힐 필요가 없다는 주장은 특히 기후위기처럼 시공간적으로 넓은 대역에 걸쳐 있는 문제들에 대처하는 데 강력할지 모른다.

세상에는 우리가 경험하는 것 이상으로 많은 사건들이 발생하고, 발생하는 사건들 이상으로 배후에 다양한 인과적 힘과 기제 들이 작동한다고 이해하면, 단지 눈에 보이는 현상이나 사건만으로 소규모 땜질식 사회 변화를 추구하는 오류를 범하지 않을 수 있다. 엄청나게 큰 변화든 작은 변화든 증상만 보고 대처하는 방식의 변화가 아니라 사회현상의 배후에서 작동한 인과적 힘을 제대로 추론하고, 그 힘이 어떤 조건에서 어떻게 실제로 발현될 수 있는지 끊임없이 탐색하는 것이 필요하다. 만약 우리 사회에서 어떤 정의롭지 않은 문제가 발생하고 있다면, 그 인과적 기제까지 추적하여 바로잡음으로써 임시방편적 대처가 아니라 근원적 치유를 할 수 있다는 것이다.

물론 인과적 힘을 제대로 인식해 사회적 변화를 유도한다는 것을 오해해 엄청나게 큰 개혁을 추구하자는 주장으로 해석할 필요는 없다. 인과적 힘이 어떤가에 따라 변화는 작을 수도 있고 클 수도 있다. 세상에는 수많은 층위에서 수많은 인과적 요인이 서로 영향을 미치고 있기 때문이다. 그 가운데 어떤 것은 사회체제 전체가 통째로 전복되는 변화를 가져올 수도 있겠지만, 작지만 의미 있는 변화를 발생시키는 것도 얼마든 가능하다. 큰 변화만이 구조적인 변화는 아니다.

세상은 외부와 상호작용하는 '개방 체계'다

미국 보수 언론인 토머스 프리드먼(Thomas L. Friedman)은 "세상은 평평하다"(The world is flat)고 주장하면서 우리 사회가 오직 시장 원리에 따라 납작하게 변해가고 있다고 강변했지만, 비판적실재론은 세상 자체를 납작하게 보면 안 된다고 주장한다. 예를 들어, 시스템 이론의 관점에서 세상을 '열린계'로 보아야 한다고 주장한다. 시스템 이론에서 볼 때 우리가 살아가는 지구는 태양에너지 정도만 외부에서 들어오는 닫힌계(closed system)이지만, 지구 위에서 살아가는 인간 사회는 자연과 끊임없이 상호작용하는 열린계 또는 개방 체계(open system)다. 당연하게도 인간 사회의 하위 시스템에 불과한 경제 역시 자연은 물론 인간의 다른 비경제적 영역과 상호작용하는 개방 체계다. 그리고 시장경제는 다시 경제의 하위 시스템으로서 개방 체계에 속한다.

이처럼 대부분 우리가 활동하는 사회의 개별 영역들은 더 넓은 체계 안에 속하는 개방 체계의 성격을 갖는데, 개방 체계에서는 체계 내부는 물론 외부와의 상호작용이 수시로 일어난다. 그 때문에 우리가 임의로 통제할 수 없는 수많은 기제가 함께 작동하고 있으며, 이들이 서로 결합해 일련의 예상 못한 사건들이 발생하거나 반대로 예상된 발생이 억제될 수도 있다. 따라서 사회에서 발생하는 사건들의 인과적 원인을 정확히 밝혀내기란 쉽지 않고, 밝혀냈다고 해도 미래에 그 힘이 어떻게 작동할지 예측하는 것은 더욱 어렵다. 따라서 개방 체계에서 엄청나게 복잡한 인과적 기제가 동시에 작용하는 우리 사회에서, 미래의 사회 변화를 정확하게 예측하는 것은 대체로 허구적인 일이 된다. 이는 앞서 설명한 복잡성이론과 맥락이 같다. 사회과학의 이름으로 세상을 예언하려는 자, 그래서 믿을 만하지 않다.

물론 자연과학에서는 분석하려는 인과적 힘을 다른 수많은 우연적 요인들과 분리해 작동시켜보려고 '인위적 실험실'을 만들기도 한다. 실험실은 한두 가지 인과적 힘을 검증하기 위해 인위적으로 만든 '고립계'(isolated system)이기 때문에 두 사건의 인과적 연계를 비교적 정확히 밝힐 수 있다. 하지만 우리가 사는 사회라는 개방 체계에서는 인위적으로 실험실을 만들 수 없기 때문에 추상화 기법과 같은 논리적 사고를 통해 과거 발생한 사건들의 인과적 힘들을 추론해낼 수 있다.

세상의 변화에는 수많은 요인이 작용한다

세상을 납작하게 보지 않는다는 것은 이렇듯 세상을 개방 체계로 보면서, 현실이 늘 시스템 외부와 복잡한 상호작용을 하는 가운데 변화한다는 것을 받아들이는 것이다. 그런데 세상이 납작하지 않은 것은 또한 수직적 관점에서 세상이 여러 층위로 쌓여 있기 때문이기도 하다.

우리는 물리적·생물학적 자연의 일부다. 물리적·화학적 법칙이 작동하는 지구 시스템 위에 존재하고 있으며, 그 중에서 생물권 영역에서 다른 생물과 함께 살아가고 있다. 따라서 우리의 신체 대사와 활동은 항상 지구의 토양과 대기 안에서 물리적이고 화학적인 영향을 주고받는 자연순환 속에 있으며, 동시에 다른 생물들과 생태순환의 연결고리를 형성한다. 이런 식으로 우리는 지구와 생물권에 존재하고 있다. 하지만 동시에(!) 우리는 인간들만의 사회에 속해 함께 살아가고 있으며, 그 안에서 또한 경제활동과 정치·문화활동 등에 복합적으로 참여하고 있기도 하다.

언뜻 당연한 말인 것 같지만, 문제는 이렇게 중층적인 우리 삶의 각 단층들에서 작동하는 인과적 기제들이 위아래에서도 서로 복잡한 영향을 준다는 사실일 것이다. 예를 들어보자. 우리가 코로나19 재난 국면에서 재난수당을 지급하기로 정치적으로 결정했다면, 이는 아주 기초적으로 우리의 생물학적 생존을 고려한 것일 수 있다. 동시에 예기치 못한 전염병 재난에 직면해 현재의 경제 시스템이 사회구성원의 생존을 보장해주지 못하는 현실을 반영한다. 그런데 생물학적 시스템 수준에서 다른 생물들처럼 자연의 법칙에 생존을 내맡기지 않고, 동시에 경제 시스템 수준에서 시장경제의 메커니즘에 따른 자원 분배에 내맡기지 않고, 정치 시스템 수준에서 직접 개입해 문제를 해결하기로 결정한 것이다.

이렇게 우리의 삶은 늘 중층적인 층위의 요인들이 작용한다고 비판적실재론은 분석한다. 바스카는 이를 다음과 같이 간명하게 정리한다. "우리는 존재의 자연적 차원과 사회적 차원이 지속적으로 역동적인 인과적 상호작용 속에 있다는 것을 알아야 한다. 그러므로 많은 자연적 질병과 재앙이 사회적으로 재생산될 뿐 아니라 사회적 생산이 절대적인 자연적 한계와 조건을 가질 것이다."[126]

그런데 이 대목에서 오해가 없어야 한다. 진화적 순서로 보면, 무생물의 지구 시스템에서 생물권이 발현하고, 생물의 다양한 진화 속에서 우발적으로 인간이 탄생했을 것이다. 목적의식적 활동 능력을 가진 인간은 생존을 위한 경제활동의 수준이 높아지는 정도에 따라 다양한 정치활동은 물론 지적·문화적 활동 범위를 확대해왔을 것이다. 그런데 이 과정을 곡해해서 과거 진보가 함정에 빠졌던 것처럼 인간의 사회구조에 대해 '토대와 상부구조'로 단순화시킨 후 경제적 토대가 정치·문화적 상부구조를 결정한다는 식으로 해석하면 안 된다.

거칠게 말하면, 정치·문화적 활동이 아무리 고차원적이라고 해도 우리가 생물학적 존재인 이상 물질적으로 신진대사를 할 식량이 없으면 한시도 생존할 수 없고, 정치·문화적 활동만으로 이 사실을 절대 뒤바꿀 수도 없다. 하지만 우리는 정치적 제도를 통해 또는 다양한 지식을 동원해 경제적 사정을 더 풍요롭게 할 수도 있고 더 악화시킬 수도 있다. 우리 삶에서 상위에 속하는 시스템 층위의 힘이 하위에 속하는 층위의 힘과 기제를 없애버릴 수는 없지만 적절히 제어하거나 통제할 수는 있다. 이 대목이 결정적으로 중요하다. 다음의 인용문이 이를 잘 요약해준다.

"어떤 주어진 수준의 기제들에 의해 지배되는 실체들은 언제나 더 높은 수준의 기제들에 의해 영향받을 수 있다. 살아 있는 것들이 비유기적인 세계에, 사회가 자연에, 정치가 경제에, 이데올로기가 정치에, 과학 및 이성이 일반적으로 이데올로기에 영향을 미친다."[127]

사회 안에서 태어나 사회를 변화시킨다

한발 더 나아가 중층화된 개방 체계로 이해한 우리 사회를 스스로 어떻게 개입해 변화시켜 나갈 수 있는지 살펴보자. 우리는 늘 우리 개인이 먼저 있다고 쉽게 가정하고 그 개인이 직면한 사회를 생각하는 버릇이 있다. 보수는 자기 이익을 극대화하는 무수한 개인들로 이뤄진 사회를 가정한다. 극단적 예가 영국의 총리였던 마가렛 대처(Margaret Thatcher)가 "사회 같은 것은 없다"(There's no such thing as society)라고 주장한 것이다. 그런데 어느 정도 개혁적인 접근을 하는 경우에도 '개인적' 관점을 그대로 유지한 경우는 많다. 예를 들어 '이기적 개인' 대신 '개인의 이타성과 협력의 본성'을 주장해온 많은 견해들이 그렇다. 또는 개인의 '게으름과 태만'을 비판한다면서 개인이 가진 '성실함과 책임감'을 강조하는 경향도 비록 인간에 대한 긍정적 관점을 유지함에도 불구하고 사회의 구성원으로서 개인에 대한 관점이 없기는 마찬가지다. 하지만 현실에서 우리는 항상 어떤 특정한 사회에 속한 채로 태어난다는 사실을 잊지 말아야 한다. 언제나 사회구조가 우리 개개인에 앞서 먼저 존재한다는 사실을 바스카는 이렇게 강조한다.

"여러분에게 언어 구조가 이미 존재하지 않는 한 여러분은 발화 행위에 참여할 수 없습니다. 결혼 구조 또는 가족 구조가 이미 존재하지 않는다면 결혼을 할 수가 없겠지요. 그것에 대해 여러분이 충분히 깊이 생각해본다면, 여러분이 생각하는 어떤 행위든 늘 사전적 존재로서 구조가 전제된다는 것을 알게 될 겁니다. 그러므로 우리가 행위 주체와 구조에 대해 이야기할 때는 구조가 늘 먼저 옵니다."[128]

이렇게 우리는 사회를 만들기 이전에 특정한 지적·제도적 특성을 가진 '이미 존재하는 사회 안에서' 태어난다. 그리고 그 환경 안에서 영향을 받으며 성인이 된다는 뜻에서 우리는 '사회화'되는 과정을 겪는다. 우리가 사회를 만들기 전에 먼저 우리가 속한 사회적 공간이나 관계는 물론 우리의 생각까지도 사회에 의해 길들여진다고 해석할 수도 있겠다. 현대 사회처럼 지독히 이기적인 승자독식 사회에서 태어나 성장한 사람들은 전반적으로 이기적으로 '길들여질' 가능성이 매우 높다. 더 땀 흘려 노력했는데도 덜 보상받고, 반대로 게을렀는데도 불구하고 더 많은 보상을 받는 사회에서 태어나 성장한 사람들은 대체로 굳이 더 땀 흘려 일해 보상을 받으려고 노력하기보다는 노력 없이 보상을 얻는 방법을 찾으려 하지 않을까?

문제는 그 다음이다. 그러면 우리가 태어날 때부터 속한 사회에서 길러진 우리는 그 사회에 어떤 식으로 개입해 변화시켜가게 될까? 사실 우리는 일상에서 의식하든 의식하지 않든 늘 우리가 속한 사회를 재생산하거나 변화시키면서 산다. 우리 앞에 존재하는 사회구조를 '의도치 않게 재생산'하거나 '의도적으로 변화'시킨다는 것이다. 의도치 않게 재생산하는 사례는, "사람들이 핵가족을 재생산하기 위해 결혼하는 것은 아니며, 또 자본주의 경제를 재생산하기 위해 직장에 나가는 것도 아니"라는 바스카의 주장에서 간명하게 확인할 수 있다.[129] 또한 우리는 의도적으로 사회 변화를 기획하고 사회운동이나 정책, 입법을 통해 더 나은 사회로 개선해나간다. "사람들이 들어가게 되는 관계들은 그 관계에 들어가는 개인보다 앞서 존재한다. 그리고 사람들의 활동은 그 관계를 재생산하거나 변형한다."[130]

이와 같은 설명방식은 오랫동안 사회학에서 논쟁이었던, '사회구조'를 중심으로 볼 것인지 아니면 '인간의 행위'를 중심으로 볼 것인지에 대한 비판적 실재론의 대답이기도 하다. '변형적 사회활동 모델'로 이름이 붙은 이러한 설명이 인간의 행위와 사회구조 사이의 복잡한 상호작용을 이해하고 또 그 결과 사회를 변화시키는 데 적용하는 더 나은 이해라고 생각한다.

결국 태어난 사회 안에서 길러진 우리는 그 안에서 습득한 생각과 관습을 비판적으로 성찰한 에너지로 기존 사회를 변형시켜나가게 될 것이다. 그렇게 변형된 사회 안에서 구성원들은 이전과

[그림 13] 비판적 실재론이 제안하는 변형적 사회활동 모델(바스카 2021)

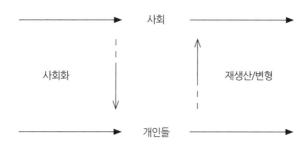

는 다르게 길러질 것이다. 그리고 그것을 또다시 비판적으로 성찰하여 사회를 향한 변화의 에너지로 바꾸려고 시도할 것이다. 이렇게 부단히 지속하는 경로를 밟게 될 것이다.

한 가지만 덧붙여두자. 우리가 이미 존재하는 사회구조 안에서 태어나고 성장하며 그 구조가 물려준 것을 체화하는 사회화 과정을 밟는다는 것은, 그 사회가 물려준 지식과 제도를 기반으로 삶을 유지한다는 사실을 포함한다. 그런데 거기에는 기존 사회의 상태를 정당화하는 지식 체계들, 즉 이데올로기라 불리는 내용이 당연히 포함된다. 현재의 이데올로기는 최상위 층위 수준에서 현재의 정치·경제·사회 제도와 구조를 재생산하는 데 강력한 힘을 발휘하게 된다. 따라서 사회에서 구성원들에게 전수되고 다시 사회적으로 쌓이는 지식은 대체로 기존 사회 편향적이라는 의미에서 일반적으로 생각하는 것과 달리 '가치 중립적'이기 어렵다.

진보는 기존 지식에 대한 비판적 성찰을 통해 우리 지식 가운데 현재 사회의 재생산을 떠받치는 이데올로기가 무엇인지를 가려내야만 비로소 기존 사회를 바꿀 기회를 얻게 된다. 무엇보다 이 대목이 비판적 실재론이 말해주는 시사점일 것이고, 진보가 철학적 도구로서 비판적 실재론을 적극 고려해야 하는 지점이기도 하다. 관련하여 경제학자 토마 피케티는 최근에 낸 책 《자본과 이데올로기》에서 "모든 시대 모든 풍토에서 다양한 사회의 엘리트들은 불평등을 '자연화하려는' 경향이 있다"면서, "불평등은 경제적인 것도 기술공학적인 것도 아니다. 오히려 이데올로기적이고 정치적인 것"이라고 단언했는데, 참으로 훌륭한 통찰이 아닐 수 없다.

4 개인화 시대,
우리는 '개인'을 찾았는가

21세기 사회의 가장 큰 특징을 꼽으라면 무엇보다 '개인화'를 꼽을 수 있다. 특히 MZ세대라 불리는 현 2030세대는 기존의 온갖 낡은 사회적 구속을 거부한다. 각자 존중받으며 스스로의 삶에 대해 완전한 결정권을 주장하며 살려는 희망에 가득 차 있는 것처럼 보인다.

이런 희망은 어쩌면 '사회는 없다'고 단언한 마가렛 대처의 주장과 어울리는 것 같다. '우리가 사회를 만들기 이전에 우리가 속한 사회적 공간이나 관계는 물론이고 우리의 생각까지도 사회에 의해 먼저 길들여진다'는 생각은 오히려 개인을 무시하기 일쑤인 과거 세대의 고집처럼 느껴질 정도다. 하다못해 기업들도 이제는 특정 집단이 아니라 개인을 콕 집어 '맞춤형 마케팅'을 한다고 소란스럽다. 여기에 결정적으로 불을 붙인 것은 개인마다 하나씩 가지고 다니는 만능 기계 스마트폰이다. 내가 원할 때 원하는 만큼 관계를 만들 수 있고 반대로 없앨 수도 있는 SNS의 등장이었다.

각자 스마트폰을 가지고 제한 없이 세상의 모든 다른 개인들과 접속하고, 세상의 모든 정보에 접근하며, 기존의 관습에 얽매이지 않고 각자의 삶을 독립적으로 결정하는 삶에 대한 서사가 이제 세상을 지배하고 있다. '완전히 자유로운 개인의 등장', 진보의 끝판왕이라고도 할 세상이 비로소 찾아왔고, 이제 '사회'를 강조하는 서사는 낡은 시대의 유물이 된 걸까? 하버드 대학 종신교수 쇼샤나 주보프는 최근 저술한 《감시자본주의 시대》를 통해 디지털 플랫폼 기업들이 우리의 기대와 달리 개인들의 온·오프라인 일상활동을 모두 데이터화해 수익을 위한 재료로 삼고 있다고 강도 높게 비판했다. 매우 중요한 통찰을 제공해주는 이 책의 내용을 중심으로(인용을 통해) 개인의 이야기를 풀어가보자.[131]

개인이 대중 속에 잠자고 있는 시대

우선 이 주제를 파고들기 위해 잠시 시간을 뒤로 돌려보자. 흔히 시민혁명 이전의 전근대사회까지만 해도 사람들은 지구상의 어느 곳에서 태어나든지 태어날 때부터 혈통이나 지역, 친족 등에 의해 규정되어 내 나라의 국민, 내 조상의 후손, 내 어머니의 딸, 농사꾼의 아들로서 정해진 운명을 걸었다. 농사꾼의 자식으로 태어났다는 것은 일생을 농사꾼으로 살아가야 함을 의미했고 다른 길은 없었다. 여기에 혈연이나 신분의 끈에서 벗어난 독립된 '나'라는 개념이 있을 리가 없다. 내가 사회를 선택하는 것이 아니라 주어진 사회 안에 태어나 그 사회의 위계질서에서 정해진 운명을 살게 된다는 것이다.

하지만 유럽의 시민혁명 등을 계기로 근대화가 시작되면서부터 "많은 사람들이 전통적인 규범이나 의미, 규칙으로부터 분리되면서 삶이 '개인화'되기" 시작했다. 그것은 "삶이 정해져 있는 각본대로" 흘러가는 것이 아니라 일종의 '열린 결말'을 갖는 진정한 인생이 시작됨을 의미했다. 물론 그럼에도 불구하고 모든 신분 속박에서 해방된 시민들이 개인 그 자체로 존중받는 사회로 단번에 도약하지는 못했다. 오직 무리로서의 대중, 생산 대중이나 소비자 대중으로서 인정받는 사회로 들어간 것이다. 그 정점에 20세기의 대량 생산 대량 소비 사회가 있었다.

이 시기의 근대 사회학자 가운데 특별히 개인보다 '사회'를 강조한 에밀 뒤르켐(Emile Durkheim)은 역설적으로 개인이 과거의 속박에서 어떻게 벗어났는지 그의 역작 《사회분업론》(*De la Division du Travail Social*, 아카넷)에서 잘 요약한다. 뒤르켐은 전근대사회의 핵심이었던 씨족, 친족, 공동체의 규칙과 의례로 묶인 '기계적 연대'의 사회가 끝나고 개인들이 활발하게 저마다의 사회적 분업에 참여하는 변화를 읽어냈다. 그리고 각 개인이 자신의 지향을 추구하면서도 사회 전체로 보면 각각 필요한 '분업'을 이루어 서로 '유기적으로 연대하는' 사회가 20세기 개인과 사회의 모습이라고 설명했다.

그런데 "대중사회의 새로운 세계질서와 집중, 중앙집권, 표준화, 관리로 이루어지는 관료적 논리는 여전히 각자의 삶에 단단한 닻과 지침, 목표를 부여했다." "세상은 그들에게 하기로 되어 있는 일을 할 것을 기대했다. 그들이 스스로 만들어가는 일은 아주 조금뿐이었다." 이런 식으로 대중사회에서 개인은 여전히 여러 제약의

굴레에 갇혀 있었다. 특히 여성과 흑인, 소수자들의 경우 더욱 그랬다.

때문에 개인들은 "주어진 사회적 역할의 가장자리로 비어져 나오는 자아의식을 억눌러야 했고, 이를 위해 정신적인 고통까지도 감내해야 했다. 사회화와 적응은 핵가족을 대중사회의 사회적 규범에 순응하도록 '인격을 생산'하는 '공장'으로 보는 심리학과 사회학의 소재였다. 그 공장은 여성성이라는 신화, 벽장 속의 동성애, 교회에 다니는 무신론자, 불법 낙태 등 많은 고통도 생산했다." 이것이 20세기 중반까지 사회 속에서 개인이 도달할 수 있는 수준이었다. 개인은 아직 대중 속에서 잠자고 있었다. 그러니 그 안에서 인종과 젠더 차이를 넘어 LGBT[성소수자 중 레즈비언(Lesbian), 게이(Gay), 양성애자(Bisexual), 트랜스젠더(Transgender)를 합하여 부르는 단어], 장애인, 채식주의자 등에 이르기까지 다양한 개성이 있는 그대로 존중받는데에 이르기까지는 더 많은 시간이 필요했다.

개인화된 삶이 아닌 개인주의의 번성

20세기 후반에 접어들면서 개인화는 처음으로 대중사회의 벽을 뚫고 진정한 '개인들의 사회'를 열 준비를 시작했다. 대중사회 안에서 '우리를 묶고 있던 제약의 줄마저 끊고' 완전히 독립적이고 자율적인 개인으로 나갈 채비를 하게 된 것이다. 특히 20세기 대중사회가 조성한 교육과 지적 노동은 우리가 스스로 개인적 의미를 창출하고 자신의 견해를 형성할 수 있는 도구인 언어와 사고력을 증진시켰다. 커뮤니케이션, 정보, 소비, 여행 등이 개인의 자의식과 상상력을 자극해 이미 정해져 있는 역할이나 집단 정체성에 의해 억눌리지 않는 관점과 가치, 태도를 갖게 해준 것이다.

이제 개인들은 태어날 때부터 주어진 사회적 제약보다는 자신의 선택을 더 생각하게 된다. "내가 길을 떠날 때 그 길에는 답도 없었고 따라갈 앞 사람도 없었고, 나침반도 없었다. 내가 가진 것은 내 안의 가치와 꿈뿐이었다. 나는 혼자가 아니었다. 그 길은 나와 같은 여정을 떠나는 사람들로 가득했다."

"우리는 시행착오를 통해 어떻게 우리의 삶을 엮어낼 수 있는지를 배운다. 주어진 것은 아무것도 없다. 가족, 종교, 생물학적 성별과 젠더, 도덕, 결혼, 공동체, 사랑, 자연, 사회적 관계, 정치 참여, 직업, 음식 등 이 모든 것은 우리가 납득할 수 있는 조건 하에서만 검토되고 재협상되고 재구성되어야 한다." 이제 자아가 우리가 가진 전부다.

하지만 이렇게 개인의 삶이 꽃피는 바로 그 시점에서 개인을 둘러싼 사회는 '신자유주의'라는 엄청난 체제 변환을 준비하고 있었다. 개인의 삶이 꽃피우도록 환경을 마련해주는 사회가 아니라, 삶의 모든 책임을 개인에게 돌리고 개인의 삶을 위한 자원을 '승자독식' 경쟁을 통해 서로 빼앗도록 하여 결국은 최종 승자만 개인화될 기회를 주는 사회로 변화한 것이다. 여기에는 개인화된 삶이 아니라 개인주의(individualism)가 번성하게 된다. "각 개인의 성공과 실패의 책임을 원자화되고 고립된, 현실로 존재하지 않는 개인에게 떠넘기고, 개인이 관계와 커뮤니티, 그리고 사회로부터 단절되고 끊임없이 경쟁하고 각자도생하는 이기적 사회" 말이다. 이렇게 개인에게 열린 삶은 해방적 잠재력을 실현하게 하기는커녕 대다수 개인을 평생 불확실성과 불안, 스트레스의 함정으로 밀어넣게 되었다.

그 결과 "우리는 우리 삶에 대한 통제권을 우리가 행사하기를 원하지만, 어디에나 그 통제를 방해하는 요소가 있다. 개인화는 우리가 제각기 유능한 삶을 확보하는데 필요한 자원을 찾아 헤매게 했지만, 그때마다 우리를 하찮은 존재로 보는 경제, 정치와 전투를 벌여야 한다. 우리는 우리 각자의 삶이 고유의 가치를 지닌다고 알고 있지만, 우리는 보이지 않는 존재로 취급된다."

디지털 혁신은 개인을 해방시켰나

그런데 신자유주의가 배신한 개인화를 향한 열망은 21세기에 들어오며 새로운 전기를 맞는 것처럼 보였다. 새로운 디지털 혁신이 등장한 것이다. 애플의 아이팟과 아이폰, 구글의 검색엔진, 페이스북의 광대한 소셜네트워크, 아마존의 맞춤형 쇼핑, 넷플릭스의 개인에게 최적화된 영화 추천 등이 드디어 개인을 위한 독립적 삶을 실현해주는 것 같았다. 20세기 포드자동차가 대량 소비사회를 열었던 것처럼, 특히 애플은 21세기 벽두부터 "개인이 집단에 환원되지 않는 새로운 사회, 개인화된 소비에 대한 그들의 수요를 타진함으로써 폭발적인 상업적인 성공을 경험"했다.

이들 혁신적 플랫폼 기업들이 "우리의 새로운 요구와 가치를 지지하는 암묵적 약속은, 우리 내면의 존엄성과 가치를 확인시켜주고 우리 개개인을 의미 있는 존재로 인정하는 것 같았다. 이는 소비자들에게 개인적 요구에 무관심한 제도적 세계로부터 잠시 빠져나올 수 있게 하는 가운데, 내가 선택한 바로 그 방식으로 내가 진정으로 원하는 것에 도달할 수 있게 연결"시켜주고 있다는 믿음을 싹틔운다. "디지털 자본주의가 개인의 권익을 지지해주리라는 기대는 21세기 첫 10년 동안 전 세계적으로" 열광적 지지를 받았다. "우리가 원하는 정보나 사람을 우리가 원하는 방식으로 찾게 해줌으로써 결정적인 중요성을 지닌 새로운 영역에서 삶을 바꾸어줄 것만 같았다."

이제 21세기 디지털 혁신 기업들 덕택에 개인들이 각자의 독립과 자율을 누리겠다고 나섰을 때, 구글이나 페이스북이 각 개인도 검색엔진으로 세계의 모든 지식에 접근할 수 있도록 해주었고, 마음만 먹으면 유튜브 채널의 1인 방송으로 세계의 사람들과 만날 수 있게 해주었으며, 집에서 혼자 페이스북을 통해 온갖 인간관계를 수평적이고 자유롭게 만들 수 있게 해주었다. 이런 식으로 "디지털 시대는 결국 소비의 초점을 대중에게서 개인으로 옮기는 수단을 제공"한다고 믿게 되었다. 그 결과 21세기는 수십억 명의 새로운 인류를 "태어나면서부터 정해진 운명이라는 한때는 영원할 것 같았던 조건으로부터, 그리고 대중사회라는 환경으로부터 해방시켰다. 우리는 우리 자신이 존엄성과 유능한 삶을 살 기회를 가져야 마땅한 존재임을 안다. 일단 나온 후에는 다시 튜브에 넣을 수 없는 치약처럼, 한 번 해방된 우리의 자아는 다시 가둘 수 없다."

자율적 개인들을 위한 투쟁

개인화되려는 우리의 욕구를 악용해 우리 사회를 각자도생의 핏빛 전투장으로 만든 신자유주의의 힘으로부터 도망쳐나와서 이제 드디어 개인의 해방을 만끽하게 해줄 디지털 자본주의로 이행한 것일까? 하지만 안타깝게도 주보프는 이 역시 착각임을 적나라하게 폭로한다.

처음에는 "사용자가 프라이버시라는 값을 지불함으로써 원할 때, 원하는 곳에서, 원하는 방법으로 정보, 접속, 그 밖의 디지털 상품 등 풍성한 보상을 얻게 된다고" 그들은 유혹했다. 하지만 이 새로운 체제에서 우리 각자의 요구가 충족되는 바로 그 순간 우리 삶의 일거수일투족은 그들에게 데이터로 추출되고 재조직되어 광고 회사에 비싼 값으로 팔릴 준비를 하고 있다. 주보프는 이런 현상을 '감시자본주의'라고 종합하며, 플랫폼 기업들을 '디지털 트럭'에 비유해 다음과 같이 묘사한다.

21세기의 개인들은 "디지털 트럭 짐칸에서 던져진 쌀과 분유 포대에 도취되어 운전을 누가 하고 어디로 가는 트럭인지는 거의 신경 쓰지 않았다. 우리는 그 자원이 필요했고, 심지어 그것이 없으면 살 수 없다고 믿었다. 그러나 자세히 들여다보면, 간절히 기다렸던 트럭은 자동화된 침략, 정복 운송 장치에 가까워서 적십자보다는 매드맥스, 유람선보다는 해적선을 닮았다."

이렇게 디지털 자본주의가 약속했던 개인의 삶 역시 신자유주의가 그랬던 것처럼 배신당할 운명의 약속이라면, 우리 개인들은 어디로 가야 할까? 어떻게 해야 진정 개인의 자율적 삶과 열린 미래를 열어갈 기회를 얻을 수 있을까? 주보프는 디지털 자본주의에서 우리 개개인은 수많은 정보생산 주체이면서도 그 정보를 소유하지도 못하고 사용에 대한 의사결정권도 없다고 말하면서, 사적 기업들의 마케팅 수단이 된 현실을 바꾸기 위한 자각과 긴 투쟁이 필요하다고 말한다. 디지털 경제를 소수 독점적 플랫폼 기업의 수익을 위한 것이 아니라 시민 개인을 위한 플랫폼으로 전환시켜야 한다는 주장일 것이다.

"디지털 미래가 우리가 살 집이 되어야 한다면, 그렇게 만드는 주체는 우리이어야 한다. 우리가 알아야 하고, 우리가 결정해야 하며, 누가 결정할 것인지를 우리가 정해야 한다. 이것이 인류의 미래를 위한 우리의 투쟁이다."

한마디로 디지털 사회에서 우리가 결정권을 다시 찾아와야 하며, 이를 위한 싸움과 연대를 통해서만 온전히 우리가 원했던 '개인'을 찾을 수 있다는 것이다. 이렇게 '자율적 개인'을 향한 미래는 여전히 험난하다.

5 오래된 진보의 깃발,
'노동 존중' 다시 생각하기

"일용할 빵을 벌기 위해 땀을 흘리는 사람들에게 여가는 간절히 바라는 호사다. 그것을 누리게 되기 전까지는 그렇다. 늙은 날품팔이 여자가 자신의 묘비에 남기는 전형적인 문구는 대략 이렇다. '친구들이여, 나를 위해 슬퍼하거나 울지 마오. 이제 나는 영원히 아무 일도 하지 않아도 좋을 것이니.' 이것이 그녀의 천국이었다. 여가를 간절히 기대하는 다른 많은 사람들처럼. 그녀도 한가로이 음악을 들으며 시간을 보내는 것이 너무나 즐거울 것이라고 생각했다."[132]

케인스가 1930년에 쓴 짧은 에세이 〈손자 세대를 위한 경제적 가능성〉에 나오는 구절이다. 땀 흘려 노동하는 사람들에게 그 대가를 정당하게 인정받는 것만큼이나 중요한 것은 노동에서 벗어나 자유로운 '여가'를 누릴 시간인지도 모르며, 진정 인간이 추구해야 하는 것은 '성실 노동'이 아니라 '더 적은 노동과 더 많은 여가'일지도 모른다. 하지만 그동안 진보는 '땀 흘린 노동에 대한 정당한 인정'에 너무 많은 에너지를 쏟은 나머지 진보의 진정한 목표가 '더 많은 여가와 더 많은 자유시간'임을 잊은 것이 아닐까?

노동과 여가에 대한 쟁점은 '워라밸'(work and life balance)이라는 유행어처럼 사람들의 '웰빙'이라는 삶의 목표를 위해서만 다시 생각해봐야 할 주제는 아니다. 자연과 생태를 파괴하도록 내몰리는 '더 많은 노동'이라는 이슈는 기후위기와도 관련될 수 있다. 투 잡, 쓰리 잡을 넘어 비자발적 'N잡러'라는 유행어가 번지고 있는 작금의 현실에서, '성실 노동'이 불평등을 해소하는 데 도움이 되는 것이 아니라 오히려 불평등한 체제를 유지시켜주고 있는 것은 아닌지 의문을 제기해볼 수도 있다. 여전히 많은 쟁점을 가지고 있는 '기본소득' 대안은 그 배경에 노동(labor)과 일(work)에 대한 서로 다른 관점을 내포하고 있기도 하다.

일하지 않는 자여 먹지도 말라

지금 보면 신기할 정도로 중세 유럽의 달력에는 공휴일이 넘쳐 났다. 영국의 경우 공휴일이 1년의 1/3쯤 되었다고 한다. 프랑스는 대략 180일 정도가 쉬는 날이거나 공휴일이었다. 스페인도 1년 중 다섯 달 정도가 공휴일이었다고 한다. 그러던 것이 1700년대부터 '게으름은 죄악이다. 시간은 돈이다'라는 관념이 굳어지기 시작했고, 여기에 성실 노동과 저축을 구제의 징표로 여기는 칼뱅파 기독교의 분위기가 가세했다.

어쨌든 성경에도 나오는 '일하지 않는 자는 먹지도 말라'는 노동 윤리는 막스 베버(Max Weber)가 《프로테스탄티즘의 윤리와 자본주의 정신》(*Die protestantische Ethik und der Geist des Kapitalismus*, 문예출판사)에서 칼뱅파의 근검절약 정신을 거론하며 강조한, 무너져 버린 20세기 사회주의의 상징인 소련의 연방헌법 12조에 성문화된 문구이기도 하다. 그 조문에는 "'일하지 않는 자여, 먹지도 마라'(He who does not work, neither shall he eat)라는 원칙에 따라 소비에트연방에서 노동이란 모든 비장애 시민들의 의무이자 명예이다"라고 나와 있으며, 이 원칙은 지금까지 진보에서도 '노동 존중'이라는 가치로 확고하게 살아 있다. 여기에는 분명히 땀 흘려 일해 인간에게 필요한 생산적인 결과를 만들어내면서도 그에 합당한 인정과 대가를 받지 못하는 수많은 노동자의 정의로운 요구가 배어 있다. 하지만 노동 자체를 절대화하면 오히려 자본주의가 요구하는 노동윤리와의 경계선이 모호해지고, 종래는 '사람은 왜 일하는가' 하는 의문을 갖는 데까지 이를 수 있다. 그러므로 이제는 노동에 대한 보다 포괄적인 관점을 다시 만들 필요가 있다.

여가의 권리

진보가 자본주의적 노동윤리를 무분별하게 수용했다는 비판을 가장 먼저 가장 강도 높게 한 사람은 마르크스의 둘째 사위였던 폴 라파르그(Paul Lafargue)였다. 그는 《게으를 권리》(*Le Droit a la Paresse*, 필맥)라는 책에서, 노동운동이 "노동에 대해 경제학자와 도덕가들이 주장하는 이론을 노동자들이 순진하게도 받아들여 '일하지 않는 자여 먹지도 말라'는 기치를 내걸었다"고 비판하면서 "우리 시대를 노동의 시대라고 한다. 그러나 실상은 고통과 비참과 타락의 시대"라고 주장했다.

그는 '일하지 않는 자여 먹지도 말라'는 선언이 "생산자인 노동자들에게는 필요로 하는 것을 최소한만 제공하고, 그들의 기쁨과 분노를 억압하면서 그들에게 기계의 일부가 되어 휴식도 대가도 없이 일만 하라고 선언한 것"이라고 지적한다. 그는 또한 "공장 노동이 도입되면서 즐거움과 건강과 자유에는 작별을 고한 셈이다. 인생을 아름답고 살 만하게 만드는 모든 것에 작별을 고한 것"이라고 한탄한다. 라파르그는 과감하게도 이렇게 제안한다. "자본주의적 착취를 당할 권리에 불과한 '인간의 권리'나 비참해질 권리에 불과한 '일할 권리'를 요구하기보다는, 누구에게도 1일 3시간 이상의 노동을 금지하는 법을 제정하기로 결단을 내린다면 지구는, 이 오래된 지구는 자기 안에서 새로운 우주가 생겨나는 개벽의 기쁨으로 몸을 떨게 될 것"이라고.[133]

이러한 발상은 20세기에 들어오면서 영국 철학자 버트런드 러셀(Bertrant Russell)에 의해 다시 강력한 지지를 받는다. 그는 "내가 진심으로 말하고 싶은 것은 '근로'가 미덕이라는 믿음이 현대 사회에 막대한 해를 끼치고 있다"면서 "행복과 번영에 이르는 길은 조직적으로 일을 줄여나가는" 것이라고 강조한다. 특히 그는 "현대의 생산방식은 우리 모두가 편안하고 안전할 수 있는 가능성을 열어놓았다. 그런데도 우리는 한쪽 사람들에겐 과로를, 다른 편 사람들에겐 굶주림을 주는 방식을 선택해왔다"고 비판한다.[134]

특히 러셀은 여가를 강조하며 "여가란 문명에 필수적인 것이다. 예전에는 다수의 노동이 있어야만 소수의 여가가 가능할 수 있었다. 그러나 다수의 노동이 가치 있는 이유는 일이 좋아서가 아니라 여가가 좋은 것이기 때문이었다. 이제 현대 사회는 기술의 발전으로 문명에 피해를 주지 않고도 얼마든지 공정하게 여가를 분배할 수 있게 되었다. 현대의 기술은 만인을 위한 생활 필수품을 확보하는 데 필요한 노동의 양을 엄청나게 줄였다"고 평가했다. 인간의 노동을 획기적으로 줄일 수 있는 4차 산업혁명의 시대에 투 잡, 쓰리 잡을 찾아야 하는 세상의 역설을 이미 100년 전에 절묘하게 지적한 것이 아닐 수 없다.

21세기 노동의 변화가 미칠 영향

노동이 아니라 오히려 여가가 우리 삶에서 가치가 있다는 믿음은 21세기인 최근에 네덜란드의 청년 지식인 뤼트허르 브레흐만(Rutger Bregman)의 《리얼리스트를 위한 유토피아 플랜》(*Utopia for Realists*, 김영사)이라는 책을 통해 다시 하루 세 시간 노동 주장을 부활시키며 관심을 모으고 있다. 그는 "아침에는 사냥을 하고, 오후에는 물고기를 잡고, 저녁에는 가축을 기르고, 저녁 식사를 하고 나서는 비평을 하는 날"을 기대했던 카를 마르크스의 오래된 주장을 상기시키며 '여가가 넘쳐나는 미래'를 상상하자고 주장한다.

흔히 말하는 4차 산업혁명 시대가 되었다고 하지만 역설적으로 지금 노동시간은 점점 길어지고, 노동은 불안해졌으며, 노동의 대가는 더욱 형편없어진 시대가 되었다. 이런 시대에 과거처럼 '노동 존중'이라는 가치만 일면적으로 고수하는 것이 과연 진보를 위해 여전히 유익할까? 일과 여가가 함께 있는 미래의 노동, 미래의 삶을 고민하며 상상해야 하지 않을까?

한편 이 대목에서 경제학자이자 기본소득지구네트워크 공동대표인 가이 스탠딩이 역사적으로 '농업의 시간' '산업의 시간'을 거쳐 지금 '제3의 시간'으로 노동시간 패턴이 바뀌고 있다고 주장하는 것에 주목할 필요가 있다. 여기서 농업의 시간이란 노동과 일의 유형이 계절과 날씨, 빛에 의해 규제되던 농업 노동에서 전형적으로 드러나는 양상이다. 반면 19세기부터 정형화된 산업의 시간에서는 "노동이 시계의 작동과 연관되어 하루 여덟 시간이나 아홉 시간, 일주일 5일이나 6일, 운이 좋다면 은퇴 시기까지 40년 이상 일하는 게 당연했다." 그런데 21세기 4차 산업혁명 시대가 오면서 전혀 다른 '제3의 시간'이 지배할 것이라고 스탠딩은 전망한다. "여기서 일과 노동활동의 경계는 흐려지고 공식 작업장의 경계와 정해진 노동시간의 경계도 흐려질 것이다. 이렇게 경계가 흐려지기 때문에 노동의 측정은 점차 자의적이고 어긋나게 된다. 이에 따라 임금의 측정도 점차 자의적이게 될 수밖에 없다."[135]

노동에 대한 스탠딩의 전망은 어쩌면 '플랫폼 노동'의 특징을 잘 예고했는지도 모른다. 이제 노동시장에서도 전통적인 '규칙적인 고용노동' 일변도에서 벗어나 불안정 노동, 초단시간 노동, 제로시간 노동 등으로 노동 양상이 분화되고 있고, 일부는 고용주에 의해 노동으로 불리는 것조차 거부되고 있다. 한발 더 나아가 노동시장 밖의 가사노동이나 시민사회운동가들의 사회참여 활동이 공적으로 인정되고 보상이 주어져야 한다는 논의도 있다. 점점 더 노동시장 안에 있는 노동만 가치가 있고 보상되어야 하는지에 대해 의문이 제기되고 있는 것인데, 스탠딩은 이 대목에서도 "모든 형태의 일은 가치가 있다. 비록 그 가격을 매기기가 어렵거나 불가능할지라도 말이다"라고 지적한다. 이 지점도 앞으로 대단히 큰 고민 과제로 부상할 것이다.

거꾸로 자산 투기와 같은 비생산적 노동임에도 불구하고 단지 노동시장에서 막대한 보상이 주어진다는 이유만으로 가치가 있는 것으로 높게 평가되는 역설이 생기기도 한다. 마추카토가 최근 《가치의 모든 것》(The Value of Everything, 민음사)이라는 책에서 새삼스럽게 다시 불러낸 '생산적 노동과 비생산적 노동', '가치를 만들어내는 노동과 가치를 추출하는 노동'을 다시 구분하고 정의할 필요가 있다는 뜻이다. 이렇듯 '노동'은 중요하다고만 반복할 일이 아니라 토론해야 할 주제로 가득하다. 만약 여전히 '산업의 시간'에 확립된 '산업주의적 노동관'에 갇혀 있다면, 노동관 자체를 성찰해보는 것이 반드시 필요하다는 뜻이다.

6 진보가 신뢰했던
'능력 중심 사회'의 배신

'성실 노동'에 집중하는 가치관이 조금 더 비약하면 이른바 '능력 경쟁'에 따라 사회에서의 위치와 보상이 주어지는 사회에 대한 이상화로 쉽게 이어질 수 있다. 통상 재능에 노력을 더한 것으로 정의되는 능력(merit)은 그 자체로 나무랄 것은 없다. 하지만 그것이 서열을 매기기 위한 경쟁 구도 안으로 들어가고, 투입된 능력에 따라 시장에서 주어지는 성과 격차가 엄청나게 달라지면 그다음부터는 '막대한 강도와 시간의 노력 투입' 전쟁이 시작된다.

강도 높은 자원과 노력, 시간 투입 경쟁을 통해 능력을 검증받으려는 최근의 치열한 전투에 저소득층은 물론 상위층의 엘리트까지 모조리 유사하게 참여한다는 것이 대니얼 마코비츠의 얘기다. 즉 현대 엘리트는 과거의 '유한 엘리트'(leisure elites)와 확연히 대비되는 '일하는 엘리트'(hard-working elites)로 변했는데, 그래서 이들은 자신이 종사하는 이른바 '극한 직업'을 견디는 대가로 문자 그대로 엄청난 보상을 요구하게 되고, 더 나아가 능력이라는 명목 아래 이

사회의 물적·인적·사회적 자원을 독식한다는 것이다.[136]

그런데 본래 신분이나 기득권을 타파하고 '능력 중심'의 사회를 만들자는 요구는 '노동 존중' 못지않게 진보의 가치처럼 간주되었다. 사회나 부모로부터 물려받은 그 어떤 지위나 신분 또는 자산과 무관하게 누구나 똑같은 출발선에서 오직 자신의 재능과 노력 정도에 따라 사회적으로 평가받는 것이 가장 평등한 사회라고 쉽게 인식했기 때문이 아닐까 싶다. 하지만 시장경제 안에서 과도한 능력 경쟁이 낳는 폐해와 별개로 능력 중심 사회는 그 자체만으로는 어떤 평등화도 보증하지 못한다는 것이 최근 속속 밝혀지고 있다. 그러므로 진보는 '능력 중심 사회'라는 환상에서 한발 떨어져 비판적 시각을 유지할 시점이 되지 않았나 생각한다.

불공정은 뒷문뿐 아니라 앞문에서도 일어난다

최근 확인되고 있는 사실은 우리 사회의 문제가 '편법이나 반칙'이 아니라 '정도'라고 간주된 곳에서 발생할 수 있다는 것이다. 마이클 샌델이 최근 출판한 《공정하다는 착각》(The Tyranny of Merit, 와이즈베리)에서 들었던 대입 사례부터 시작해보자. 첫 번째 입학생은 공식적으로 대입 시험에서 우수한 성적을 거둬 입학한다. 정정당당(?)하게 '앞문'(front door)으로 들어간 경우다. 두 번째 입학생은 부모가 대학에 기부금을 듬뿍 내서 입학을 허락받는다. 미국의 경우라면 합법이므로 법적으로 하자는 없지만 앞문으로 들어간 경우와 구분해 이를 '뒷문'(back door)으로 들어간 경우로 분류하자. 세 번째 입학생의 경우 부모가 입시 사기꾼에게 돈을 주고 입학이나 실습 감독관 등을 매수해서 입학한다. 이는 명백히 불법이므로 이를 '옆문'(side door)으로 들어간 경우라고 하자.[137]

한국 사회에서 공정성 시비는 대부분 세 번째 입학생에 대해 제기된다. 공식 입학 규칙을 지키지 않았다는 것이고, 편법 또는 불법으로 입학 자격을 얻었다는 것이다. 두 번째 학생도 자기 힘이 아닌 부모의 힘으로 입학 자격을 얻었다는 점에서 공정하지 않다고 지적되지만, 법적 하자가 없으니 문제가 아니라고 생각하는 사람들도 있다. 하지만 이 두 사례의 경우 사회적으로 부패가 만연한 나라가 아니라면 사회 전체를 오염시킬 만큼 비중이 높지는 않을 것이다. 또한 자기 능력으로 대학에 들어간 첫 번째 학생의 경우에 대해서는 사회에서 크게 문제 삼지 않는다. 아니 '전교 1등'을 해서 입학했다고 자랑하는 일부 의대생들처럼, 우월한 능력에 걸맞는(?) 일정한 특권을 부여받는 것이 당연하게 여겨지기도 한다.

그런데 우리 사회에서 가장 많은 사람들이 매우 당당하게 걸어 들어가는 '앞문'(대학 입시의 문이든 취업의 문이든 아니면 승진의 문이든)에 공정과 정의의 함정이 자리 잡고 있는 것은 아닐까? 사회가 정해놓은 규칙에 따라 '능력을 검증받아 정해진 서열대로' 들어가는 '앞문'에서 뭔가 잘못된 일이 체계적으로 발생하고 있는 것은 아닌지 한 번쯤 의심해볼 필요는 없을까? 바로 이때 던지는 질문이 '능력주의는 공정한가?'이다. 그리고 이 질문은 우리 사회에서 불평등이 왜 갈수록 심화되는지 심지어 세습되는지에 대해 중요한 실마리를 제공한다. 지금 우리 사회의 불평등이 전적으로 공식적인 탈법과 반칙만으로 이뤄진 것은 아니기 때문이다.

잠시 등장했던 능력주의 평등시대

자본주의가 발달하고도 한참 후인 1945년 이전까지만 하더라도 "계급, 신분, 직업에서 모두 아들은 아버지의 발자국을 충실하게 따랐고, 아버지는 충실하게 할아버지 뒤를 이었다. 사람들은 사내아이한테 커서 뭐가 되고 싶은지를 묻지 않았다. 앞선 조상들처럼 땅에서 일하게 되리라는 운명을 알았기 때문이다. 대부분의 사람들에게 직업 선택 같은 기회는 없었다. 그냥 물려받을 뿐이었다."[138]

그런데 제2차 세계대전 이후 1950년대 미국 사회나 1960년대 이후 한국 사회에 정착된 능력주의는 부모의 신분을 세습받는 것을 거부하고 누구나 자신의 재능과 노력에 따라 공평한 기회를 얻는 사회를 꿈꿨다. "태생에 따른 귀족주의(aristocracy)나 부를 바탕으로 한 금권주의(plutocracy)가 아니라 재능에 따른 진정한 능력주의(meritocracy)"를 꿈꿨던 것이다.[139] 그래서 자칫 능력주의 사회가 가장 평등한 사회라고 착각할지 모르겠다. 사실 능력주의는 미국 못지않게 한국의 지배적 이데올로기이며, 더욱이 특혜나 특권, 반칙을 거부하고 능력에 따라 성과를 주자는 논리가 불평등의 논리가 아니라 평등화의 이데올로기로 공인되었다고 생각한다.

이처럼 능력주의는 결코 보수적인 이데올로기가 아니었다. 오히려 '소유에 따라'가 아니라 '능력에 따라' 사회적 자원이 분배되어야 한다는 주장은 우리 사회에서 강력한 진보의 이데올로기였으며 지금도 여전히 그렇다고 생각한다. 역사적으로도 능력주의는 서구에서는 1970년대 어느 시점까지, 그리고 한국에서는

1997년 외환위기 이전 어느 시점까지 나름대로 평등화 기제로 작동해온 것처럼 보인다.

　미국의 68세대나 한국의 86세대들이 아마도 그 혜택을 받은 '유일한' 세대일 것인데, 바로 그들이 지금도 현역에서 지배적 권력을 보유한 '능력주의 신봉자들'이다. 실제로 한국 사회에서 86세대가 성장했던 1970–1980년대에는 상대적으로 자산과 소득의 평활화가 이루어졌는데, 그 배경에는 세계적으로 유례없는 높은 경제성장이 30년 가까이 지속된 점, 인구 성장도 함께 이루어진 점, 교육제도가 상대적으로 평준화되었던 점 등이 복합적으로 작용했다.

　구체적으로 보면, 1950년대에 농지개혁으로 자산 평활화가 일차로 진행되어 자산 지니계수가 0.7 수준에서 절반 이하인 0.3으로 떨어졌다. 1960년대에 시작된 경제개발계획을 통해 1970년대부터 두 자릿수 경제성장률이 이어져 1997년 외환위기 전까지 대체로 8퍼센트의 경제성장률을 유지했다. 이로 인해 일자리가 풍족했고 대부분의 86세대는 소득 안정화 측면에서 지금과 같은 극단적 불평등을 겪지 않았다. 실제로 소득 지니계수를 보면 1990년대 초에 이르러 역사상 가장 평등화된 시기를 통과할 정도다. 여기에 중·고등학교 평준화와 사교육 금지 등이 여러 부작용에도 불구하고 부모 재력에 따른 교육 격차를 어느 정도 제한하는 데 기여했다. 그 결과는 무엇이었을까? 역사적으로 잠깐 열렸던 '개천에서 용 나는' 시대였다.[140]

능력주의는 불평등을 부인한 적이 없다

원론적으로 보면, "오직 능력만이 중시되면 부모는 자녀에게 그 어떤 특혜도 물려줄 수 없다. 가령 부모는 자신의 개인 재산을 동원해 자녀를 유명 사립학교에 보내거나, 개인 과외 교사를 고용하거나, 능력이나 자질이 부족해 힘겨워하는 자녀에게 도움을 줄 수 없다. 이런 사회라면 부모는 자녀에게 유산을 남길 수도 없으며, 다른 아동들에게도 똑같이 제공될 수 없다면 그 어떤 자원도 자녀에게 줄 수 없다."[141] 하지만 '국영 고아원'을 만들지 않는 이상 이런 사회는 불가능하므로 이상적인 능력주의 자체가 원래 허구라는 점을 먼저 확인해두자.

이상적 능력주의가 불가능하다는 점보다 더 중요한 사실이 있다. 처음에는 그럭저럭 능력주의로 시작해도 (그대로 내버려두면) 어느새 능력이 통하지 않는 사회로 변질될 소지가 내재해 있다는 것이다. 사실 능력주의는 처음부터 평평한 사회를 꿈꾼 것이 아니라 신분 사회만큼이나 '서열화된 사회'를 꿈꿨을지 모른다. 그 서열을 가르는 기준이 무엇인지가 달랐을 뿐이다. 1958년 일찍이 '능력주의'라는 용어를 만들어낸 마이클 영은 이렇게 말한다.

"이제 사람들이 능력에 따라 분류되기 때문에 계급들 사이의 간극은 어쩔 수 없이 더욱 넓어지고 있다. 한편으로 상층 계급은 이제 더는 자기 회의나 자기 비판 때문에 약화되지 않는다. 오늘날 지위가 높은 사람들은 성공이란 자기가 지닌 역량과 기울인 노력, 부정할 수 없는 자기의 업적에 뒤따르는 보상일 뿐이라는 사실을 안다. 그런 이들은 상위 계급에 속할 자격이 있다."[142]

영은 "사회적인 선발의 근거가 점차 상속에서 능력으로 이동하면서, 인간이 평등하다는 엉성한 이야기가 의미를 잃어"간다면서 새로운 능력주의 "제도 아래에서 계급 간 구분은 예전에 견줘 더욱 예리해졌으며, 상층 계급의 지위는 올라간 반면 하층 계급의 지위는 내려갔다"고 지적한다. 샌델 역시 "적어도 원칙 수준에서, 그리고 정치 언어 차원에서 능력주의는 오늘날 패권을 쥐고" 있을 뿐만 아니라, 좌우의 엘리트 정당들이 한결같이 경쟁적으로 능력주의를 찬양하고 추종해온 결과 불평등을 심화시키고 정당화하는 데 한몫했다고 비판한다. 능력주의는 정의롭지도 않고 불평등 해소에도 도움이 되지 않는다는 것이 샌델의 주장이다. 샌델의 표현을 빌리면 "능력주의 이상은 불평등을 치유하려 하지 않는다. 불평등을 정당화하려 한다."

7 능력 중심 사회가 '신자유주의 비전'으로 탈바꿈하는 순간

능력 중심 사회가 과거 신분 사회의 위계적 서열을 파괴하는 것이 아니라 단지 서열을 정하는 방식을 바꾼 것이기 때문에 능력주의는 태생적으로 불평등을 조장할 수밖에 없음을 확인했다. 그런데 이것이 끝이 아니다. 능력주의가 정작 파괴적 본성을 발휘하는 지점은 각자의 성공과 실패를 모두 개인의 탓으로 돌리는 개인주의 이데올로기와 친밀하게 결합하는 시점이 아닐까?

모든 것은 자신의 책임이다?

사회구성원으로서 개인이 받은 도움, 사회구성원 상호 간에 얻은 도움은 개인의 입장에서 일종의 '행운'으로 표현될 수 있다. 그러나 능력주의는 일체의 외적 행운을 부인하며, 모든 성취나 실패의 원인을 개인의 재능과 노력에서 찾는다. "성공한 사람들은 스스로의 힘으로 성공한 것인가? 아니면 통제범위 밖의 요인들이 작용해서 성공한 것인가?" 이 질문에 대해 능력주의는 '자수성가의 윤리'를 철저히 따를 뿐 사회에서의 자신의 성과가 자신이 속한 공동체에서 기인할 수 있다는 '운의 윤리'를 따르지 않는다.

"오직 각자의 능력대로만 보상하는 시스템은 공정성을 갖는다. 오로지 실제 성취만으로 사람들이 구별될 뿐, 다른 어떤 기준으로도 차별되지 않기 때문"이라고 믿는 탓이다. 다른 말로 "부자는 가난한 자보다 부자일만 해서 부자라는 것이다."[143]

이 대목에서 또 하나 중요한 점은, 능력주의 경쟁의 승자가 자신이 얻은 지위와 부를 '받을 만한 것'이라고 강변할 뿐만 아니라 패자가 자신의 열등한 지위와 처참한 소득에 대해 역시 '받을 만한 것'이라고 생각하도록 압박하는 작용을 한다는 것이다. 한마디로 지독한 개인 책임을 강조하는 능력주의 윤리는 "일이 잘 되어갈 때에는 기꺼워할 만하다. 하지만 반대로 일이 잘못될 때는? 사기가 꺾이고 심지어 자책에 시달리게 된다." "내 성공이 순전히 내 덕이라면 그들의 실패도 순전히 그들의 탓이 아니겠는가. 이 논리는 능력주의가 공동체 의식을 약화시키는 논리로 기능한다."[144]

마이클 영이 의문을 제기한 대목도 이 부분이다. 아래로 떨어진 사람들은 "과거처럼 기회를 박탈당한 탓이 아니라 자기가 실제로 열등하기 때문에 열등한 지위를 갖게 된 사실을 인정할 수밖에 없지 않을까? 인류 역사상 최초로 이제 열등한 사람은 자존감을 지탱할 버팀목을 모조리 잃어버렸다."[145] 샌델 역시 능력주의가 사회적 관계 면에서 그리고 정서적·심리적 면에서 남을 탓하거나 운이 나쁜 탓을 할 것도 없이 패배의 결과가 순전히 자신의 무능함에서 비롯되었다는 심한 자책과 무력함과 굴욕감을 느끼게 만든다고 짚는다.

"승자에게 갈채하며 동시에 패자에게 조롱한다. 패자 스스로도 말이다. 일자리가 없거나 적자에 시달리는 사람에게 나의 실패는 자업자득이다." 특히 능력주의 패자들에게 "고통은 단지 연봉 수준의 정체에서만 나오지 않는다. 그들은 오랜 두려움, 즉 '내가 고물이 되어버린다'는 두려움의 현실화에 직면하고 있다."[146]

시장의 성과만으로 능력 평가하기

능력 중심 사회는 특히 시장근본주의로 통칭되는 신자유주의 아래에서 자기파괴적 본성이 극점에 이른다. 왜냐하면 신자유주의는 오직 시장(market)이 요구하는 능력만을 인정하고 보상하기 때문이다. 이렇게 생각해보자. 성취만으로 사람들이 구별될 뿐 다른 어떤 기준으로도 차별되지 않는 개인주의적 능력주의가 직접 시장경제의 보상 체계와 결합되면 어떤 일이 벌어질까? 보수 경제학자 그레고리 맨큐(Gregogry Mankiw)에 따르면, 시장경제의 "이상적 조건에서 모든 개인은 자신의 정당한 몫을" 받을 것이고, 그 격차는 능력에 따른 것으로 정당화된다. 사람들이 오직 노력과 재능으로만 시장에 성과를 내밀 수 있다면 능력에 따른 자연스런 서열화를 이루리라는 것이었다.[147]

이렇게 되면 시장경제에서 소득 격차와 자산 격차가 한없이 벌어져도 그것이 능력에 따른 자연스러운 귀결로 정당화될 소지가 다분하다. 특히 1980년대 이후 교육과 보건을 포함해 사회의 대부분의 영역이 시장화되고 민영화되어 오직 시장에서의 경쟁 결과에 따라 사회적 지위와 보상이 달라지는 신자유주의 사회가 도래하자 소득과 자산의 불평등이 얼마나 과도하든지 간에 '능력주의' 이름으로 정당화되었고, 시장이 정한 분배에 어긋난다고 간주되는 일체의 재분배 행위가 비난받는 분위기가 조성되었다.

그런데 개인의 능력 차이를 시장에서의 성과 보상 차이로 곧바로 연결하는 것은 원래 당연시할 수 없는 것이다. 샌델은 "시장 수요에 부응하는 일이 반드시 사회에 가치 있는 기여를 하는 걸 의미한다고 볼 수 없다"고 주장한다. 이에 대해 시장자유주의의 원조라 할수 있는 프리드리히 하이에크(Friedrich Hayek)도 동의했다고 하면서 샌델은 하이에크를 인용한다. "나의 소득과 부는 (시장에서) 내가 제공할 수 있는 재화와 용역의 가치를 반영한다. 그러나 이 가치는 수요와 공급이 우연한 일치점에 따라 좌우된다. 나의 능력이나 미덕, 또는 내가 기여하는 것의 도덕적 중요성 여부와는 아무 상관이 없는 것이다." 샌델은 "이런저런 직업의 시장가치가 그것이 공동선에 기여하는 정도와 비례한다고 보면 오류"라며 이 견해를 보강한다.[148]

이처럼 시민적 덕성이나 사회적 기여와는 무관하게 시장이 요구하는 자격이나 전문성만을 능력으로 취급하는 사조에 대해 샌델은 '기술관료적 능력주의'라고 지칭한다. 개인주의와 기술관료적 능력주의가 결합해 시장가격과 연봉으로 평가되는 능력주의가 1980년대 신자유주의로 부상했는데, 사실 이를 가장 찬양한 것은 아이러니하게도 클린턴(Bill Clinton)과 오바마, 블레어(Tony Blair) 같은 민주당과 노동당의 리더들이었다. '능력주의'라는 용어를 만들어낸 마

이클 영은 2001년 보수당도 아니고 노동당 소속의 토니 블레어 총
리가 "영국을 완전히 능력주의 사회로 바꾸자"는 연설을 하자 기막
혀 하며 86세의 나이에도 불구하고 〈가디언〉에 "능력주의를 폐기하
자"는 글을 기고하여 토니 블레어를 비판하기도 했다.

능력이 상속되는 사회

오직 시장이 보상하는 능력에만 엄청나게 차별적 지위가 부여되
면, 그 최종 귀결점은, 시장이 원하는 능력을 자녀들에게 만들어주
기 위한 '부모들의 극한 경쟁'이 교육 분야에서 펼쳐지는 것이다. 구
체적으로 살펴보자. 시장에서 가격으로 평가받는 능력만이 인정되
고, 이 능력 서열에 따라 엄청난 보상의 격차가 만들어지면, 모든 지
위와 소득, 자산이 상위 10퍼센트, 1퍼센트로 집중된다. 이른바 '엘
리트 독식' 사회가 되는 것이다.

이렇게 시장사회에서 격차와 불평등이 끝없이 벌어지게 되면,
부모들 본인은 능력주의 경쟁에서 실패했더라도 자녀들을 능력주
의 서열에서 상위 10퍼센트, 1퍼센트에 올려놓으려는 시도를 끊임
없이 하게 된다. 그 결과 대학이 얼마나 많든 얼마나 많은 학생을 수
용하든 관계없이, 오직 상위 10퍼센트 또는 1퍼센트를 분리시켜낼
수 있도록 어떤 방식으로든 대학도 서열화된다. 대학의 서열화는
사회의 서열화를 따라 닮게 되어 있기 때문이다. 그리고 대학은 시
장경제가 가치 있게 여기는 능력을 만들어주는 데 최선을 다한다.

일단 이렇게 '개인주의+기술관료적 능력주의→시장에서의 차

별적 성과(연봉 격차)'로 단단히 연결되자 부유한 부모들은 온갖 자원을 동원해 자녀들에게 시장이 요구하는 능력을 '만들어주기' 시작한다. 극도로 과열된 명문대 입시 경쟁은 이렇게 하여 전성기를 누린다. "자녀들에게 막대한 재산을 상속해주는 방법이 아닌, 능력주의적 사회에서 성공을 결정하는 입지를 마련해주는 것이다."[149]

그 결과 20세기 중반까지의 '유한 귀족'(leisured aristocracy) 자녀들의 특권이 '타고나는'(being born)것이었다면, 오늘날 현대 능력주의 엘리트(meritocratic elites) 자녀들의 특권은 '만들어지는'(being made) 것이다. 이제 부모가 자녀에게 물려주는 핵심 유산은 '물질 자본'이 아니라 '인적 자본'이 될 수 있다. 부모가 사망 후에 유산으로 남겨주는 '물질 자본'이 하는 역할보다 부모가 살아생전 자녀에게 다양하게 투자하는 '인적 자본'이 상대적으로 커지는 세상이 된다.

이 과정이 과거 '귀족주의 세습'과 대비되는 '능력주의 세습'이 구축되는 모습이고, 여기서 바로 능력주의가 스스로 부인하고자 했던 '세습'을 다시 불러들이고 있는 것이다. 그 때문에 능력주의는 귀족주의를 몰아낸 것이 아니라 차라리 귀족주의를 혁신했다고 말하기도 한다.[150] "미처 알아차리기 어려운 정도로 태생에 따른 귀족은 재능에 따른 귀족으로 변신했다."[151]

이로써 "대학은 능력주의적 열망에 피를 돌게 하는 심장이 되었고, 이로써 대학의 문화적 권위와 영예는 엄청나게 높아"지고, 부모들은 "자녀들에게 막대한 재산을 상속해주는 방법이 아닌, 능력주의적 사회에서 성공을 결정하는 입지를 마련해주"게 되었으며, "능력주의적 군비 경쟁은 부유한 집안 쪽으로 전세를 기울인다."[152]

"모든 단계에서 엘리트 부모는 능력주의의 표준 관행과 수단을 회피하기보다 활용함으로써, 자녀가 받을 혜택을 지킨다. 오늘날의 왕조는 능력 상속을 토대로 구축된다." "부유한 부모에게서 태어나는 것은 대학 졸업의 충분조건이며, 엘리트 대학 졸업의 필요조건"이 된다. "대학은 부유층 학생이 고등학교 졸업 이후에 영위하는 삶을 지배한다."[153]

"오늘날의 부모들은 가정생활의 초점을 자녀 교육에 맞춘다. 과거의 어린이들은 아무런 근심 없이 현재에 충실했지만, 오늘날의 어린이들은 미래를 보장받기 위해 초조하게 준비한다. 오랫동안 소비에 치중했던 부유층 가정은 이제 차세대의 인적 자본을 구축하기 위한 투자와 생산의 현장이 되었다."[154]

이렇게 볼 때 능력 중심 사회 비전은 진보가 절대로 그대로 수용할 수 있는 것이 아님을, 오히려 능력주의는 신자유주의가 시장 근본주의 정책과 적극적으로 결합시켜 신자유주의의 비전으로 전환시켰음을 명백히 확인할 수 있다. 현재 정치권이나 미디어에서 수많은 버전으로 공정함에 대한 논쟁이 반복되고 있다. 그런데 대부분의 경우 능력주의의 이상이 무너지고 새로운 유형의 세습사회가 도래했다는 냉정한 현실에는 눈을 감는다. 파산한 능력주의의 무덤 위에 불평등 세습사회가 자라나고 있다는 현실 인식을 회피한 공정성 논쟁은 문제의 근본 원인을 건드리지 않고 증상만 치유하겠다는 얄팍한 행위가 될 가능성이 매우 높다.

8 불평등을 넘어설
진보의 '정의론'은 뭘까?

상당한 비약을 감수하고 볼 때, 과거에는 독재 권력이나 자본주의적 또는 제국주의적 억압과 착취, 수탈 관계가 비교적 단순하면서도 액면 그대로 드러났다. 그 결과 진보는 명백한 억압적 현실에 대한 '자각'으로부터 이를 변화시키려는 대중의 에너지를 만들고, 이를 토대로 진보의 정치적·조직적 힘을 작동시킬 수 있었다. 여기에 더해 지식인들이 설계한 미래 사회에 대한 '필연성'과 그 필연이 안내해줄 '거의 정해진 사회상'을 결합시키면 현실의 온갖 난관에도 불구하고 진보 사회운동과 정치를 살려나갈 수 있지 않았을까? 과거의 이런 메커니즘을 에릭 올린 라이트(Erik Olin Wright)는 다음과 같이 표현한다.

맑스주의자들은 사회적 부정의와 도덕적 결함의 측면에서 자본주의를 향한 체계적 비판을 발전시킬 필요는 없다고 주장했다. 자본주의가 다수 대중의 이해관계를 해친다는 사실을 보여주는 정도로 충분하며,

자본주의가 부정의하다는 사실을 보여주는 일도 필요하지 않다. 자본주의가 부정의하다거나 도덕적 원칙에 위배된다고 노동자들을 설득할 필요는 없다. 자본주의는 노동자들에게 심각한 해악을 끼치는 원천이며, 자본주의를 바꿀 수 있다는 유력한 진단이 필요할 뿐이다.[155]

하지만 요즘은 다르다. 사회 구조와 삶의 방식이 다양해졌고 억압하는 자와 억압받는 자의 경계가 복잡하게 교차하는 세상이 되었다. 물론 지금도 '억압받고 있다는 공통의 공유'를 통해 분노의 에너지를 끌어내고 정치적으로 동력화하는 것이 여전히 중요할 수 있다. 하지만 이것만으로는 능동적으로 미래를 만들어나갈 지속적인 힘을 만들기가 쉽지 않다.

그래서 억압적 현실에 대한 인식과 분노뿐 아니라 공통으로 추구하는 '가치에 뿌리를 둔 동기'가 진보의 에너지를 지속시키는 데

[그림 13] 사회운동 참여의 다양한 동기

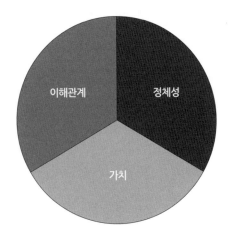

점점 더 중요해지고 있다. 우리는 어떤 가치를 함께 추구하는가? 지금 사회는 우리의 어떤 가치를 크게 위반하는가? 얼마 전부터 우리 사회에서 사회의 객관적 현실(예를 들어 불평등 정도)에 대한 논쟁과 함께 '공정'에 대한 논쟁이 끊임없이 반복되는 이유도 이런 차원에서 해석될 수 있을 것이다. 특히 "가치들은 자본주의 잠식하기의 핵심에 자리한 계급적 이해관계와 해방적 열망을 지닌 다른 정체성-이해관계 사이에 결정적으로 중요한 연계를 제공할 수 있다."[156] 정치적 차원에서 진보가 폭넓은 '가치연대'를 추진하는 것이 현재 시점에서 중요한 이유이기도 하다.

하나의 대안, 청년기초자산

그래서 진보가 어떤 가치지향을 가질 것인가에 대한 질문, 진보가 시민들에게 제시할 '사회적 정의'의 원칙을 다시 세우고 그것을 실현할 사회 비전까지 설계하는 것이 그 어느 때보다 중요하다. 한마디로 진보의 '정의론'은 무엇인가 하는 질문에 대답하는 것이 필수가 되었다는 얘기다. 역사적으로 보면 프랑스혁명 시절부터 압축되었던 자유, 평등, 박애라는 세 가지 가치가 오랜 시간 동안 진화하며 다양하고 풍부한 내용이 이미 만들어졌다. 이 역사적 궤도의 흐름에서 가장 현실적이고 전진적인 자유, 평등, 박애의 2020년대 버전을 발전시키는 것이 진보의 '정의론'일 수도 있다. 물론 많은 토론이 필요할 것이다.

편차는 있지만 나름대로 진보적인 내용의 '정의론'을 주장해온

존 롤스(John Rawls)와 마이클 샌델, 아마르티아 센(Amartya Sen)이나 로널드 드워킨(Ronald Dworkin), 마이클 왈저(Michael Walzer), 아이리스 영 등 무수한 식자들의 도움을 받을 수도 있을 것이다. 그리고 우리 사회의 특수한 현실을 두고 많은 토론을 해야 할 것이다. 그래야만 '공정'과 '정의'라는 개념이 상위 20퍼센트의 기득권을 보호하는 논리로 악용되는 현실을 극복할 수 있다.

앞서 '능력 중심 사회'가 평등화의 기대를 배신하고 신자유주의와 결합해 불평등을 정당화하는 이데올로기로 변질되었다고 말했다. 그러면 진보가 '어떤 정의의 원칙'을 세워야 능력 중심 사회가 막지 못한 불평등 문제를 해결할 수 있을지에 한정해서 진보의 '정의론'에 대해 짚어보자. 사실 '누구나 타고난 소질을 개발해 적성과 취향대로 살자'는 주장이야 그 자체로 문제 될 것이 없다. 문제는 '어떤 부모에게서 태어났는가'에 따라 자녀들의 능력이 '만들어질 수' 있고, 이렇게 형성된 능력이 평생 그의 사회적 지위와 성과 격차를 결정한다는 것이다. 그것도 매우 엄청난 차이로.

이 문제를 해결하는 하나의 대안은, 외형적으로는 공정하게 접근 가능한 '시험제도' 등을 매개로 능력에 따라 지위와 성과를 결정하는 기존 메커니즘에는 손을 대지 않고, '누구나 동등한 출발선에서 시작할 수 있도록 사회가 보장'해주는 것이다. 정의당의 '청년기초자산제'나 피케티의 '보편자산제도'는 이런 원칙을 제도로 구현해본 사례다. 이 방법은 자산의 불평등을 국가가 '주기적으로 교정'함으로써 문제의 해법을 찾는다.

이는 역사적으로 볼 때 서구에서 제2차 세계대전 이후 평등화를 경험한 1950-1970년대, 그리고 토지개혁과 교육 평준화 효과가 나타났던 한국의 1960−1997년대의 실제적 경험에 토대를 두고 있다. 다시 말해 능력주의가 초래한 불평등을 주기적인 자산 재분배를 통해 단절시킴으로써 능력주의적 '세습'을 막아보자는 것이다. 피케티는 이를 일종의 '영구적 토지개혁' 또는 '부의 영구적 순환'(permanent circulation of wealth)이라는 개념으로 정식화한다. 방법은 또 다르게 창조적으로 고민해볼 수 있겠지만, '동등한 출발선 보장'이 적어도 '기회의 균등'이라는 이름의 능력주의보다는 지금 현실에서 더 강력한 정의의 원칙이 될 수 있을 것 같다.

아직은 우리 사회가 이 제안을 받아들이기 부담스러워하는 것 같지만 점점 더 자산 불평등이 심각해지는 상황을 고려할 때 더 이상 피하기도 어려울 것이다. 아직 '자산 불평등 해소'를 위한 별도의 대책이 나오지 않고 있으니, 적어도 나의 좁은 소견으로는 그렇다. 특히 사회 진출 시작부터 출발선이 동등하지 않은 80퍼센트 '흙수저 청년'들이 처한 부정의한 현실을 교정해줄 대책이 현재로서는 달리 존재하지 않는다. 약간의 교육개혁만으로는 어림없다. 비록 정의당이 제안했던 '청년기초자산'이 일련의 한계가 있다 하더라도 이를 보완하는 길밖에 없다는 것이다(아마도 그 탓인지 2021년 서울과 부산시장 보궐선거에서 쏟아져나온 청년 공약들 가운데 '청년기초자산'의 모조품이 유독 많았다. 2022년 대선을 앞두고 김두관 의원의 '국민기본자산제', 정세균 전 총리의 '미래씨앗통장'이 이미 제안되었다). 한편 더불어민주당 이용우 의원은 아예 '청년기본자산 지원에 관한 법률'을 대표 발의하기도 했다.

시장 밖의 사회적 기여도 인정하기

　진보가 세워야 할 하나의 정의의 원칙으로서 '동등한 출발선' 보장을 제안했고, 그 실행 전략으로 청년기초자산이면 충분할까? 이것으로는 부족하다. 또 하나의 문제가 있다. 어떤 사회에서 태어났는가에 따라 누구는 그 사회(특히 시장)가 높게 인정해주는 능력을 가져서 높은 사회적 보상을 받는 반면, 다른 사람은 자신의 분야에서 탁월한 능력을 가졌음에도 불구하고 해당 사회가 전혀 그 능력을 평가해주지도 보상해주지도 않을 수 있다는 것이다.

　이 이슈를 어떻게 풀 수 있을까? 즉 어떤 사회에 태어났는가에 따라 각자의 능력이 차별적으로 인정받고, 특히 시장에서 보상받는 능력과 그렇지 못한 능력의 격차가 극심한 문제를 어떻게 해소할 수 있을까? 이 대목에서 공동체주의적 정의론자로 알려진 마이클 샌델은 "시장의 성과(연봉)는 각자가 공동선에 기여한 것의 참된 가치를" 반영하지 못하기 때문에, 시장에서 매겨지는 가격(연봉)의 한계를 분명히 하고, 별도로 사회적 인정(social recognition)의 기준을 마련하자고 주장한다. 그가 말하는 기여적 정의(contributive justice)인데, 이 이론은 "우리는 공동선(common good)에 기여할 때만 완전한 사람이 되며, 우리가 한 기여로부터 우리 동료 시민들의 존경을 얻는다"고 가르친다. 이 전통에 따르면 인간의 근본적인 욕구는 우리가 공동생활을 하는 사람들에게 필요한 존재가 되는 것이다.[157]

　이에 따라 샌델은 "나의 재능을 후하게 보상하는 사회에 산다면 그것 역시 우연이며, 내 능력에 따른 당연한 결과라고 주장할 수 없다"는 전제 아래, 시장의 성과를 그대로 각자의 능력의 결과로 인정하지 말고, "어떤 종류의 일이 인정과 존경을 받을 가치가 있느냐"를 사회적으로 재평가해 세금 제도를 통해 국가가 사회적 기여가 큰 일에 추가적인 보상을 해주고, 사회적 기여가 낮은 금융투기 행위 등에서는 세금으로 환수해야 한다고 주장한다. "일의 존엄을 살리려는 정치 어젠다는 세금 제도를 써서 명망의 경제를 재구성해야 할 것이다. 즉 투기 자본을 억누르고 생산적인 노동을 상찬해야 할 것이다."

일찍이 마이클 영도 이와 유사한 뉘앙스로 능력주의를 해독시켜야 한다고 주장했다. "기회 균등이란 사회의 계층 사다리를 올라갈 기회가 아니라, 모든 사람이 각자 타고난 덕과 재능, 인간 경험의 깊이와 아름다움을 감상할 수 있는 모든 능력, 삶의 잠재력을 지능에 관계 없이 최대한 발전시킬 기회를 균등하게 만드는 일이다."

"계급 없는 사회는 다양한 가치를 소유하는 동시에 그런 가치에 근거해서 행동하는 사회가 되리라. 우리가 사람들을 지능과 교육, 직업과 권력만이 아니라 친절함과 용기, 상상력과 감수성, 공감과 아량에 따라서도 평가한다면, 계급이 존재할 수 없으리라. 어느 누가 아버지로서 훌륭한 자질을 갖춘 경비원보다 과학자가 우월하며, 장미 재배하는 데 비상한 솜씨를 지닌 트럭 운전사보다 상 받는 일에 비상한 기술이 있는 공무원이 우월하다고 말할 수 있겠는가?"[158]

이는 시장의 가격 기제가 정해주는 보상을 시장 안에서도 상당히 교정해야 할 뿐 아니라 시장 밖에서 사회가 구성원들의 다양한 사회적 기여를 정당하게 인정하고 그에 따라 적절히 보상해야 한다는 점을 포괄적으로 담고 있다. 이 원칙을 좀 더 넓게 해석하면 일종의 '참여소득' 제도로 구현할 수 있다. 참여소득은 시장이 인정한 노동(활동)뿐 아니라 사회적으로 가치가 있다고 공적으로 인정된 활동에도 사회적으로 일정한 보상을 해야 한다는 원칙을 담고 있기 때문이다. 또한 시장에서 받은 보상에 대해서도 일종의 '최고임금제'를 두어 시장이 제공하는 보상의 한계선을 정하자는 제안도 넓은 범주에서 이 원칙 아래 고려해볼 수 있지 않을까? 이렇게 공공선과 사회적 가치를 인정하면, 노동시장이 보상해주지 않는 사회구성원들의 재능과 노력까지 사회적으로 인정하고 보상하는 '기여적 정의' 원칙을 세울 수 있다.

　'동등한 출발선'을 보장하는 정의의 원칙과 '기여적 정의'의 원칙을 최소한으로 하여 다시 진보의 정의론을 쌓아가보자. 물론 진보가 숙고해야 할 정의의 영역은 이 정도에서 그치지 않을 것이다. 지금부터 더 확장된 토론을 함께 시작하자.

9 점진주의 시대는 끝났다

"점진주의 시대는 끝났다. 지금은 크게 생각하고 크게 만들고 크게 되어야 할 순간이다."

엄청나게 과격한 청년 운동가의 주장이 아니다. 2019년 2월 오카시오 코르테스와 함께 그린 뉴딜 결의안을 주도한 1946년생 에드워드 마키(Edward Markey) 미국 민주당 상원의원이 2020년 9월 경선에서 승리한 후 지지자들 앞에서 "기후 파괴 행진을 멈춰 세우지 않으면 어떤 평화도, 어떤 정의도, 어떤 번영도 없을 것"이라고 경고하며 했던 말이다.

기존 시스템 전복─근본적 사회 변화─으로 혁명을 꿈꾸던 20세기를 뒤로 하고 21세기의 첫 20년을 지나는 동안 한국 사회의 진보나 시민사회 운동의 대세는 '점진적 개혁과 변화'를 실용적으로 추구하는 것이었다. 불안정하고 취약했던 우리 사회가 이제 상당히 안정되고 복잡해지면서, 일시적 충격으로 전체 시스템을 변화시키는 것이 더 이상 가능하지 않다는 판단이 한편에서 작용했을 것이다. 다른 한편에서는 능동적으로 사회 변화를 주도하는 것은 고사하고 외환위기 이후 정신없이 밀어닥친 신자유주의의 보수 물결을 방어하기도 벅찼던 사정도 있었을 것이다.

더 이상 소소한 개혁은 안 된다

하지만 2008년 글로벌 금융위기 이후 사정이 달라지고 있는 것 같다. 기세가 등등할 것 같았던 신자유주의는 글로벌 금융위기로 지속가능성이 없다는 것을 스스로 입증하며 대중의 신뢰를 잃기 시작했다. 이와 함께 금융위기를 비교적 온건한 수위에서 비판하던 식자들과 정치가들의 처방들도 그다지 영향력을 발휘하지 못하면서 오히려 극우 포퓰리즘을 재촉하는 결과를 빚었다. 미국 오바마 정부가 대표적이다. 근본적으로 심화된 불평등을 해소하기는커녕 긴축의 족쇄 속에서 중앙은행이 풀어낸 양적 완화로 자산 거품만 키웠기 때문이다. 누적되는 불평등에 희망을 잃은 청년들이 점진주의를 버리고 더 과감한 대안을 찾아 열광하기 시작했지만 기존 정치 엘리트들은 여전히 여기에 제대로 반응하지 못하고 있다.

상징적인 사례가 있다. 2017년 텔레비전으로 중계되는 타운홀 미팅 자리에서 미국의 한 대학생이 낸시 펠로시(Nancy Pelosi) 하원 의장에게 이렇게 질문했다고 한다. 미국의 18-29세 청년들 가운데 약 51퍼센트가 더 이상 자본주의를 지지하지 않는다는 하버드 대학 연구 결과가 있는데, 미국 민주당은 이렇게 변화하는 현실을 인정하고 대안 경제에 대한 비전을 내놓을 의향이 있느냐고. 낸시 펠로

시 하원의장은 어떻게 대답했을까? 그는 "우리는 자본주의자"라는 말로 얼버무렸다고 한다.[159]

2008년 글로벌 금융위기에도 불구하고 누적되는 불평등을 방치한 대가로 사람들은 점점 더 선택의 여지가 없는 국면으로 가고 있다. 트럼프 추종자들처럼 불평등의 원인을 외국이나 소수자에게 돌리며 그들을 공격하는 우익 포퓰리즘으로 가거나 또는 소소한 개혁은 그만두고 근본적인 개혁을 향해 가거나. 일부에서 20대 젠더 갈등을 부추기는 현상을 보면 한국이라고 해서 다를 것 같지 않다.

근본적인 개혁 요구가 커지고 있는 배경이 하나 더 있다. 대처할 시간을 불과 10년 정도 남겨둔 심각한 기후위기 때문이다. 기후위기는 '착한 소비자운동' 정도로 대처하기에는 너무 늦어버려서 전 사회적 차원의 비상 대처 압력이 갈수록 커지고 있다. 그 결과 나온 정책이 그린 뉴딜이며, 탈탄소경제사회로의 거대한 전환이다. 그린 뉴딜은 과거의 진보정책들과 달리 특정 분야의 점진적 개혁을 목표로 한 정책이 아니라 위로부터의 총체적 개혁 프로젝트다. 이를 집권 여당이 특정 분야의 경기 부양 프로그램으로 격하시킨 것이다. 어쨌든 기후위기에 대처하기 위해 기존 경제·산업·도시 시스템을 짧은 시간에 대대적으로 전환하자는 요구가 시민사회에서 점점 더 확산·격화될 것이다. 앞서 에드워드 마키 의원이 '점진주의 시대'를 마감하자고 말한 취지이기도 하다.

대개혁을 상상하지 못하는 현실

이 대목에서 걸리는 게 하나 있다. 우리는 어디까지 바꿔야 하고, 다른 어떤 미래까지 상상해야 할까? 경제학자이자 인류학자인 제이슨 히켈은 '혁신의 시대'이며 '크리에이티브 시대'라 불리는 지금 혁신하지 못할 것이 무엇이며, 상상하지 못할 것이 무엇이냐고 반문한다. 맞다. 사실 모든 미디어와 기업들의 광고 문구마다 변화와 혁신, 완전히 다른 세상의 창조를 말하고 있지 않은가!

그러나 단 하나의 예외가 있다. 바로 경제 시스템이다. 지금 우리가 알고 있는 경제 시스템은 연식이 무려 400년 가까이 된 '자본주의' 경제 시스템이다. 창조적 파괴와 혁신의 시대임에도 불구하고 아무도 '자본주의'를 창조적 파괴로 바꿔보자고 얘기하지 않는 것 같다. 오죽하면 미국 마르크스주의 정치이론가 프레드릭 제임슨(Fredric Jameson)이 말했다는, "자본주의의 종말을 상상하는 것보다 세상의 종말을 상상하는 것이 더 쉽다"는 이야기가 유행하겠는가.

그래서 히켈은 한탄한다. 어느새 우리의 사고능력은 자본주의의 경계 앞에서 멈춰 그것을 넘어가는 순간 끔찍한 나락에 빠진다고. 경제 시스템만 생각하면 우리는 자본주의가 가능한 유일한 선택이라고 한계를 짓고 더 나은 어떤 것을 창안하는 것에 대해 생각조차 하지 말아야 한다고 여긴다고. 오랫동안 자본주의에 의문을 표시하는 것이 터부시되고 자본주의를 아주 당연한 것으로 취급한 나머지, 자본주의 옹호자들조차 자본주의를 어떻게 옹호해야 하는지 까먹었을 정도라고.[160]

이 비밀은 아마도 창조적 파괴와 혁신의 대명사로 알려진 실리콘밸리 벤처 기업가들에게서 찾을 수 있을지 모르겠다. 이런 질문을 던져보자. 디지털 자본주의는 자칭 혁신에 혁신을 거듭한 결과 이른바 플랫폼 경제라고 하는 과거와 다른 첨단 기업 모델과 수익 모델, 그리고 고용방식을 창안해 2021년 현재까지 시가총액 고공행진을 하고 있다. 그런데 매우 유감스럽게도 이들 기업의 조직 방식은 자본주의와 비슷한 정도의 역사를 가진 '구식'의 주식회사 형식을 전혀 벗어나지 못하고 있다. 왜 이토록 혁신적인 기업들이 여전히 주식회사라는 낡은 틀 위에 걸터앉아 있을까?

이 대목은 심지어 상당히 보수적인 경제학자들에게도 다소 신기해 보이는 모양이다. 《제2의 기계시대》의 저자들은 다른 책[《머신, 플랫폼, 크라우드》(*Machine, Platform, Crowd*, 청림출판)]에서 "디지털 기술이 가장 큰 충격을 미치고 있는 경제 분야에서도 우리는 여전히 어디에서나 기존 방식의 기업들을 본다"며 다음과 같이 기술한다.

에어비엔비, 우버 같은 혁신적 기업들은 "거의 다 4세기 넘게 존속해온 조직 형태인 주식회사라는 지극히 전통적인 구조 내에서 이 급진적 목표를 추구하고 있다. 이 기업들을 방문할 때면 우리는 그들이 대단히 평범하다는 인상을 받는다. 모두 직원, 직함, 중간관리자, 경영진이 있다. 기업들은 최고경영자와 이사회가 있다. 오로지 가상으로만 이뤄진 기업은 거의 없다. 정반대로 물리적 사무 공간, 책상, 회의실을 갖추고 있다. 우리가 업무상 들렀던 많은 기업들보다 컴퓨터 화면이 좀 더 크고, 탁구대와 운동기구가 더 많고, 무료 간식과 식사 같은 처우가 더 나을 수도 있지만, 그런 것들이 주된 차이라고 할 수 있을까?"[161]

또 이른바 FAANG(Facebook, Apple, Amazon, Netflix, Google)이

라 불리는 세계 최고 혁신 기업들과 우버, 에어비엔비 같은 기업은 일부 정규직 직원을 제외하고는 구식 기업들 뺨칠 정도로 장시간 노동은 물론 온갖 형태의 비정규직과 외주화를 동원하고 있다. 그 결과 노동자가 정말 행복한 일터로 혁신하는 데는 대부분 실패했다. 우버 등 플랫폼 노동이 예시하는 것처럼, 외양만 첨단 기술로 치장했을 뿐 노동을 대하는 방식은 지난 수백 년 동안 자본주의가 행한 것과 크게 다르지 않다. 왜 이런 부분에서는 본인들이 자랑하는 혁신에 실패하고 있는 것일까? FAANG 정도의 첨단 혁신 기업이라면, 과거 기업들보다 더 많은 직원을 포용하면서도 하루 세 시간 정도만 노동해도 되는 세상을 만들 수 있어야 하지 않을까? 그래야 그들이 말하는 거대한 혁신의 이름값을 하는 것 아닐까?

짐작되는 단 하나의 이유를 대자면, 이들이 창조적 파괴를 하고 혁신을 하는 것은 오직 자본주의의 오래된 동기인 '돈벌이' 하나뿐이기 때문이 아닐까? 처음에는 '사악하지 말자'는 간판도 내걸고, '세상의 모든 자원을 나누자'는 구호도 내걸고, '환경 친화적 기업'이라는 가치도 표방했지만, 모두 치장일뿐 결국 '돈벌이'라는 전혀 혁신적이지 않은 구태의연한 동기만 가지고 있기 때문이 아닐까?

세상의 규칙을 다시 쓰자

기후위기와 불평등에 맞서야 할 지금 시대에 진보가 추구하는 상상력에 제한이 있어서는 안 된다. 최고의 기후활동가이자 저널리스트인 나오미 클라인(Naomi Klein)은 《미래가 불타고 있다》(On

Fire, 열린책들)에서 "중도 실용주의 전략과 어설픈 땜질 처방의 시대가 끝났다"고 선언한다. 이제 안전한(?) 중도주의 정치로는 우리의 안전한 미래를 보장할 수 없다. 자본주의라는 경제 시스템도 예외가 아니며 신성불가침으로 여겨야 할 이유가 전혀 없다. 미국 퓨리서치센터(Pew Research Center)가 2021년 4월에 조사한 바에 따르면, 경제 시스템이 크게 변해야 한다고 생각하는 응답자가 프랑스에서는 무려 70퍼센트, 미국과 독일 그리고 영국에서는 50퍼센트였다. 적어도 절반 이상이 자국 경제 시스템의 큰 변화(major change)를 원하고 있다는 얘기다. 자본주의를 대신해 추구하고 상상하는 경제 시스템을 전통적으로 '사회주의'라고 불러도 좋고 아니어도 상관없다. 다만 현대 경제 시스템에서 자본주의라고 해서 그 내부가 모두 깔끔하게 자본주의적 구성을 하고 있는 것은 아니라고 에릭 올린 라이트가 지적했는데, 나는 이러한 접근이 좋다고 생각한다. 오랫동안 사회운동과 사회적 갈등 및 적응이 반복되는 가운데 자본주의는 내부에 복잡한 서브 시스템들로 얽힌 생태계로 진화해왔다. 그럼에도 아직은 자본주의가 지배적인 상태로 유지되고 있을 뿐이다.

　에릭 올린 라이트는 그래서 자본주의 경제 시스템 너머의 상상력으로 옮겨가기 위해 하나의 방법이 아니라 다차원적 접근을 해야 한다고 제안한다. 예를 들어, ①전통적 변혁을 통해 기존 사회를 무너뜨리는 자본주의 해체하기, ②규제와 재분배정책 등 사회민주주의적 접근을 통한 자본주의 길들이기. ③국가 권력에 도전하지 않으면서 벌이는 각 사회 집단들의 저항운동, ④대안학교나 협동조합 등 미시적 대안 사회를 만드는 운동 등을 참고해볼 만하

다고 본다.[162]

이제 한국의 진보도 점진주의 시대를 졸업하고 다시 좀 더 과감한 상상력으로, 자본주의 경제 시스템까지 바꿀 수 있는 상상력으로, 더 나은 미래의 가능성을 탐색할 시간이다. 인도의 작가 아룬다티 로이(Suzanna Arundhati Roy)는 《한배를 탄 지구인을 위한 가이드》에서 이렇게 말했다.

"지금과 다른 세상은 이루어질 수 있을 뿐 아니라 이미 다가오고 있다. 비록 살아생전에 그 세상을 만나보지 못할 이들이 많을 수도 있겠지만, 조용한 날에 가만히 귀를 기울여보면, 그 숨소리가 들린다."

가이 스탠딩, 《기본소득》, 안효상 역(창비, 2018).

김병권, 《사회적 상속》(이음, 2020).

나오미 클라인, 《이것이 모든 것을 바꾼다》, 이순희 역(열린책들, 2016).

닐 존슨, 《복잡한 세계 숨겨진 패턴》, 한국복잡계학회 역(바다출판사, 2015).

대니얼 마코비츠, 《엘리트 세습》, 서정아 역(세종서적, 2020).

로버트 프랭크, 《실력과 노력으로 성공했다는 당신에게》, 정태영 역(글항아리, 2018).

로이 바스카 외, 《자연적 필연성의 질서》, 김훈태 역(두번째테제, 2021).

로이 바스카, 《비판적 실재론과 해방의 사회과학》, 이기홍 역(후마니타스, 2007).

뤼트허르 브레흐만, 《리얼리스트를 위한 유토피아 플랜》, 안기순 역(김영사, 2017).

마가렛 아처 외, 《비판적 자연주의와 사회과학》, 이기홍 역(한울아카데미,

2005).

마이클 샌델, 《공정하다는 착각》, 함규진 역(와이즈베리, 2020).

마이클 영, 《능력주의》, 유강은 역(이매진, 2020).

마크 뷰캐넌, 《내일의 경제》, 이효석·정형채 역(사이언스북스, 2014).

버트런드 러셀, 《게으름에 대한 찬양》, 송은경 역(사회평론, 2005).

스티븐 맥나미 외, 《능력주의는 허구다》, 김현정 역(사이, 2015).

시오자와 요시노리, 《왜 복잡계 경제학인가》, 임채성 외 역(푸른길, 1999).

앨버트 허시먼, 《보수는 어떻게 지배하는가》, 이근영 역(웅진지식하우스, 1991).

에릭 올린 라이트, 《21세기를 살아가는 반자본주의자를 위한 안내서》, 유강은 역(이매진, 2020).

존 메이너드 케인스, 《설득의 에세이》, 정명진 역(부글북스, 2017).

존 밀러, 《전체를 보는 방법》, 정형채 역(에이도스, 2017).

크리스티아나 피게레스·톰 리빗카낵, 《한배를 탄 지구인을 위한 가이드》, 홍한결 역(김영사, 2020).

폴 라파르그, 《게으를 권리》, 차영준 역(필맥, 2009).

Jason Hickel, *Less is More: How Degrowth will Save the World* (London: William Heinenmann, 2020).

Minouche Shafik, *What We Owe Each Other* (Princeton University Press, 2021).

W. Brian Arthur, *Complexity and the Economy* (NY: Oxford Univerisity Press, 2015).

원고를 마무리하고 나니 조금 거칠거나, 특정 부분을 더 부각시키거나, 반대로 어떤 영역은 소홀히 한 부분들이 눈에 들어온다. 하지만 서문에서 밝힌 대로 완성된 청사진이라기보다 '대안 조각들'을 공유하고 싶었다는 말로 변명을 삼는 수밖에 없다. 그래도 '빈' 조각이 너무 많은 것 같아 당황스럽긴 하다. 대안의 화두는 던졌는지 모르지만 구체적인 실행계획 앞에서 멈춘 것 같다는 느낌을 혹 독자들이 가지실지 모르겠다. 확실히 이 책에서 특정 주제의 대안들에 관한 세부 실행방안을 풀어내지는 않았다. 애초에 이 책의 목적이 내가 가진 관점으로 우리 사회의 주요 국면을 집중 투영하는 것이었지 세부 실행방안을 설계하는 것은 아니었기 때문이다.

최근 개별 정책들 배경에 있는 철학과 관점이 너무 많이 무너져버린 채, 각 분야에서 기능적이고 상황 대응적인 정책에 진보가 너무 몰입한다고 생각한다. 진보정책의 강력함은 수많은 시간을 할애해 세련된 정책을 성안하는 것이 아니라 기존 보수정당들과 완전히 다른 관점에서 사안에 접근하는 것이라고 생각한다. 물론 새로운 관점 아래 각 분야의 정책 대안을 모두 세부화시키자고 작정했어도 실제로는 불가능했을 것이다. 그러자면 한 권의 책으로는 어림도 없었을 테니까.

정작 독자들의 의문이 따로 있을지 모르겠다. 진보정책 대안을 말한다고 하면서 전통적인 틀에서 중요한 주제들, 예를 들어 복지와 고용, 교육, 균형발전, 부동산 등의 이슈는 왜 다 빼버렸냐고. 이런 핵심 주제를 제외하고 다소 한가하고 유족한 계층들이 고민할 법한 '기후문제-차별-디지털-자치' 같은 의제를 지나치게 과장한 것은 아닌가 하고 의문을 가질 수도 있겠다는 말이다.

그런데 '기후문제-차별-디지털-자치' 등은 오히려 사회적 약자들에게 더 절실한 문제다. 극단적 기후가 잦아지면서 폭염과 동파로 가장 고생하는 것은 서민이다. 모든 삶의 현장에서 차별로 배제되고 억압받는 이들 역시 그렇다. 디지털 플랫폼 경제는 부유한 사람들에게 안락한 서비스를 풍성하게 제공해줄지 모르지만, 그들 밑에서 푼돈이라도 벌려고 하는 서민들에게는 유독 가혹하다. 자치는 추상적 민주주의가 아니라 지역의 주민들이 삶의 현장에서 직접 목소리를 내보자는 것이다.

이 책에서 '복지'를 따로 다루지는 않았다. 하지만 1장에서 디지털 경제가 기존 사회보장체제를 어떻게 위협했는지, 거기에 어떻게 대응할 것인지 논하며 대안적 의견을 짧게 붙였다. 2장에서는 기후위기 대처 과정에서 동시에 어떻게 불평등 문제를 풀 수 있을지 탐구하며 단서를 남겨놓았다. 종합적으로 복지 문제는 노동에 관한 관점 변화, 디지털 경제에서 기존 복지 시스템 붕괴, 물질복지와 생태복지를 함께 고려하기 등의 틀 아래에서 풀어보고 싶었다.

고용 문제 역시 독립적으로 탐색하지는 않았지만 1장에서 디지털 플랫폼 노동을 정면으로 다룬 것이 지금 직면한 고용 문제 해결의 중심에 접근하는 길이라고 생각했다. 또한 일자리는 2장 곳곳에서 '녹색 일자리'를 축으로 고민해볼 수 있다고 시사했다. 교육도 마찬가지다. 교육 문제는 4장에서 능력주의 문제를 얘기한 가운데 어느 정도 단서가 있다고 생각한다. 능력주의라는 철학과 믿음에 도전하는 것이 교육 문제 해결의 선결 조건이라고 판단했기 때문이다. 과거 방식의 고립된 교육제도 재설계만으로는 교육 문제를 풀기 어려울 수 있다는 것이 나의 생각이다.

균형발전과 부동산 문제 역시 전혀 언급하지 않았는데, 두 가지 모두 디지털화 및 기후위기와 무관하지 않다는 잠정적인 가정이 있다. 특히 기후위기는 산업 문제, 도시 문제(교통과 공간의 문제, 냉·난방 문제, 지역 주차난이나 쓰레기 문제) 등과 모두 연결된다. 그럼에도 불구하고 균형발전/지방소멸이라 불리는 새로운 도전과제를, 그리고 이와 매우 밀접하게 연계된 (특히 수도권) 부동산 가격폭등 문제를 어떻게 새로운 프레임으로 풀 수 있을지에 대해 이 책에서 다루지 않은 것은 사실이고, 다음의 숙제로 남겨놓았다. 개인적으로 부동산 문제는 점증하는 디지털 자산(데이터), 그리고 토지를 포함한 자연 자원 모두 '공유자원' 차원에서 포괄해, 이를 공동체와 사회구성원이 어떻게 공유할 것인지에 대해 모색하며 풀어가고 싶었다. 하지만 이를 위해서는 별도의 책 한 권이 필요할지 모른다.

이 책이 기존의 믿음에 어쭙잖게 도전하는 것 같아 불편할 수도 있고, 반대로 과거의 틀을 제대로 전복시키지 못하고 여기저기 조금씩 건드리기만 한 것이 불만일 수도 있겠다. 어느 한쪽 편 사람이나 조류의 편을 든 것이 아니고, 나의 개인 관점에서 현실을 재해석해보고 싶었다.

비록 문제의식은 나의 활동과 경험, 만나온 좋은 사람들에게 얻은 것이지만, 그것을 독자적 논리로 엮어내는 것은 내 능력 밖의 일이다. 다만 틈틈이 읽어온 책들과 온라인 논문, 기사 등을 통해 정말 넓은 세상의 많은 뛰어난 사람들의 훌륭한 아이디어를 조금씩 빌려왔을 뿐이다. 당연히 내가 알고 접근한 것에도 한계가 있을 것이고, 아마도 세상에는 더 많은 사람들의 더 소중한 아이디어가 차고 넘칠 것이다. 과거와 달리 이제는 탁월한 한두 명의 글이나 말을 '충성스럽게 해석하고 따르면 되는' 세상이 아니다. 수천만, 수억 명의 지혜를 빌려오기 위해 노력해야만 미래를 진보적으로 열어나갈 실마리를 잡아낼 수 있다고 생각한다. 나는 개인의 역량 범위에서 아주 소소한 시도를 했을 뿐이다.

1 칼 베네딕트 프레이, 《테크놀로지의 덫》, 조미현 역(에코리브르, 2019).

2 크리스티아나 피게레스 외, 《한배를 탄 지구인을 위한 가이드》, 홍한결 역(김영
   사, 2020).

3 같은책.

4 Jason Hickel, *Less is More* (Cornerstone Digital, 2020).

5 빌 맥키번, 《폴터》, 홍성완 역(생각이음, 2020).

6 마이크 아이작, 《슈퍼펌프드》, 박세연 역(인플루엔셜, 2020).

7 제레미아스 아담스 프라슬, 《플랫폼 노동은 상품이 아니다》, 이영주 역(숨쉬는책
   공장, 2020).

8 정의정책연구소, 〈보다 정의〉 준비 2호(정의정책연구소, 2021).

9 클라우스 슈밥, 《클라우스 슈밥의 제4차 산업혁명》, 송경진 역(메가스터디북
   스, 2016).

10 Oliver Williamson, *Contract, Governance and Transaction Cost Econom-
    ics* (WSPC, 2017).

11 앨프리드 챈들러, 《보이는 손》, 김두얼 역(지식을만드는지식, 2014).

12 같은 책.

13 같은 책.

14 데이비드 와일, 《균열일터》, 송연수 역(황소자리, 2015).

15 같은 책.

16 데이비드 에반스 외, 《매치메이커스》, 이진원 역(더퀘스트, 2017).

17 〈한겨레〉 2021년 1월 14일.

18 닉 서르닉, 《플랫폼 자본주의》, 심성보 역(킹콩북, 2020).

19 홍명수, 《재벌의 경제력집중 규제》(경인문화사, 2006).

20 같은 책.

21 같은 책.

22 팀 우, 《빅니스》, 조은경 역(소소의책, 2020).

23 Jonathan Tepper, *The Myth of Capitalism* (Wiley, 2018).

24 마틴 포드, 《AI 마인드》, 김대영 역(터닝포인트, 2019).

25 캐시 오닐, 《대량살상수학무기》, 김정혜 역(흐름출판, 2017).

26 같은 책.

27 Juliet B. Shor, *After the Gig: How the Sharing Economy got Hijacked and How to Win it Back* (University of California Press, 2020).

28 대니얼 서스킨드, 《노동의 시대는 끝났다》, 김정아 역(와이즈베리, 2020).

29 같은 책.

30 같은 책.

31 정의정책연구소, 〈보다 정의〉 준비 2호(정의정책연구소 , 2021).

32 알렉산드리아 래브넬, 《공유경제는 공유하지 않는다》, 김고명 역(롤러코스터, 2020).

33 같은 책.

34 제레미아스 아담스 프라슬, 앞의 책.

35 정의정책연구소, 앞의 책.

36 같은 책.

37 Juliet B. Shor, *op. cit.*

38 같은 책.

39 메리 그레이·시다스 수리, 《고스트워크》, 신동숙 역(한스미디어, 2019).

40 Klaus Schwab, *Stakeholder Capitalism* (Wiley, 2021).

41 Juliet B. Shor, *op. cit.*

42 미셸 바우엔스 바실리스 코스타키스, 《네트워크 사회와 협력경제를 위한 미래 시나리오》, 윤자형 황규환 역(갈무리, 2018).

43 가이 스탠딩, 《기본소득》, 안효상 역(창비, 2018).

44 정의정책연구소, 〈보다 정의〉 창간준비 1호(정의정책연구소, 2020).

45 같은 책.

46 가이 스탠딩, 앞의 책.

47 〈뉴스원〉 2021년 1월 18일.

48 이병욱, 《비트코인과 블록체인, 탐욕이 삼켜버린 기술》(에이콘출판, 2018).

49 같은 책.

50 같은 책.

51 이병욱, 《블록체인 해설서》(에이콘출판, 2019).

52 〈연합뉴스〉 2021년 2월 10일.

53 이병욱, 《블록체인 해설서》(에이콘출판, 2019).

54 T. S. 애슈턴, 《산업혁명 1760–1830》, 김택현 역(삼천리, 2020).

55 앤드류 니키포룩, 《에너지 노예, 그 반란의 시작》, 김지현 역(황소자리, 2013).

56 같은 책.

57 얼 엘리스, 《인류세》, 김용진 박범순 역(교유서가, 2021).

58 John Robert McNeil, *The Great Accleration* (Harvard University Press, 2016).

59 앤드류 니키포룩, 앞의 책.

60 나오미 클라인, 《이것이 모든 것을 바꾼다》, 이순희 역(열린책들, 2016).

61 같은 책.

62 같은 책.

63 얼 엘리스, 앞의 책.

64 윌리엄 노드하우스, 《기후카지노》, 황성원 역(한길사, 2017).

65 요한 록스트룀·마티아스 클룸, 《지구 한계의 경계에서》, 김흥옥 역(에코리브르, 2017).

66 니콜라스 게오르게스쿠 뢰겐, 《엔트로피와 경제》, 김학진 역(한울아카데미, 2017).

67 허먼 데일리, 《성장을 넘어서》, 박형준 역(열린책들, 2016).

68 같은 책.

69 크리스티아나 피게레스 외, 앞의 책.

70 같은 책.

71 Jason Hickel, *op. cit.*

72 김병권, 《기후위기와 불평등에 맞선 그린 뉴딜》(책숲, 2020).

73 Lucas Chancel, *Unsustainable Inequalities: Social Justice and the Eviron-ment* (The Belknap Press of Harvard University Press, 2020).

74 같은 책.

75 브랑코 밀라노비치, 《홀로 선 자본주의》, 정승욱 역(세종서적, 2020).

76 토마 피케티, 《자본과 이데올로기》, 안준범 역(문학동네, 2020).

77 같은 책.

78 같은 책.

79 Klaus Schwab, *op. cit.*

80 마크 베니오프·모니카 랭글리, 《트레일블레이저》, 김정희 역(서울문화사, 2020).

81 Stephanie Kelton, *The Deficit Myth: Modern Monetary Theory and the Birth of the People's Economy* (PublicAffairs, 2020).

82 같은 책.

83 마리아나 마추카토, 《가치의 모든 것》, 안진환 역(민음사, 2020).

84 마리아나 마추카토, 《기업가형 국가》, 김광래 역(매경출판, 2015).

85 Klaus Schwab, *op. cit.*

86 같은 책.

87 Jason Hickel, *op. cit.*

88 Juliet B. Shor, *op. cit.*

89 같은 책.

90 같은 책.

91 같은 책.

92 〈조선일보〉 2021년 1월 21일.

93 오동희·최석환·황시영·장시복·김남이, 《수소사회》(머니투데이, 2019).

94 〈조선일보〉 2021년 1월 21일.

95 오동희 · 최석환 · 황시영 · 장시복 · 김남이, 앞의 책.

96 토마 피케티, 앞의 책.

97 가이 스탠딩, 《불로소득 자본주의》, 김병순 역(여문책, 2019).

98 샹탈 무페, 《좌파 포퓰리즘을 위하여》, 이승원 역(문학세계사, 2019).

99 샹탈 무페, 《경합들》, 서정연 역(난장, 2020).

100 로버트 커트너, 《민주주의는 글로벌 자본주의에서 살아남을 수 있는가》, 박형
신 역(한울아카데미, 2020).

101 샹탈 무페, 《좌파 포퓰리즘을 위하여》, 이승원 역(문학세계사, 2019).

102 같은 책.

103 낸시 프레이저, 《전진하는 페미니즘》, 임옥희 역(돌베개, 2017).

104 낸시 프레이저 · 악셀 호네트, 《분배냐 인정이냐》, 김원식 역(사월의 책, 2014).

105 같은 책.

106 〈시사저널〉 2021년 3월 2일자.

107 낸시 프레이저, 앞의 책.

108 같은 책.

109 낸시 프레이저 · 악셀 호네트, 앞의 책.

110 제임스 피시킨, 《숙의민주주의》, 박정원 역(한국문화사, 2020).

111 위르겐 하버마스, 《사실성과 타당성》, 한상진 역(나남, 2007).

112 같은 책.

113 같은 책.

114 아이리스 영, 《포용과 민주주의》, 김희강 역(박영사, 2020).

115 같은 책.

116 루크 구드, 《민주주의와 공론장》, 조항제 역(컬처룩, 2015).

117 사울 알린스키, 《급진주의자를 위한 규칙》, 박순성 역(아르케, 2016).

118 파라그 카나, 《아시아가 바꿀 미래》. 고영태 역(동녘사이언스, 2021).

119 존 밀러, 《전체를 보는 방법》, 정형채 · 채화정 역(에이도스, 2017).

120 로이 바스카, 《비판적 실재론과 해방의 사회과학》, 이기홍 역(후마니타스,
2007).

121 제러미 애덜먼, 《앨버트 허시먼》, 김승진 역(부키, 2020).

122 시오자와 요시노리, 《왜 복잡계 경제학인가》, 임채성 외 역(푸른길, 1999).

123 Brian Arthur, *Complexity and the Economy* (Oxford University Press, 2014).

124 존 밀러, 앞의 책.

125 마가렛 아처 외, 《비판적 자연주의와 사회과학》, 이기홍 역(한울아카데미, 2005).

126 로이 바스카, 앞의 책.

127 마가렛 아처 외, 《비판적 자연주의와 사회과학》, 이기홍 역(한울아카데미, 2005).

128 로이 바스카, 앞의 책.

129 같은 책.

130 같은 책.

131 쇼샤나 주보프, 《감시자본주의 시대》, 김보영 역(문학사상, 2021).

132 존 케인스, 《설득의 경제학》, 정명진 역(부글북스, 2009).

133 폴 라파르그, 《게으를 권리》, 차영준 역(필맥, 2009).

134 버트런드 러셀, 《게으름에 대한 찬양》, 송은경 역(사회평론, 2005).

135 가이 스탠딩, 앞의 책.

136 대니얼 마코비츠, 《엘리트 세습》, 서정아 역(세종서적, 2020).

137 마이클 샌델, 《공정하다는 착각》, 함규진 역(와이즈베리, 2020).

138 마이클 영, 《능력주의》, 유강은 역(이매진, 2020).

139 같은 책.

140 김병권, 《사회적 상속》, (이음, 2020).

141 스티븐 맥나미 외, 《능력주의는 허구다》, 김현정 역(사이, 2015).

142 마이클 영, 앞의 책.

143 마이클 샌델, 앞의 책.

144 같은 책.

145 마이클 영, 앞의 책.

146 마이클 샌델, 앞의 책.

147 같은책.

148 같은 책.

149 대니얼 마코비츠, 앞의 책.

150 김병권, 《사회적 상속》, (이음, 2020).

151 마이클 영, 앞의 책.

152 마이클 샌델, 앞의 책.

153 대니얼 마코비츠, 앞의 책.

154 대니얼 마코비츠, 앞의 책.

155 에릭 올린 라이트, 《21세기를 살아가는 반자본주의자를 위한 안내서》, 유강은 역(이매진, 2020).

156 에릭 올린 라이트, 앞의 책.

157 마이클 샌델, 《공정하다는 착각》, 함규진 역(와이즈베리, 2020).

158 마이클 영, 앞의 책.

159 Jason Hickel, *op. cit.*

160 같은 책.

161 맥아피 외, 《머신, 플랫폼, 크라우드》, 이한음 역(청림출판, 2018).

162 에릭 올린 라이트, 앞의 책.